"十二五"职业教育国家规划教材
经全国职业教育教材审定委员会审定

创业管理实务
（第 2 版）

主　编　李　莉　韩燕平

副主编　黄　翔　陈建华　雷　刚

电子工业出版社
Publishing House of Electronics Industry
北京·BEIJING

内 容 简 介

本书从大学生的实际需求出发，广泛吸取中外有关创业理论、实践与教育的精髓，总结作者的创业经验和创业教育指导的心得，通过大量鲜活的案例，探讨创业活动的一般规律和关键问题。

本书既可作为高职高专院校大学生创业管理课程的教材和参考书，也可作为创业教育的培训用书，还可作为有意向创业人士的参考读物。

未经许可，不得以任何方式复制或抄袭本书之部分或全部内容。
版权所有，侵权必究。

图书在版编目（CIP）数据

创业管理实务 / 李莉，韩燕平主编. —2 版. —北京：电子工业出版社，2021.4
ISBN 978-7-121-37991-8

Ⅰ．①创… Ⅱ．①李… ②韩… Ⅲ．①企业管理－高等学校－教材 Ⅳ．①F272

中国版本图书馆 CIP 数据核字（2019）第 263830 号

责任编辑：韩　蕾
印　　刷：北京捷迅佳彩印刷有限公司
装　　订：北京捷迅佳彩印刷有限公司
出版发行：电子工业出版社
　　　　　北京市海淀区万寿路 173 信箱　邮编 100036
开　　本：787×1 092　1/16　印张：13.25　字数：339.2 千字
版　　次：2014 年 9 月第 1 版
　　　　　2021 年 4 月第 2 版
印　　次：2024 年 1 月第 2 次印刷
定　　价：45.80 元

凡所购买电子工业出版社图书有缺损问题，请向购买书店调换。若书店售缺，请与本社发行部联系，联系及邮购电话：（010）88254888，88258888。

质量投诉请发邮件至 zlts@phei.com.cn，盗版侵权举报请发邮件至 dbqq@phei.com.cn。
本书咨询联系方式：（010）88254573，zgz@phei.com.cn。

前　言

这是一个充满创业精神的时代。在知识经济和新科技革命的推动下,创业已经成为时代的主旋律和最强音。正如著名管理学家彼得·德鲁克(Peter F. Drucker)所指出的那样,目前世界经济已经由"管理型经济"转变为"创业型经济"。所有的迹象表明,人类在21世纪已经迎来了创业型经济的大发展。融知识、技术、管理、资本和创业精神于一体的创业型经济,对加快转变经济发展方式、优化产业结构、驱动科技创新、促进就业,以及推动社会文化繁荣等都具有深刻的现实意义和长远的战略意义。可以断言,创业已经成为全球经济增长的核心引擎、社会财富创造的主要途径和现代社会发展的关键驱动力。

面对创业型经济发展的大趋势及其所带来的机遇与挑战,组织机构需要具备应对不确定性和复杂性状况的能力,需要依赖员工富有创业精神的思维方式和行动能力。在资源高度约束和不确定性强的前提下快速行动,以实现组织的创新、变革和成长。创业团队或个人需要培育良好的创业精神,具有创新的思维、创造的能力和创业的干劲,积极有为,勇于担当,敢于冒险,善于变革,百折不挠,奋勇前进,让高尚的创业精神在血液里流淌,让创新创业成为一种基本的生活方式。由此可见,当代社会比人类历史上的任何时期都更需要创新和创业精神,也更需要在全体国民,尤其是青年大学生中开展创业教育。正如联合国教育、科学及文化组织(UNESCO)所指出的:高等学校必须将培养创业技能和创业精神作为高等教育的基本目标,并把创业教育看作是和学术教育、职业教育并重的"第三本教育护照",因为创业教育,从广义上来说是指"培养具有开创性的个人"。

为深入贯彻《国家中长期教育改革和发展规划纲要(2010—2020)》和《教育部关于全面提高高等教育质量的若干意见》(教高〔2012〕4号)精神,推动高等院校创业教育科学化、制度化、规范化建设,切实加强普通高等学校创业教育工作,要求全体大学生都要接受创业教育,将"创业基础"课程定位为面向所有大学生开设的公共必修课程。其教学目标是:通过创业教育教学,使学生掌握创业所需要的基础知识和基本理论,熟悉创业的基本流程和基本方法,了解创业相关的法律法规和政策,激发学生的创业意识,提高学生的社会责任感、创新精神和创业能力,促进学生创业、就业和全面发展。

创业是一项复杂的、富有创造性的社会活动。它由学习、实践、探索、观察、感受、思考、组织、交流等行为构成。如果创业者能够在创业之前或创业过程中接受系统的创业理论指导和知识技能培养,对于提高创业的计划性、可行性和成功率有极大的帮助,并且可以较好地规避创业误区和降低创业风险。因此,编写本教材的目的就在于弘扬创业精神,传播创业理念,普及创业知识,探索创业规律,强化创业管理,规避创业误区,促进创业交流。同时,将笔者十多年来从事创业研究、创业教育、创业实践的心得和体会,融入教材的编写当中,更好地为读者今后的创业活动提供指导与借鉴。

全书结构遵从创业实践的内在逻辑,从"创业认知"到"创业准备",再到"创业实施",最后是新企业成立后所必需的"创业管理"。"创业认知"部分先让读者了解何为创业;"创业准备"则指导读者充分考虑创业环境、学习如何成为创业者、组建创业团队、构建商业模式、撰写商业计划等;"创业实施"阶段需要解决"创业融资""新企业创立"等问题;最后"创业管理"重点考虑的则是新创企业成长管理和创业风险管理。这些章节囊括创业者独立创建新企业过程中所面临的创业环境分析、创业团队组建、商业机会识别、商业模式设计、商业计划书撰写、创业融资、新企业设立、新创企业管理、创业风险管理等主要问题。

本书以个体创业为主要研究对象，基于创业过程的视角，从"再现创业过程"的角度来谋篇布局，力求形成以下特色：

（1）集中论述创业者独立创建新企业过程中所面临的主要命题，区别于其他教材中通常包含的"公司创业""社会创业"等内容；

（2）鉴于我国经济社会转型、地区之间创业环境差异较大的情况，本书增添了对中国当前创业环境的评述与"创业环境分析"这一亮点；

（3）鉴于创业的高风险属性，本书增加"创业风险管理"章节，以提高学生对于创业风险的认识和风险管理能力。

创业学是一门思考与行动相结合的学科，具有很强的实践性。

本书强化"观念、知识、技能、行动"的教学框架，根据教学任务的推进，适时安排创业者或企业家访谈、创业环境分析、创业者自我评估、创意与商机选择、商业模式构建、商业计划书撰写、模拟公司注册、参加商业计划竞赛等实践教学环节，强调"理论教学、实践教学、创业实践"三线并举。

在编写本书时，我有幸与韩燕平老师、陈建华老师、雷刚老师、黄翔老师一起编写；聂瑶、梁适、何雨轩、钟京桦、余芷纯、谢卓林、吴楚欣同学参与查找资料并进行校对；得到黄友森教授、程庆亮博士的悉心指导；得到北京师范大学珠海分校管理学院万里鹏院长、孟子敏教授、洪林教授等人的支持。

本书的编写参考了国内外大量专家学者的文献资料，在此对原作者的辛勤劳动表示衷心感谢！在写作过程中，我的家人，特别是我的母亲为我分担家务，激励我勇往直前，他们是我不断奋进的动力。

由于作者水平有限，书中难免存在缺失和不足之处，恳请各位读者谅解并拨冗指正。

李　莉

目　录

第1章　创业概论 (1)
- 1.1　创业的概念与特点 (1)
  - 1.1.1　创业的概念 (1)
  - 1.1.2　创业活动的特点 (3)
- 1.2　创业的类型与创业的过程 (5)
  - 1.2.1　创业的类型 (5)
  - 1.2.2　创业的过程 (9)
  - 1.2.3　创业的社会经济价值 (10)
- 1.3　创业管理 (13)
  - 1.3.1　创业管理的概念与内涵 (13)
  - 1.3.2　创业管理的研究范式 (15)
  - 1.3.3　创业管理与传统管理的关系 (16)
- 1.4　创业精神 (17)
  - 1.4.1　把握机会 (17)
  - 1.4.2　甘冒风险 (18)
  - 1.4.3　自我超越 (19)
- 1.5　创业教育 (20)
  - 1.5.1　我国大学生创业教育的现状及特点 (20)
  - 1.5.2　美国大学生创业教育的经验分析 (21)
  - 1.5.3　借鉴美国经验促进我国大学生创业教育发展的建议 (22)

第2章　创业环境分析 (24)
- 2.1　创业环境概述 (24)
  - 2.1.1　创业环境的概念与特征 (24)
  - 2.1.2　创业环境影响因素模型及相互关系 (25)
  - 2.1.3　创业环境分类 (27)
  - 2.1.4　创业环境对创业的影响 (28)
  - 2.1.5　创业环境研究的重要价值 (29)
- 2.2　创业环境分析方法 (30)
  - 2.2.1　SWOT矩阵法 (30)
  - 2.2.2　PEST分析框架 (32)
  - 2.2.3　GEM创业环境分析模型 (34)
  - 2.2.4　城市创业环境评估水位模型 (35)
  - 2.2.5　转型经济背景下的创业环境分析框架 (37)

第3章　创业机会 (40)
- 3.1　创业机会概述 (40)
  - 3.1.1　创业机会的概念 (40)
  - 3.1.2　创业机会的特征 (41)

3.1.3 创业机会的类型 …………………………………………………………（42）
　3.2 创业机会的PEST分析 ……………………………………………………………（43）
　　　3.2.1 政治法律环境 …………………………………………………………（43）
　　　3.2.2 经济环境 ………………………………………………………………（43）
　　　3.2.3 社会环境 ………………………………………………………………（44）
　　　3.2.4 技术环境 ………………………………………………………………（45）
　3.3 创业机会的来源及寻找 …………………………………………………………（45）
　　　3.3.1 创业机会的来源 ………………………………………………………（45）
　　　3.3.2 宏观上行业的创业机会 ………………………………………………（48）
　　　3.3.3 大学生创业机会的寻找 ………………………………………………（49）
　3.4 创业机会的评价 …………………………………………………………………（53）
　　　3.4.1 创业机会的定性评价 …………………………………………………（54）
　　　3.4.2 创业机会的定量评价 …………………………………………………（56）

第4章 创业者与团队 ……………………………………………………………………（60）
　4.1 创业者的素质及特征 ……………………………………………………………（60）
　　　4.1.1 创业者的概念 …………………………………………………………（60）
　　　4.1.2 创业者的心理特征 ……………………………………………………（61）
　　　4.1.3 创业者的个人能力 ……………………………………………………（63）
　4.2 创业团队的概念与意义 …………………………………………………………（64）
　　　4.2.1 团队概述 ………………………………………………………………（64）
　　　4.2.2 创业团队概述 …………………………………………………………（65）
　　　4.2.3 团队与创业团队的区别 ………………………………………………（67）
　　　4.2.4 创业团队对于创业成功的重要性 ……………………………………（69）
　4.3 创业团队的组建和管理 …………………………………………………………（70）
　　　4.3.1 创业团队的组建途径 …………………………………………………（70）
　　　4.3.2 创业团队的管理方法 …………………………………………………（73）
　4.4 创业团队的风险与发展 …………………………………………………………（77）
　　　4.4.1 创业团队的风险 ………………………………………………………（77）
　　　4.4.2 创业团队的发展 ………………………………………………………（79）

第5章 创业条件与融资 …………………………………………………………………（83）
　5.1 创业条件 …………………………………………………………………………（83）
　　　5.1.1 创业的客观条件 ………………………………………………………（83）
　　　5.1.2 创业的主观条件 ………………………………………………………（85）
　5.2 融资概述 …………………………………………………………………………（87）
　　　5.2.1 融资渠道 ………………………………………………………………（87）
　　　5.2.2 融资分类 ………………………………………………………………（88）
　　　5.2.3 融资方式 ………………………………………………………………（89）
　5.3 创业的融资问题 …………………………………………………………………（90）
　　　5.3.1 创业融资的渠道 ………………………………………………………（91）
　　　5.3.2 创业融资难的根源 ……………………………………………………（93）
　　　5.3.3 创业融资前的准备及需要注意的问题 ………………………………（94）

5.4 创业融资风险 (97)
　　　　5.4.1 创业融资需注意的问题 (98)
　　　　5.4.2 创业融资风险的规避 (99)

第6章 创业过程 (104)
　　6.1 理解创业过程 (104)
　　6.2 创业过程的阶段划分 (105)
　　　　6.2.1 创业过程的四个阶段 (105)
　　　　6.2.2 霍尔特创业过程的四个阶段 (109)
　　　　6.2.3 奥利夫创业过程的八个关键步骤 (109)
　　6.3 创业流程 (110)
　　　　6.3.1 制造业创业流程 (110)
　　　　6.3.2 知识型企业创业流程 (111)
　　6.4 创业企业的生命周期 (112)
　　　　6.4.1 种子期 (113)
　　　　6.4.2 初创期 (113)
　　　　6.4.3 发展期 (113)
　　　　6.4.4 成熟期 (113)
　　6.5 创业中所需的资源 (114)
　　　　6.5.1 创业资源的概念 (114)
　　　　6.5.2 创业资源的分类及作用 (114)
　　　　6.5.3 创业资源的整合 (115)
　　6.6 创业模型 (116)
　　　　6.6.1 萨尔曼创业模型 (116)
　　　　6.6.2 蒂蒙斯创业模型 (117)
　　　　6.6.3 加德纳创业模型 (118)
　　　　6.6.4 佐拉和乔治亚创业模型 (118)
　　　　6.6.5 四个模型的比较 (119)

第7章 商业计划 (121)
　　7.1 初步了解商业计划 (121)
　　　　7.1.1 什么是商业计划 (121)
　　　　7.1.2 为什么要有商业计划 (121)
　　　　7.1.3 商业计划的类型 (122)
　　7.2 如何编写商业计划书 (122)
　　　　7.2.1 商业计划书的编写原则 (122)
　　　　7.2.2 商业计划书的六大要素 (123)
　　　　7.2.3 编写商业计划书的步骤 (124)
　　　　7.2.4 编写商业计划书的技巧 (125)
　　　　7.2.5 编写商业计划书的主要形式及内容 (126)

第8章 创业企业的经营管理 (141)
　　8.1 人的管理 (141)
　　　　8.1.1 创业企业招聘的人才应具备的条件 (141)

              8.1.2 创业企业吸引优秀人才的凭据 (142)
              8.1.3 创业企业的招聘渠道 (142)
              8.1.4 创业企业的薪酬设计 (144)
              8.1.5 创业企业的人员架构 (146)
              8.1.6 创业企业的人员管理制度设计 (146)
        8.2 营销管理 (147)
              8.2.1 市场定位 (147)
              8.2.2 创业企业的 4P 营销组合 (149)
        8.3 财务管理 (151)
              8.3.1 创业企业的融资管理 (151)
              8.3.2 现金流管理 (152)
              8.3.3 创业企业财务预算 (153)
              8.3.4 财务分析 (157)
              8.3.5 税务管理 (159)
        8.4 客户管理 (161)
              8.4.1 客户开发管理 (161)
              8.4.2 客户促销管理 (162)
              8.4.3 客户关系管理 (163)

第 9 章 创业企业的危机管理 (167)

  9.1 危机管理概述 (167)
        9.1.1 危机 (167)
        9.1.2 危机管理 (168)
  9.2 创业风险的特征与分类 (168)
        9.2.1 创业风险的特征 (169)
        9.2.2 创业风险的分类 (170)
  9.3 新创企业成长规律与危机管理 (172)
        9.3.1 新创企业成长阶段及其特征 (172)
        9.3.2 萌芽期的危机管理：调查市场危机 (174)
        9.3.3 成长期的危机管理：现金流向危机 (178)
        9.3.4 成熟期的危机管理：阶层与人才危机 (179)
        9.3.5 衰退期的危机管理：创新危机 (183)
  9.4 创业风险的管理流程与管理方法 (186)
        9.4.1 创业风险的管理流程 (186)
        9.4.2 创业风险的基本管理方法 (188)
  9.5 创业风险的管理策略 (189)
        9.5.1 创业项目选择风险的管理策略 (189)
        9.5.2 人力资源风险的管理策略 (191)
        9.5.3 市场风险的管理策略 (193)
        9.5.4 财务风险的管理策略 (195)
        9.5.5 技术风险的管理策略 (199)

参考文献 (201)

第 1 章 创业概论

1. 了解创业的定义
2. 了解创业与创新、就业的关系
3. 理解创业活动和创业要素模型
4. 理解创业精神
5. 了解创业的类型和一般过程

创业名言

生活是公平的，哪怕吃了很多苦，只要你坚持下去，一定会有收获，即使最后失败了，你也获得了别人不具备的经历。

——马云

案例导入  创业路上，她只有一只枕头……

1.1 创业的概念与特点

1.1.1 创业的概念

创业（Entrepreneurship）已经成为理解当代和未来社会经济变化的一个关键概念，已经成为研究经济社会活动必不可少的一个重要主题。那么，到底如何理解创业呢？本节将对创业以及创业的基本内涵进行诠释和界定。

"创业"一词最早出自《孟子·梁惠王下》，"君子创业垂统，为可继也。"这里的"创业"是指"开创事业的基础、根基"。《辞海》对"创业"的定义是"创立基业"，即主动发起并坚持一项事业。由此可见，从一般意义上理解，创业可以泛指一切开创性的社会活动，包括个人、集体、国家和社会的各项事业，与"守成"相对应，这是一个较为广义的创业概念。在经济学或创业学意义上，创业则是一个狭义的概念，指以企业为载体、以正当手段获得财富增值为目的的活动，和"从商"最为接近，而非从政、从军、从事科学研究等开创个人或组织的政治、军事、学术等事业的创业。

自著名期刊 Journal of Management 于1987年正式开辟创业研究专题以来,许多专家学者对创业研究给予了关注,并给出了多种不同的定义。其中,比较有代表性的有:科尔(Cole)认为"创业是发起、维持和发展以利润为导向的企业的有目的性的行为";斯蒂文森(Stevenson)认为"创业是不拘泥当前资源条件的限制,追寻机会,将不同的资源进行组合,利用和开发机会并创造价值的过程";杰弗里·蒂蒙斯(Jeffry A. Timmons)认为"创业是一种思考、推理和行动的方式,它为机会所驱动,注重方法与领导相平衡,创业导致价值的产生、增加、实现和更新,不只是为所有者,也为所有的参与者和利益相关者"。

随着国内创业研究的兴起,很多国内学者也对创业给出了自己的定义。例如,李志能等认为"创业是一个发现和捕捉机会并由此创造出新颖的产品或服务和实现其潜在价值的过程";许玫认为"创业是'创办企业'的意思,是一种以创新为基础,以创造价值及提高生产力为目的的综合性社会活动";贺尊认为"创业是在具有不确定性的市场机会中追逐最大可能的利润项目,并对其进行投资和管理的过程"。

此外,还有大量关于创业的定义,每种定义都描述了创业的一个或几个侧面,例如,熊彼特(Schumpeter)定义创业为"实现资源的重新组合";科兹纳(Kerzner)则强调了机会识别能力的重要性,认为创业与盈利紧密相关,应当通过正确预期下一个不完全市场和不均衡现象在何处发生来盈利;高德纳(Gartner)定义创业为"新组织的创造";韦博(Weber)则提出"创业是接管和组织一个经济体的某部分,并且在自己可以承受的经济风险内,通过交易来满足人们的需求,目的是创造价值";肖恩和文柯塔拉曼(Shane and Venkataraman)定义创业为"机会的识别、评估和开发过程";等等。

综合以上定义来看,创业的内涵主要包括:开创新事业,创建新组织;追求创新,实现各种资源的新组合;通过对潜在商业机会的开发和承担较高风险来创造价值。这和莫里斯(Morris)对欧美期刊和教科书中出现的77个创业定义中的关键词的研究具有高度的一致性。创业定义中包含的关键词如表1-1所示。

表1-1 创业定义中包含的关键词

序号	对于创业定义的不同理解	出现频数(个)	序号	对于创业定义的不同理解	出现频数(个)
1	开始、创建、创造	41	10	价值创造	13
2	新事业、新企业	40	11	追求成长	12
3	创新、新产品、新市场	39	12	活动过程	12
4	追逐机会	31	13	已有企业	12
5	风险承担、风险管理、不确定性	25	14	首创活动、超前认知与行动	12
6	追逐利润、个人获利	25	15	创造变革	9
7	资源或生产方式的新组合	22	16	所有权	9
8	管理	22	17	责任、权威之源	8
9	统帅资源	18	18	战略形成	6

注:表中只列出了超过5个以上频数的关键词。

(资料来源:Morris M,Lewis P,Sexton D. Re-conceptualizing Entrepreneurship: an Input-output Perspective[J]. SAM Advanced Management Journal, 1994,Winter(1): 21-31.)

由此，我们可以给创业下一个综合性的定义：创业是创业者通过发现和识别商业机会，并组织各种资源开发，通过创建新企业或开发新业务，为社会提供新产品或新服务，实现价值创造和价值增值的过程。

需要指出的是，这是一个相对狭义的创业定义。自20世纪80年代以来，随着市场经济的发展、新科技革命的兴起、经济的全球化和金融的自由化，创业活动发生了显著的变化。许多创业潮诞生的新兴企业在创业过程中面临重新改造，许多百年老店需要通过再造、重建、内创业来适应现代市场经济的发展需要，使得"创建企业"这种活动不以人的意志为转移，由狭义层面发展到包括成熟企业重建（Re-construction）和公司创业（Corporate Entrepreneurship）在内的广义创业活动。

1.1.2 创业活动的特点

创业是创业者及其团队为孕育和创建新企业或新事业而采取的行动，和一般的商业活动相比，这些活动主要发生在企业生命周期的前端，具有较强的特殊属性。

1. 创业过程高度依赖创业者及其团队的个人能力

创业活动的产生是创业者的创业能力和外部商业机会之间相互选择与良性互动的结果，创业者能否慧眼识珠地发现和识别商业机会、能否高效地组织资源去开发商业机会，在很大程度上决定了创业的成败。因此，与成熟企业规范的经营管理工作主要依靠组织的力量来完成不同，创业过程，尤其是在创业的初期阶段，更多地依靠创业者个人的力量和智慧。这无疑印证了长期以来普遍存在的认识：创业成败主要取决于创业者的个人禀赋。无数客观的创业事实也佐证了这一点。比尔·盖茨之于微软，布林和佩奇之于谷歌，柳传志之于联想，任正非之于华为，马云之于阿里巴巴，等等，莫不如此。尽管一个企业的发展长期高度依赖最初创业的灵魂人物会带来一些问题，但创业者对创业活动起到的重要程度，甚至决定性作用是客观存在的。

2. 创业是一种包含高度创新成分的商业活动

创业的本质在于创新，创新是展现创业精神的特殊工具。成功的创业活动必须建立在有目的的创新上。著名经济学家约瑟夫·熊彼特（Joseph Alois Schumpeter）认为，创新是创业者和企业家精神的最重要特征之一。管理大师彼得·德鲁克（Peter F. Drucker）于1985年出版的名著《创新与创业家精神》，也将创新与创业精神放在一起讨论，可见两者之间的紧密关系。每一个成功的创业者都注重创新：他们可能积极研发并率先应用新技术；可能开发出新产品或服务；可能设计出新的商业模式；可能探索出新的制度和管理方式；可能是针对顾客的需求提出新的商业解决方案，从而获得创业成功。尽管创业和创新并不是完全等同的概念，也不是所有的创业活动都有很大程度的创新，但基于创新的创业活动更容易形成独特的竞争优势，更有可能为顾客创造新的价值，进而可以实现更好的发展。由此可见，创业是一种包含高度创新成分的商业活动，创业的成功离不开创新。

3. 创业具有非常明显的机会导向性

创业是一个创建新企业的过程。因此，拥有或继承前人的事业、管理已有的企业都不是创业。创业既是商机驱动型的活动，也是机会导向型的活动，把握机会对创业者来说至关重要。没有机会，创业活动就成了盲目的行动，根本谈不上创造价值。同样，如果没有创业者识别和开发机会，创业活动也不可能发生。商业机会具有很强的时效性，创业者稍加犹豫，机会就可能被他人把握和利用。因此，为了把握商业机会，创业者必须不拘泥于当时资源条件的约束而快速行动，这也是创业活动的显著特征之一。从产生创意到创建新企业，通常是在很短的时间内完成的，很少会耗时一年或几年之久。但成熟的大企业由于生产经营活动繁多，通常对资源利用考虑比较多，做出决策往往要经过周密的调查研究和漫长的决策过程。

4. 创业通常面临着创业资源的高度约束

大多数创业者都经历了"白手起家"的过程，如果一个人拥有丰富的资源，也许就失去了创业的动力。同样，如果一个人或一个组织拥有丰富的资源，其商业行为往往不再是商机导向的"创业行为"，而是资源导向的"投资行为"。创业经常是一种变不可能为可能的活动。大家都认为不可能，自然也就不愿意提供充分的资源给创业者。而创业者个人所拥有的及能筹措到的资源是有限的，因此不得不白手起家。由于资源的限制和约束，创业者经常要寻找那些不需要大量资源投入（尤其是资金投入）的商业机会而开展创业活动，结果是大多数的创业活动注册资本都不高。在资源高度约束的条件下开展创业活动，一方面要求创业者积极寻求资源获取渠道，创造性地整合资源，以摆脱资源高度约束的困境；另一方面要求创业者自力更生，厉行节约，珍惜并慎重对待每一份资源，让有限的资源发挥最大的效用和价值。

5. 创业需要承担高度的不确定性和巨大的风险

创业是一个发现、识别和利用商业机会，组合各种生产要素并创造价值以获得商业成功的过程。创业过程中虽然可以借鉴和学习前人的经验、教训和方法，但对创业者来讲，仍然面临高度的不确定性和巨大的风险。这些不确定性和风险可能有多种形式和来源，如创业环境的不确定性，商业机会的模糊性，创业管理的复杂性，等等，都给创业者带来各种各样的创业风险。但创业者必须勇于承担风险。创业者或企业家是风险承担者的代名词，《韦氏大辞典》把创业者定义为一个组织、管理、承担商业风险或企业风险的人。但承担风险并不是冒险，准确地说是低风险冒险。有证据表明，创业者对风险有更多的包容性，与一般人相比对动态变化且不是特别明确的情况更加适应，并且在减轻风险、分散风险方面更具有创造性。创业者往往都善于学习、快速行动，注重合作和联盟，这些都是降低不确定性和风险的方法。

1.2 创业的类型与创业的过程

1.2.1 创业的类型

创业是一个不断发展变化的过程,随着创业活动的日趋活跃,创业的类型也呈现多样化的趋势。了解创业的分类,有助于更好地理解不同类型创业活动的特殊性,有助于把握创业活动的本质和关键要素。因此,对创业活动进行适当的分类,比较不同类型的创业活动,对研究和实践都很重要。

对创业的分类可以从创业主体的性质、创业动机、创业地点、创业领域、创业方式、创业效果等多个维度来展开,通过分类区分各种不同的创业活动,各种分类之间可以形成更多的创业类型。创业的基本分类如图 1-1 所示。

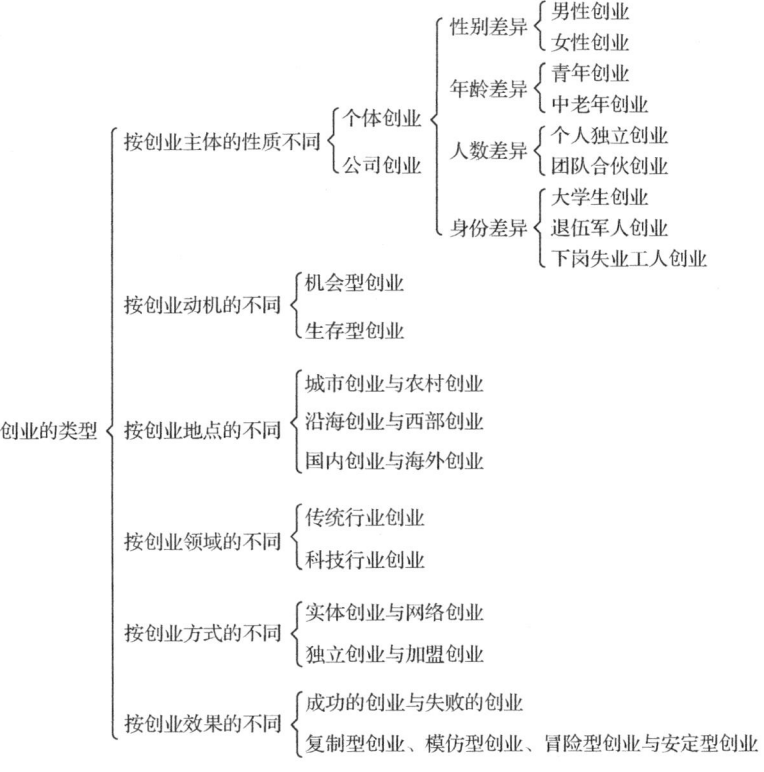

图 1-1 创业的基本分类

下面结合图 1-1 所示的基本分类,着重介绍目前创业研究中具有典型意义和独特价值的几种分类方法。

1. 根据创业主体的性质划分

1) 个体创业

所谓个体创业,是指创业者个人或创业团队,不依赖于某一特定组织,白手起家,完全独立地创建企业的活动。个体创业是一种很普遍的社会现象，这种现象的产生有各种原因，例如，发现了很好的商业机会；创业者独立性强，不愿意受别人管制；失去现有工作或找不到合适的工作；对大机构的作风和个人前途感到失望；受其他人创业成功的影响；等等。根据人数差异，个体创业可以进一步细分为由单个人主导的个人独立创业和组建创业团队进行的团队合伙创业；根据是否加入现有特许经营的商业体系，个体创业可以进一步细分为独立创业和加盟创业；根据性别差异、年龄差异、是否在职工作等，个体创业可以进一步细分为男性创业与女性创业、青年创业与中老年创业、全职创业与兼职创业等；根据创业主体的个人身份，个体创业可以分为大学生创业、退伍军人创业、下岗失业工人创业等。

2）公司创业

公司创业通常是指由公司内具有创业愿望的员工发起，在公司的支持下，由员工与公司共担风险、共享创业成果的创业形式。在现代社会，仅仅靠高薪水、高职位、高福利，并不能完全满足优秀员工的心理需求。因此，建立公司内部创业机制，用事业来满足优秀员工的成就感，并以此来吸引和留住优秀人才就成为一种必然趋势。与此同时，公司创业的驱动力也来自外部商业环境的快速变化和公司内部创新的不断加快。在这个变化和创新的年代，现有公司已经不再是创业热潮的旁观者和被动应对者，它们正保持和发扬创业精神，在公司内部形成创新和创业氛围，积极地寻找和发掘新的、有利可图的商业机会，并在公司内部构建良好的创业管理体系。个体创业和公司创业的主要差异点如表1-2所示。

表1-2 个体创业和公司创业的主要差异点

个 体 创 业	公 司 创 业
创业者承担风险	公司承担风险，而不是与个体相关的创业生涯风险
创业者拥有商业概念	公司拥有商业概念，特别是与商业概念有关的知识产权
创业者拥有全部或大部分权益	创业者或许拥有小部分权益
理论上，对创业者的潜在回报是无限的	在公司内，创业者所能获得的潜在回报是有限的
个体的一次失误可能意味着创业生涯的失败	公司具有更大的容错空间，能够吸纳失败
受外部环境波动的影响较大	受外部环境波动的影响较小
创业者具有相对独立性	公司内部的创业者更多受团队的牵制
在过程、试验和方向的改变上具有灵活性	公司内部的规则、程序和行政体系会阻碍创业者的策略调整
决策迅速	决策周期较长
低保障	高保障
缺乏安全网	有一系列的安全网
在创业主意上，可以沟通的人少	在创业主意上，可以沟通的人多
在初级阶段，存在有限的规模经济和范围经济	能够很快地达到规模经济和范围经济
严重的资源局限性	占有各种资源的优势

（资料来源：Morris M, Kuratko D. Corporate Entrepreneurship[M]. Harcourt College Publishers, 2002.）

2. 根据创业动机划分

根据创业动机的不同，全球创业观察（Global Entrepreneurship Monitor，GEM）将创业分为机会型创业和生存型创业。

1）机会型创业（Opportunity-pull Entrepreneurship）

在机会型创业中，创业者的创业动机是出于个人抓住现有商业机会的强烈愿望。在商业机会可能带来巨大利益与个人的抓住机会强烈愿望的共同作用下，创业者承担一定的创业风险，表现出强烈的进取心。对这类创业者而言，创业活动是一种个体偏好，并将其作为追求梦想、实现自我价值的手段。如杨致远创立 Yahoo 就属于机会型创业。

2）生存型创业（Necessity-push Entrepreneurship）

相对于机会型创业，生存型创业中创业者的创业动机出于无其他更好的选择，不得不参与创业活动来解决所面临的困难。生存型创业的核心在于创业者的创业活动是一种被动的行为，而不是个人的自愿选择。

生存型创业与机会型创业的特征比较如表 1-3 所示。

表 1-3 生存型创业与机会型创业的特征比较

比较维度	生存型创业	机会型创业
创业动机	生活所迫	职业选择
成长愿望	满足现状，小富即安	把握机会，做大做强
行业偏好	生活服务业，如零售、餐饮、家政服务等	商业服务业，如金融、保险、咨询等
资金状况	以独资为主，缺乏资金	以多种方式融资，资金较为充足
创业者受教育的程度	多数受过初等或中等教育，少数受过高等教育	多数受过高等教育
创业者承担风险意愿	规避风险	勇于承担风险
创业所处阶段	初始创业阶段	二次创业，连续创业

（资料来源：丁栋虹. 创业管理：企业家的视角[M]. 北京：机械工业出版社，2012.）

3. 根据创业效果划分

美国经济学家克里斯汀（Christian）等人依据创业对市场和个人的影响程度，把创业分为四种基本类型：复制型创业、模仿型创业、冒险型创业和安定型创业，如图 1-2 所示。

1）复制型创业（Entrepreneurial Reproduction）

复制型创业是指复制原有公司的经营模式而创立新的企业。例如，某人原先担任某家餐饮企业的店长，后来他离职创业，创建了一家与原来公司相似的餐厅，且餐厅的市场定位和经营风格与原公司基本相同。现实社会中，这种复制型创业的案例特别多，甚至在新创企业中所占的比例是最高的。由于这种类型创业的创新成分较低，缺乏创业精神的内涵，并不是创业管理研究的主流。但是，由于复制型创业中创业者从事的还是原来的工作，同时拥有现成的市场模板、本身的经验与资源优势，使得这种创业的成功概率较高。值得指出的是，特许经营和加盟创业都属于典型的复制型创业。

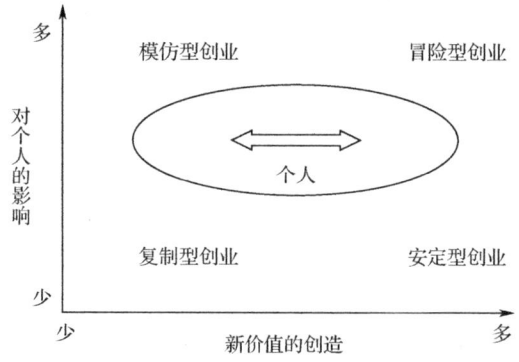

图 1-2　依据创业对市场和个人的影响程度划分的创业类型

2）模仿型创业（Entrepreneurial Imitation）

模仿型创业虽然创新的成分不大，也很少能够给市场创造新的价值，但是，与复制型创业的不同之处在于，创业过程对于创业者本身的改变还是比较大的，其创业行为具有较大的冒险成分。例如，一家服装制造公司的部门经理辞职后，模仿别人新组建了一家网络公司，挤进了团购网站的行列。相对来说，这种类型的创业具有较高的不确定性，经营失败的可能性也比较大。不过，对于模仿型创业来说，创业者有可学习的对象，可以通过同行获取相关的行业知识和经验。如果创业者具有适合创业的人格特质，掌握正确的市场进入时机，还是有很大概率可以获得成功的。

3）冒险型创业（Entrepreneurial Venture）

在所有创业类型中，冒险型创业无论从市场，还是从创业者个人角度来说，所面临的不确定性都是最大的，难度也是最高的。除对创业者本身的转变大、不确定性高以外，对新事业的产品创新而言，也面临很高的市场风险。但是，这种风险和不确定性也意味着冒险型创业过程带来的潜在回报是惊人的。由于这种类型创业的预期报酬较高，对那些充满创新精神的人来说具有很大的诱惑力，但这种类型创业的成功需要在创业者高超的能力、适当的创业时机、合理的创业方案、科学的创业管理等方面有很好的平衡。

4）安定型创业（Entrepreneurial Valorization）

安定型创业的创业者，对于个人命运的改变并不大，所从事的仍然是原先熟悉的工作，但创业者的确在不断地为市场创造新价值，为顾客带来新实惠。公司的内创业多数是这种类型。例如，公司内部的研发小组在完成一种新产品后，继续为公司开发另一种新产品。这种创业类型强调的是个人创业精神的最大限度实现，是源源不断地开展创新活动，而不是创造新的企业。

  大学生创业及其优劣势

1.2.2 创业的过程

创业是一项复杂的经济社会活动，创业过程包含的要素和行为纷繁复杂。从阶段性活动来看，创业过程可以分为机会识别、机会开发、成长管理三个阶段，并可进一步细分为以下五个阶段，如图 1-3 所示。

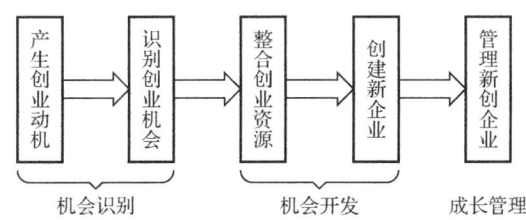

图 1-3 创业过程示意图

1．产生创业动机

创业活动的主体是创业者，一项创业活动能否发生，首先取决于潜在创业者个人或团队是否决定成为创业者。每个人都有创业精神，但创业精神能否转化为创业的实际行动，主要取决于创业动机被激发的程度。创业动机的产生，可能是受潜在创业机会的吸引，也可能是有要摆脱贫困、追求生活富足的朴素想法，抑或是想要出人头地、追求自我实现的更高追求，还可能是具有实业报国、追求国强民富的崇高理想。不可否认的是，创业动机强烈的人，会投入更多的精力用于寻找可能的创业机会，并为抓住机会做好各种准备，如注重学习、培养技能、积累经验和创业资金等。

2．识别创业机会

识别创业机会是创业过程的关键环节之一。创业是创业者和创业机会的有机结合，对于创业者而言，机会意味着创造价值和财富的可能性。创业机会有多种表现形式，可能表现为未被满足的市场需求，也可能表现为具有市场潜力的新产品或新技术，还可能表现为未被充分利用的闲置资源、政府管制的放松、某项产品在两个地区之间有价格套利空间等。具体而言，创业者在识别创业机会方面，要经过发现创业机会、评价机会价值、选定创业项目三个阶段。为了识别好的创业机会，创业者往往需要关注更多的时政新闻和财经信息；需要结交更多的朋友并经常与他们交流沟通；需要仔细观察过往的工作并从中发现问题；需要嗅觉灵敏地从周边事物变化中挖掘商机。

3．整合创业资源

整合创业资源是创业者开发创业机会的必然过程和重要手段。人、才、物、信息是

任何生产经营单位都要具备的基本生产要素，创业活动也是如此。想要创业成功，成就一番事业，创业者需要组建团队，凝聚一批志同道合的人共同奋斗；需要寻求内外部的资金支持，进行创业融资；需要寻求供应商、分销商、行业组织、相关政府部门等多方的鼎力支持。创业者可以直接控制的资源较少，往往和想要开发的商业机会并不匹配。因此，更需要强调外部资源的开发和整合利用，即意味着要通过整合别人掌握的资源，来实现自己的创业理想。对于白手起家的创业者而言，整合资源十分不易，但又必须完成，因此要认真做好准备。为了更好地整合资源，创业者需要反复分析创业机会的可行性，需要围绕创业机会设计出清晰合理的商业模式，需要撰写科学可行的商业计划书，需要向潜在的资源提供者陈述清晰的盈利模式和展示良好的盈利前景。

4．创建新企业

创业者在选择了创业机会，找到了与之匹配的商业模式，并初步整合了创业初期所需的创业资源后，就要考虑新企业的落地问题。新企业的创建和新事业的诞生是衡量创业行为成果的直接标志，多数人都将是否创建了新企业作为衡量个人是不是创业者的基本标准。在这个阶段，创业者有不少的事情需要完成，如确定创立新企业的最佳时机，选择合适的经营场所和合理的企业组织形式，设计企业的各项规章制度，进行新企业的登记注册等。有时甚至要在创建新企业，还是收购现有企业，抑或通过特许经营加盟创业等进入市场的不同途径之间进行选择。

5．管理新创企业

新企业的创立，让创业者的创业行为有了可以依托的组织形态，但这只不过是"万里长征第一步"，还远不能说明创业获得成功。新创企业如何生存和发展，这是摆在创业者面前最主要的问题。新创企业成长管理的意义不低于创建新企业，新创企业成长管理的难度同样也不亚于前期艰辛的创业探索。创业者需要审慎地把握新创企业的发展方向，小心翼翼地规避各种如影随形的创业风险。需要指出的是，新创企业的成长和一般的企业管理不同，由于新创企业的高成长性和高风险性，需要创业者以动态的眼光看待新创企业成长过程中所遇到的问题，要根据新创企业各个成长阶段的不同特点，积极主动地制定适时、适宜的解决方案，并及时调整方案来解决成长过程中的问题，同时不断地开发新的机会，力争把企业做大做强。

1.2.3 创业的社会经济价值

创业具有重要的社会经济价值，是促进社会经济协调发展的有益实践，是时代发展进步的必然要求。正如杰弗里·蒂蒙斯在《创业者思想》一书中所说："我们正处在一场静悄悄的大变革中——它是全世界人类创造精神和创业力的胜利。我相信它对21世纪的影响将等同或超过19世纪和20世纪的工业革命。"创业不仅可以推动经济增长，创造社会财富，促进技术进步，而且是促进就业的有效手段，也是促进产业进步和新产业形成的积极因素，同时对良好社会文化的形成与人的全面发展等有着深刻的影响。

1. 创业是经济增长的核心推动力

在分析创业活动对长期经济增长的贡献时，经济学家熊彼特、德鲁克、伯克等的思想和著作提供了大量有影响的理论框架和实证研究结果。同时，全球创业观察项目将一国或地区的创业活动指数（TEA）和 GDP 进行时间序列回归分析，统计结果显示，创业活动与一年后的经济增长成中度正相关，与滞后两年的经济增长成高度正相关，检验结果显著。也就是说，经济增长快的国家和地区，也就是创业活动较为活跃的国家和地区；反之，经济增长慢的国家和地区，也就是创业活动较为沉寂的国家和地区。的确，不论是发达国家，还是发展中国家，创业已经成为一个国家经济发展中最具活力的部分，是促进经济增长的核心推动力。

在西方发达国家，新一代的创业者创造了全新的成长型企业，对经济产生了巨大的影响。在过去，美国出现了新的"创业革命"，推动高新技术与创业精神、创业金融紧密结合，不断推动技术创新和高新技术的产业化是美国保持世界经济火车头地位的"秘密武器"。在这场"创业革命"之中，美国涌现出了一批又一批的杰出创业者和企业家，如比尔·盖茨、乔布斯、布林、佩奇、杨致远等，也成就了一批又一批杰出的成长型企业，如微软、苹果、谷歌、雅虎等。如今这些优秀企业已经成为美国经济的中流砥柱。

同样，如果我们考察"二战"之后，亚洲"四小龙"所创造的"东亚奇迹"，可以清晰地观察到创业与经济增长之间的相互推动关系。战后日本经济取得了飞速的发展，新兴企业不断涌现，如盛田昭夫和井深大创立了索尼，本田宗一郎创立了本田，稻盛和夫创立了京都陶瓷和 KDDI（日本第二大的电信公司）等，为日本的振兴和崛起做出了重大贡献。

改革开放以来，中国经济持续高速增长。与此同时，改革开放释放出的巨大市场空间和创业空间，让中国掀起了空前高涨的创业热潮，成为全球最具创业活力的国家之一。积极的创业活动不仅促进就业的倍增，同时也对经济增长起到了积极的推动作用，成为助推我国经济增长的"活跃细胞"。在改革开放以来的"创业潮"中，涌现出了联想、海尔、新希望、华为、网易、百度、阿里巴巴、吉利等一批著名企业，也成就了柳传志、张瑞敏、刘永好、任正非、丁磊、李彦宏、马云、李书福等一批成功创业者和企业家。

创业对经济增长的巨大促进作用，也推动了政府创业政策的改变。不管是欧美日等发达国家，还是韩国、新加坡等新兴经济体，抑或是中国、印度、马来西亚等发展中国家，都纷纷出台各种政策引导和鼓励创业，通过税收减免、发展创业投资、培育创业孵化器、推进创业教育等多种措施支持创业活动。与此同时，联合国、欧盟等国际组织也纷纷通过各种决议，大力支持各成员国促进创新与创业活动。例如，1994 年联合国大会一致通过决议，支持并鼓励所有发展中国家和发达国家把创业作为一项国策。1997 年，欧盟委员会在巴黎召开了有关"创新、新企业建立和就业"的第一次圆桌会议，提出欧洲必须大大提高创业与创新精神。

2. 创业是社会财富创造的最主要途径

现代社会,企业是产业发展的基本依托,是社会经济生活的基本细胞,也是财富创造的最重要主体。那么,企业从哪里来?从创业中来。据统计,当今美国超过95%的财富都是由大变革中的创业一代自1980年以来创造的,正是这种创业热潮彻底改变了美国和整个世界的经济。另据瑞士信贷银行的统计,2001—2010年的短短10年,全球财富增长了72%,堪称创造并保持财富的黄金时期。这反映了进入21世纪以来,随着知识经济的到来和网络经济的兴起,创业活动越来越活跃。

创业不仅推动了人类社会整体的财富创造和财富增长,同样也让个人的财富创造能力发生了质的改变。

3. 创业是促进就业的最有效手段

如果说就业是民生之本,那么,创业就是就业之源、发展之基。据经济合作与发展组织(OECD)的统计,所有就业机会的70%要归功于创业者和中小企业。就美国而言,新的就业机会大多是由创业型的中小企业提供的,尤其是在大企业进行大规模裁员的时候,中小企业在稳定就业方面发挥了无可替代的重要作用。

我国政府充分认识到创业在带动就业方面的独特作用,于是把鼓励创业提高到国家发展战略的高度,高度重视创业环境的营造和创业能力的培养。因为解决就业的根本出路不是为失业者找到新的工作岗位,而是需要唤起整个社会的创业精神,由创业者创造出新的工作岗位和新的经济发展空间。

值得指出的是,创业本身也是实现就业的一种方式,即自我雇用。但创业是一种更高级、更高质量的就业形式。因此,创业往往能够发挥带动就业的倍增效应,使创业成为社会就业的巨大"增容器"。

4. 创业促进创新和高新技术产业化

创业的本质是创新,创新支撑着创业。创新能力很大程度上蕴藏于创业精神,没有创业精神,就很难谈得上提高创新能力。创业是创新的重要载体,是创新价值的实现途径,是科学技术与市场之间的纽带。从某种程度上讲,创新的价值就在于将潜在的知识、技术转化为现实生产力,实现社会财富的增长,造福人类社会,否则,创新也就失去了意义,而实现这种转化的根本途径就是创业。历史上每次划时代的创新成果往往都是通过创业进入市场,进而催生出一个或多个庞大的产业,为社会、企业和创业者带来巨额财富。

随着新科技革命的兴起和市场商业竞争的加剧,科学技术转化为现实生产力的速度空前。众多科技型创业企业的诞生,积极地推动着高新技术成果的产业化,实现技术创新的市场价值;与此同时,通过市场的回报机制,又进一步激发大量的科技创新,从而构建起了创新与创业的良性互动机制。这也让小型创业企业成为了技术创新的核心群体。据统计,20世纪90年代以来,创新型小企业承担了美国全部创新成果的67%,重大创新成果的90%,是美国技术创新的最重要推动力量。就中国而言,许多技术型创业企业已经成为转变经济发展方式、促进产业结构升级的主力军,成为新型国家创新体系建设的中坚力量。

5．创业推动产业结构升级和新行业的形成

创业不仅促进创新和高新技术成果的产业化，还推动社会产业结构的升级换代和新行业的形成。高新技术成果产业化的客观结果就是新行业、新产生的诞生与成长。在一次次的创业热潮中，伟大的创业者不仅创建了一些杰出的公司，还创建并领导了全新的行业，这些行业改变了全球经济的运行结构，也改变了人类的生产和生活方式。

值得注意的是，除了高科技创业，依靠经营模式和管理方式创新的创业行为也能推动产业结构的升级换代，甚至催生新的行业。例如，麦当劳、肯德基的创业行为，尽管它们没有发明任何新东西（很多餐厅在更早前就生产它们所供应的汉堡、炸鸡和汽水），但麦当劳、肯德基通过导入卓越的管理理念和管理技能，注重客户消费体验，使产品和服务标准化，设计科学的制作流程和工序，并根据工作程序培训熟练员工，再采用连锁经营的商业模式使其规模化、品牌化，不仅大幅度地提高了资源的产出水平，让自身获得了良好的经营业绩，而且极大地改善了原来快餐业分散化的、质量参差不齐的局面，促进了快餐业产业结构的升级，并创建了新的市场和新的客户群。又如，7-11、罗森等的创业活动，催生了全新的便利店行业；如家、汉庭、7天等的创业行为，使中国的经济型酒店行业得到了发展。

6．创业推动社会进步和人的全面发展

创业可以创造富有而充满活力的创业型社会。创业创造平等机会而非平等收入，让很多人通过创业致富进入主流社会。流动性是社会活力的源泉，同时也是公平效率的保证。通过创业，不同出身的人们能够在不同阶层之间流动，这是一个开放型社会的重要特征，也是人类对现代社会的基本期望。与此同时，创业活动所弘扬的以创新、变革、敢于冒险、勇于担当、百折不挠等为特征的创业精神，不仅可以激励创业者勇于投身创业实践，而且能够激发成熟的大企业、NGO组织甚至政府部门重新焕发出创新与变革的活力，实施创新驱动发展战略，帮助国家和人民在面对错综复杂的竞争环境时走向成功和繁荣，使国家更富强，人民更幸福，社会更和谐。一个创业环境良好、创业氛围浓厚，人人都可以通过创业实现人生价值、造福于社会的创业型社会，必定是一个和谐、可持续发展的社会。

  褚时健和他的"褚橙"

1.3 创业管理

1.3.1 创业管理的概念与内涵

创业管理（Entrepreneurial Management），从英文字义来看，也可以称作企业家管理。

对于这一概念的解释在不同时期有不同的定义,这种变化从一定程度上反映了管理思想,尤其是企业战略管理思想的演变过程。

狭义的创业管理,是指对创业活动进行的管理(Management for Entrepreneurship),也就是把创业管理的研究对象定位于狭义的创业活动,即创业之前的各种准备工作和创业起步之后早期所涉及的管理,包括识别与利用机会、组织资源、制订计划、创建新企业以及新创企业管理等。创业学作为一门学科,其核心观点认为创业活动是可以学习和管理的,在科学揭示创业活动内在规律的基础上,通过掌握创业管理知识,提升创业技能和强化创业过程管理,提高创业活动的成功率,或者说降低创业活动的失败概率。

随着时代的发展和商业环境的不断变化,企业家和管理者都认识到,即使在现有企业或成熟企业里,由于竞争、市场需求、产业演变和环境的变化,只有具有创新与创业精神的企业才具有活力和竞争力,企业需要不断地寻求新的增长机会,开发新的业务,不断激发公司内部的创新与创业行为,这就需要企业战略思想和管理方式的调整。因此,创业管理不仅是新企业的事情,现有成熟企业也需要创业管理。这里所说的创业管理是指广义的创业管理,即创业式管理或创业型管理(Entrepreneurial Management),也就是说,基于对创业活动的管理所提炼出来的创业机制、创业技能和管理模式,可以运用于大公司、成熟企业、社会企业乃至政府机构。

作为一种较为新兴的管理思想,创业管理具有一些特定内涵。

1. 创业管理是一种管理系统和管理哲学

拉斐尔·阿密特等学者认为,创业管理是一种授权组织成员像企业家那样思考和行动的系统。同时,创业管理也是一种管理哲学,这种管理哲学能促使企业战略的敏捷性、柔性、创造力持续更新。因此,创业管理系统的首要目标就是要求组织的所有成员像企业家那样思考和行动。

2. 创业管理是创业与管理的结合

德鲁克认为,创业管理是"创业"(Entrepreneurship)和"管理"(Management)的合成。他认为,无论是完善的大型机构,还是一个白手起家的个体经营户,创新创业的原则都是一样的。创业和管理是一个事物的两个方面,在充满不确定性的商业环境中,不懂管理的创业家不能存活很久,而不懂如何创新的管理者也不能存活很久。

3. 创业管理是创业与战略管理的交叉

戴安娜·达依认为,创业管理是创业与战略管理的交叉与结合。戴安娜·达依将创业管理定义为"与新企业的创建及利用新资源,或者是与资源重新配置进行创新开发有关的所有管理行为和决策,不论这种行为是发生在新企业还是已有的大型企业中"。她阐述了如何将创业思维应用于企业的战略管理,如公司战略、竞争战略、战略计划等。我国学者姜彦福、张玮也系统地探讨了创业战略的价值、特征、影响因素和新创企业可能的战略选择。

1.3.2 创业管理的研究范式

张玉利、夏清华等学者认为，一种研究范式应该涉及研究对象、研究内容与重点、研究目标、逻辑主线和研究方法等方面的内容，尽管目前创业管理研究还不能与传统管理学或一般管理学明显地区别开来，创业管理研究的独特范式仍然处于探索当中，但创业管理有其鲜明的独特性。了解创业管理与传统管理不同的研究范式，对于创业研究和创业实践均具有重要意义。

传统管理或一般管理，是以工业社会的制造业为基础，通过对包括人、财、物、土地、资本、技术、信息等在内的资源实施计划、组织、领导和控制等过程，来提高生产效率和组织效率，以取得最大经济效果为目的，以不同的成熟组织为研究单元，运用经济学、心理学、统计学等多种方法来研究组织运行规律的一门综合性学科。传统的管理范式聚焦于商品，是技术导向型的，研发、设计、工程、大批量制造、大规模销售、自动化和专业化都是重要因素。

创业管理是以环境的动态性与不确定性、环境要素的复杂性及异质性为假设，以发现和识别商业机会为起点，以创新、超前认知与行动、勇于承担风险等为主要特征，以创造新事业的活动为研究对象，以研究不同层次事业的创业导向为主要内容，以心理学、经济学、管理学和社会学等为工具，研究创业活动内在规律的科学体系。

比较传统管理与创业管理，会发现两者之间存在明显的差异，具体表现为两种管理理论或方法所依据的基础不同：两者的研究对象不同，传统的管理理论以现有的大公司为研究对象，而创业管理理论以不同层次的新创事业及新的创业活动为研究对象；两者的提出背景不同，传统管理对应的是机械化大工业的管理经济，而创业管理对应的是以知识经济为代表的新经济；两者的出发点不一样，传统管理的出发点是效率和效益，而创业管理尽管也注重效率和效益，但更侧重于通过寻找机会来取得迅速的成功；传统的管理思维体现了一种资源导向，而创业管理思维体现为机会导向；传统管理通过计划、组织、领导和控制来实现生产经营，而创业管理则是在不成熟的组织体制下，更多地依靠团队合作、创新和冒险来实现新事业的发展。

美国著名的创业管理专家小斯蒂芬·斯皮内利（Stephen Spinelli Junior）所归纳的传统管理范式与创业管理范式的区别如图 1-4 所示；弗吉尼亚大学的萨里·萨拉维斯（Sara D. Sarasvathy）则归纳了既有企业与创业活动的行为逻辑差异（见表 1-4）。

传统管理范式	创业管理范式
● 资源分配模型；	● 机会驱动模型；
● 一般管理；	● 创业领导力；
● 成本导向；	● 成长导向；
● 强调稳定性；	● 强调创新和风险；
● 受资源约束；	● 以创新为框架；
● 区域性。	● 全球视角。

图 1-4 两种管理范式的比较

表 1-4　既有企业与创业活动的行为逻辑差异

	既有企业的行为逻辑	创业活动的行为逻辑
对未来的认识	预测：把未来看作过去的延续，可以有效地预测	创造：未来是人们主动行动的某种偶然结果，预测是不重要的，人们要做的是如何去创造未来
行为的原因	应该：以利益最大化为标准，通过分析决定应该做什么	能够：做你能够做的，而不是根据预测的结果去做你应该做的
采取行动的出发点	目标：从总目标开始，总目标决定了子目标，子目标决定了要采取哪些行动	手段：从现有的手段开始，设想能够利用这些手段采取什么行动，实现什么目标；这些子目标最终结合起来构成总目标
行动路径的选择	既定承诺：根据对既定目标的承诺来选择行动的路径	偶然性：选择现在的路径是为了使以后能够出现更多更好的路径，因此路径可能随时变换
对风险的态度	预期的回报：更关心预期回报的大小，寻求能使利益最大化的机会，而不是降低风险	可承受的损失：在可承受的范围内采取行动，不去冒超出自己承受能力的风险
对其他公司的态度	竞争：强调竞争关系，根据需要对顾客和供应商承担有限的责任	伙伴：强调合作，与顾客、供应商甚至潜在的竞争者共同创造未来的市场

1.3.3　创业管理与传统管理的关系

从以上两种管理范式的对比中，我们可以知道创业管理和传统管理之间确实存在明显的差异。传统的基于职能的管理模式，在相对稳定的工业经济时代发挥了巨大的作用，而在日益复杂的知识经济时代，已经不能有效地解释并指导创业活动。例如，许多创业活动对于创业机会的把握根本就没有正式的计划；对资源的控制也非传统大企业的所有权控制，而是基于信任、心理契约、联盟等纽带的非所有权控制；基于创业机会识别、开发与发展的创业管理和基于职能定位、控制协调的传统管理也存在明显的不同。

但是，对创业活动进行管理或对成熟企业进行创业式管理，也离不开传统的管理理论。因为，创业管理在很大程度上就是对创业活动或企业内部创业行为的计划、组织、领导、协调与控制。只不过鉴于创业活动的特殊性，对于创业活动或企业内部创业行为的计划、组织、领导、协调与控制，和在商业环境相对稳定下的成熟企业的传统职能管理有明显差异而已。

关于创业管理和传统管理的关系，学术界有三种不同的理解。

1. 替代说

所谓替代说，是指部分学者如 Shane 和 Storey 等认为，创业管理与传统管理是两个不同的问题，或者是两个不同的领域，并认为创业管理优于传统管理。Storey 对传统管理和创业管理进行了区分，认为传统管理主要关注如何避免亏损和进行内部协调，而创业管理则关注创造价值、把握机会或是在今天就发现明天的商机，两者是一种互相替代的关系。

2. 阶段说

阶段说认为，创业管理与传统管理是两个不同的研究层面或处于不同的研究阶段，创业管理主要研究新创企业的早期管理,而传统管理主要研究成熟企业的管理。例如,P. Davidsson 等人认为,在企业发展过程中,初期主要是创业管理,后期主要是传统管理。P. Davidsson 认为,创业包括两个过程:一是发现过程,是最初的机会发现和机会提炼等;二是开发和利用过程,是解决资源获取和资源整合问题。创业管理主要是在第一个过程,第二个过程则属于传统管理。"最初发现"(Initial Discovery)属于创业,而"协调正在继续的活动"(Coordination of Ongoing Activity)则完全属于管理。但它们之间的界限并不十分明确,如属于创业的开发、利用过程与传统管理是交叉的。从发展趋势上看,两者呈现融合的趋势。

3. 融合说

融合说认为,创业管理和传统管理都存在自身的缺陷和不足,因此,两者有融合的趋势。一方面,创业管理仍然沿用了传统管理的部分职能,如计划、领导、控制等,但这些内容的本质开始发生变化,呈现创业活动的特征;另一方面,传统管理也增加了创新、变革等新的职能,发生着彼得·德鲁克称为"管理的基本假设的改变"的变化,也就是管理范式的变化。

1.4 创业精神

当前,在创业活动盛行的美国,创业者主要指创建自己的、新的中小企业的人。然而并不是所有新的中小型企业的业主都是创业者,也并不只有新的中小型企业才可以称为创业企业。是否为创业企业,重要的不在于规模的大小或历史的长短,而在于是否具有创业精神。

创业精神包含多个要素,创新为其核心。创业的含义(资源的重新组合、转化和创造价值)本身就包含创新。今天的创业,不管是街头摆摊的生存型创业,还是开发新型药物的机会型创业,其主要驱动力都不仅仅来源于追求个人独立和实现自我价值的欲望。创业者或拥有一种新技术、产品或服务,或者找到生产现有产品的新方法,或者慧眼发现一块新市场,或者挖掘出一种提供新资源的办法。这些活动都属于美国经济学家熊彼特所界定的创新范畴,因为它们为社会提供了新的交易机会。如果社会能够接受这种创业行为,就表明社会认为新的要素组合比旧的要素组合更有价值。

以创新为核心的创业精神包含三个主体要素:把握机会、甘冒风险和自我超越。以把握机会为基础的主动性,是创业过程中不可或缺的因素;Entrepreneurship(创业)最初即指创业者与普通雇员的区别在于前者的风险承担能力;而不断追求自我超越能够规避创业过程中遇到的"机会主义陷阱",从而实现持续发展。

1.4.1 把握机会

创业由机会启动,然而,要敏锐地把握商业机会却不是一件容易的事情。

由于有限理性的存在,创业精神的发挥是受到制约的。从组织外部而言,创业企业难以获得及时的信息和原材料,难以开拓营销渠道和市场。在组织内部,企业纵向和横向沟通有可能不顺畅，信息无法充分交流和共享，总部的战略决策可能在信息掌握不充分的情况下被制定出来，这样的战略决策即使是合理的，也可能会因为各个职能部门的内部控制所导致的跨部门管理难度增大，让长期发展规划成为一纸空文。因此，在获取尽可能充分的信息的基础上进行机会把握，就成为了创业者的首要任务。

创业初期，领袖的个人力量可以"挽狂澜于既倒"。张瑞敏认为"只有淡季的思想，没有淡季的市场"，一般来讲，每年的6月至8月是洗衣机销售的淡季，每到此时，很多厂家就把商场里的促销员撤回去。张瑞敏就想：难道天气越热、出汗越多，老百姓反而越不洗衣裳？调查发现，不是老百姓不洗衣裳，而是夏天里5千克洗衣量的洗衣机不实用，既浪费水又浪费电。于是，科研人员很快设计出一种洗衣量只有1.5千克的小小神童洗衣机。产品很快风靡全国，并出口到日本和韩国。

然而，随着企业的发展，这种建立在个人基础上的机会把握意识和能力，在更广阔的市场和更繁多的资源面前就会捉襟见肘。这时，就需要建立一套完整的系统，在制度上保证机会的把握，包括机会的发现和判断、机会的遴选与甄别、机会的准备和实施，以及机会的扩充与优化。进而通过机会的改善与重构，发现新的机会，从而在机会的把握上形成一个正反馈循环。此外，还必须有制度化、组织化、规范化的运作体系来支撑，才能保证企业长期的可持续性的发展。例如，对机会进行全方位考虑；通过杠杆作用撬动各方面资源；发掘外部力量、独立研究机构，对机会的识别进行客观考察和建议等。

1.4.2 甘冒风险

创业过程中，创业者会面临许多风险，这些风险主要来自以下几个方面：

（1）内部技术风险。在高新技术领域，创业者和投资者要面临来自技术的不确定性。在生物医药行业，一个完整的新药开发过程一般包括基础研究、临床前研究、临床研究、新药生产申请和生产投放五个阶段，整个过程全部的成功概率仅有0.2%。

（2）内部管理风险。企业的内部管理、战略规划、组织结构的合理性至关重要，尤其是核心团队的合作和共同决策的有效开展程度，决定了企业的抗冲击能力和发展能力。

（3）外部市场风险。创业过程中有可能出现"市场失灵"，也就是技术先进的产品或服务，由于市场上某些因素变化而无法得到用户的认可和接纳，从而在很长时间内被市场忽视甚至遗弃。

（4）资本风险。一般来讲，资本的策略是"捧大避小"。这是对创业者尤为不利的一个因素，也是风险投资对创业活动至关重要的原因。而且，即便获得了风险投资，如果创业企业运作不良、前景不佳，或者行业整体发展态势不利，资本仍然有可能抽身而去，这种例子在2008年的视频网站、2011年的团购网站行业屡见不鲜。

甘冒风险并不是说创业者必须"主动寻找风险、主动拥抱风险"，而是指要有敢于承担风险的胆识，善于降低乃至规避风险的能力。

在承担风险的过程中，要考虑几个因素。首先，必须衡量风险的大小和可能性，以及可能带来的波动效应；其次，必须考虑为应对风险而能调动的资源数量，一个真正出色的冒险家，是懂得谨慎运用手头资源的，因为资源永远是有限的；最后，风险识别和应对系统不应当建立在个人基础之上，而是组织化、制度化的，否则就很难保证其可持续性。

风险在根本上来源于资产专用性，其引起的潜在损失难以通过纵向一体化的安排进行规避，长期合约也难以做到完全规避风险。因此，必须寻找和利用各种资源，减少专用性资产所引发的风险；发挥创业者的个人能力，突破"资产专用性壁垒"。同时，突破制度、规则的约束，实现边际创新；排除各种外部干扰，顶住压力，推动创业活动的前进。

1.4.3 自我超越

越是能够敏锐发现和把握机会，越是有胆识与能力化解风险，创业者就越有可能落入"机会主义陷阱"，产生违约、欺诈、损害社会福利甚至触犯法律的行为。这样的创业是不可持续的，如盛极一时的山寨手机。因此，创业者必须追求自我超越，以规避"机会主义陷阱"。

从本质上讲，自我超越的目的就是要追求可持续发展。可持续发展是一种战略选择。实行可持续发展战略，就必须强调自主创新能力，这是一种通过不断创新，在变化的环境中保持竞争优势，同时避免或尽可能减少对社会、资源、环境等产生外部性问题的创新活动。从根本上讲就是以创新的手段，有效地整合多种资源，从而形成收益的可持续性。

创业者可以通过以下几个环节的努力来促进可持续创新：

（1）观念创新。企业应当鼓励讨论和采用新的经营思想、新的经营理念、新的经营思路，在实践中形成新的经营方针、战略或策略。麦肯咨询在云南省咨询行业的竞争中，积极探索运用新观念来改变当地人的思维模式和传统观念，成为组织变革领域的领导者。他们发现，当地人的某些工作和生活方式对经济活动的开展产生了或多或少的不利影响，如轻松的心情、宽松的环境、舒适的生活、凡事无所谓的态度等。在旅游产业开发过程中，这些因素已经产生实际的负面作用。因此，麦肯咨询在改造当地人观念方面花了大力气，使客户有更好的体验和认知。

（2）机制创新。企业需要把各种创新活动制度化，从根本上保证创新活动的进行。这包括从组织、运营机制、企业文化等方面进行规范化。

（3）技术创新。今天的销售额、利润、市场份额并不能保证未来的成功。前微软董事长比尔·盖茨总是告诫员工：我们的公司离破产永远只差 18 个月。企业运用高新技术和先进适用技术改造传统产业，增加科技含量，促进产品更新换代，提高产品质量和经济效益，是技术创新的重要内容，也是现代企业在激烈竞争中胜出的必然选择。

（4）营销创新。如果产品或服务无法销售出去，企业的生存和发展就无从谈起。尤其在中国市场，营销创新是企业在竞争中生存与可持续发展的必要手段。渠道、促销、产品定位、价格和成本等都是营销活动至关重要的因素。企业必须根据营销环境的变化，结合企业自身的资源条件和经营实力，寻求营销要素在某一方面的突破或变革，实现和维持市场活动的可持续性，包括良好的客户关系、持续的服务优化等。

此外，从组织层面上，通过一定的组织形式来改善导致机会主义的环境也是一种较为积极的做法。用组织行为代替个人行为，通过柔性化制度安排，降低交易和管理成本，达到对机会主义的约束和控制。

只要创业者的自我超越扩展到企业和整个经济世界中，就能够成为自动履约机制的前身和基础，实现创业精神从自发到自觉的升华。

1.5 创业教育

大学生创业趋势转好归功于我国经济社会进步和教育体系不断改善，大学生创业对于缓解大学生就业压力和促进社会经济发展具有重要意义。创业教育对于提高大学生创业素质、提升大学生创业的成功率都有着重要意义。

1.5.1 我国大学生创业教育的现状及特点

我国的创新创业教育工作起步较晚，创新创业素质教育模式目前更注重于构建知识框架，园区实践模式与综合教育模式虽然有实践的部分，但实际行动力仍显不足。我国的创业教育可以学习和借鉴发达国家在创业教育上的经验，促进我国大学生创业教育机制的完善，更好地发挥创业教育的作用，推动大学生创业发展。

1. 初步形成了创新创业政策体系

创新创业教育是加强国家创新体系建设的重要一环。我国的创新创业教育事业从1998年起步，创新创业政策演变从萌芽起步到试验探索，从全面发展到整体完善，已初步形成创新创业政策体系。创客群体和范围向多元化发展，实现了从现象到机制的跨越。

2. 创新创业教育体系亟待改善

虽然创新创业教育体系得到了快速发展，但仍处于探寻摸索阶段，存在高校创新创业体系建设不健全的现状。高校创新创业教育中人才培养体系的系统化设计和双创课程体系的立体化构建不够完善和成熟。师资数量、专兼结合、科学的绩效考核、职称评聘等机制都亟待改善。

3. 双创教育师资有待加强

创新创业教育从概念和内涵上对实践性提出了很高的要求，缺乏专业的创新创业教育师资是创新创业教育开展的主要障碍。因此，要求开设课程的教师必须有较强的实践经验。

创业教育是一项涉及面广、政策性强的事业，涉及教育、科技、人事、计划、财政、税务、金融、外事等诸多部门，应由政府或授权某部门做好统筹和协调工作，制定统一、权威的政策和法规。并且要注意政策的连续性、协调性和规范性，完善不利于创业教育、创业实践的政策法规，逐步建立起良好的法律、法规环境以推动我国创业教育的发展。

1.5.2 美国大学生创业教育的经验分析

1. 美国大学生创业教育简介

美国的创业教育极为发达，是当前世界大学生创业教育较为成功的国家之一。其创业教育中，有较为完善的课程系统，并成为大学生必须培训的重要科目，这使得创业教育有了较高的地位。在美国多年创业教育发展中，学校及大学生对于创业教育的支持度不断提升，在创业教育的内容上不断创新，注重实践教育。加上充分的财政保障等，创业教育体系得到不断完善和扩大。在创业教育的支撑下，美国大学生创业数量及成功率都是世界上较高的。

2. 美国大学生创业教育的主要经验

美国大学生创业发展的经验可以简单地总结为三点：

（1）完善的大学生创业教育课程体系。美国几乎全部高校都开设大学生创业教育课程，其课程体系极为丰富。一般大学生创业教育覆盖创业实践、活动课程、环境课程及学科课程，对创业相关的构想、融资、实践、管理等多方面内容进行系统教学。在斯坦福、哈佛等著名学府，都开设独立的创业管理学课程，为美国大学生提供丰富的创业教育。在创业教育中，案例教学和实践演练非常丰富，几乎在所有课程中一半以上为案例教学，通过成功和失败的创业案例，让学生培养更加完善的创业理性思维。借助全国性或者地区性的创业大赛，提高大学生创业实践能力，并且对创业大赛的优胜者及突出创业者提供创业资金等，极大地提升了美国大学生创业的热情及创业成功率。

（2）与创业教育配套的组织体系。美国大学生创业教育的发展离不开创业型的组织结构。实际上，美国大学生创业的理念在大学师生心中都非常明显且重要。在学校教育组织结构上，美国多数大学注重构建创业型的组织结构，将创业实践等作为重要的教育核心，注重贯彻构建创业教育理念，引导学生实践，逐步提升师生的综合知识素养和综合能力。在美国的大学生创业教育中，包括大学生创业教育组织、小企业署、考夫曼创业中心、家庭企业研究所、创业家协会及智囊团等在内的创业支持组织逐步形成，为美国大学生创业提供了多元化的资源支持，使得大学生创业构想及实践能够获得多方面的支持，促使大学生创业综合能力逐步提升。

（3）支撑大学生创业教育发展的资金体系。美国大学生创业教育的开展有着丰富的资金支持，包括财政资金、社会组织及企业资金、教育资金及校友赞助等。其中，美国国家教育基金会设定的小企业创新研究计划，专门拨付经费支持创业教育，同时该机构在美国各州建立小企业孵化器，为大学师生创业提供机会。

1.5.3 借鉴美国经验促进我国大学生创业教育发展的建议

1. 改革并完善大学生创业教育课程体系

美国大学生创业教育在完善的课程体系下，能够实现对大学生创业知识和创业技能的综合培养。目前，在我国大学生创业教育缺乏实践课程的情况下，发展大学生创业教育应该注重完善大学生创业教育体系，形成理论与实践并重的教育格局。首先，需要确定大学生创业教育在大学教育中的地位，将大学生创业课程作为大学生必修课进行教学；其次，将大学生创业教育的知识教学和实践教学比重进行重新设定，加大实践教学力度，定期举行大学生创业大赛，保证每个大学生都能够参加至少一次大学生创业活动；最后，在教学中更多地引入案例教学模式，对我国大学生创业的真实案例进行收集，为大学生讲解更符合我国国情的大学生创业成功及失败案例，提升大学生创业理性思维。

美国大学生创业教育拥有较为完善的校内外组织基础，能够实现跨专业、跨行业的多元化支撑。目前我国大学生创业教育局限在教育学领域，需要逐步打破专业限制，将大学生创业教育与管理学、教育学等相关学科进行整合，根据不同学科专家对创业教育不同环节的解读，丰富创业教育的内容体系，才能够促使大学生在创业教育中获取更丰富的知识，提升大学生创业的综合素养。

2. 加强政府及商业银行对创业教育的支持

美国大学生创业教育在多元化资金支持下，能够将创业构想逐步转变为创业活动，并最终形成可以运行和获利的企业。我国大学生创业教育中难以突破理想与实践隔阂的原因，很大程度在于大学生创业活动没有外部资金的支持，创业活动的资金需求难以满足，即便是很好的创业构想也难以落实。因此，为更好地促进我国创业教育的改进，可以由政府给大学生创业活动提供必要的资金支持，由商业银行主导开发大学生创业项目评估及贷款业务，并且对大学生创业企业给予财税优惠，对发放大学生创业融资的银行以税费优惠，鼓励和提升大学生创业活动的进行。

本章小结

- ❖ 创业重点强调的是主体在社会实践中所体现的一种特定的精神、能力和行为方式。
- ❖ 创业是在不确定的环境中，不拘泥于当前资源条件的限制下，将不同的资源组合，利用和开发机会并创造价值的过程。
- ❖ 创业活动的特点：普遍性和特殊性。
- ❖ 对提升企业绩效和竞争力起到积极作用的三个基本维度：创新、超前行动和风险承担。
- ❖ 创业环境是个人、社会和政府相互作用的创业支持系统，其中政府创业政策起着关键作用。

- ❖ 创业环境系统的要素之间是相互关联的。各个环境系统既有独立的运动轨道，又相互依存、相互影响、相互制约，共同构成创业环境动态链。
- ❖ 创业环境是一个系统，其特征表现为整体性、层次性、开放性与相关性。
- ❖ 以创新为核心的创业精神包含三个主体要素：把握机会、甘冒风险和自我超越。
- ❖ 对创业活动进行分类有助于了解创业活动的特殊性，总结和提炼关键要素，把握创业的本质。

  星巴克公司：构建可持续供应链

扫描二维码并阅读案例，思考并回答下列问题：

每组准备一个 3~5 分钟的 PPT，对其中一个问题进行深度讨论。

1. 在 C.A.F.E.项目联盟组成的咖啡供应链中，股东的动机是如何被激励的？
2. 咖啡种植农民、出口商、分销商及星巴克，它们各自与该项目相关的风险有哪些？
3. 在有限的基础设施支持下，通过项目规模化，能使各国更多的咖啡种植农民都加入进来，你建议采用什么样的信息系统、技术或者流程？
4. 你认为星巴克纵向集成更加深入供应链是正确的吗？请给出支持或反对的理由。星巴克业务具备一些特质，这些特质使得纵向集成成为可能。你认为这些特质有哪些？
5. 星巴克在产品、服务和流程上的创新是什么？
6. 星巴克努力采取了哪些措施来成为一个有社会责任感且在环境上具有可持续性的企业？这些措施的实施将对星巴克带来怎样的利益和潜在风险？

 本章思考与练习

1. 创业与创新有哪些区别？
2. "先就业，再择业，择业之后再创业。"你认同这个观点吗？理由是什么？
3. 对于创业环境，我们应注意哪些问题？
4. 创业环境影响要素有哪几种关系？
5. 改革开放以来，我国的创业教育为什么发展迅速？
6. 你怎样看待大学生自主创业？

第 2 章 创业环境分析

1. 了解创业环境的概念及特征
2. 了解创业环境分析对创业的重要意义
3. 掌握 GEM 创业环境分析模型
4. 掌握创业环境评估水位模型
5. 了解中国现阶段的宏观创业环境及直接创业环境

一知半解的人，多不谦虚；见多识广有本领的人，一定谦虚。

——谢觉哉

两个哈佛美女学生，创业第一天就赚钱，只是因为名校毕业吗？

2.1 创业环境概述

创业环境分析是创业研究的关键问题之一，也是潜在创业者做出创业决策之前应该了解的必修课。创业者必须清楚宏观和微观的各种环境要素及其发展趋势，并判断其对将要开展的创业活动的影响是限制性的还是促进性的。只有这样，创业者才能趋利避害，抓住机遇，成功创业。

2.1.1 创业环境的概念与特征

1. 创业环境的概念

所谓创业环境（Entrepreneurial Environment），是指开展创业活动所需的一系列情景或条件的总称，即对创业活动产生影响的各种外部环境要素，如政治、经济、社会、文化、政策、技术、法律、教育等，相互影响、相互作用所构成的外部生态系统。就通常的理解而言，创业环境是一个比投资环境（Investment Environment）小一些或相近的概念。

创业是创业者个体或创业者团队与外部环境之间良性互动的过程，创业行为的产生不仅受外部环境要素的影响，也受内部环境要素如创业者的个人特质、创业团队的文化、组织与分工等的影响。因此，广义的创业环境应该包括内部环境和外部环境两个方面。但本书所指创业环境是创业者建立新企业或发展新事业所面临的环境要素，它更多指的是外部环境。

2．创业环境的特征

1）整体性

创业环境是一个由各要素相互联系、相互影响、相互作用而组成的有机整体。这些因素涉及政治、经济、社会、文化、自然、地理等各个方面，既有宏观和微观因素，也有自然和社会因素，具有整体性。因此，在分析创业环境时，必须具有系统思维，要全面考虑、综合评价。

2）主导性

在创业环境的各个影响要素中，每个要素所起的作用是不一样的，在某一阶段的发展中，总有一个或几个要素居于主导地位，规定和支配着其他的要素。这一个或几个起主导作用的要素，往往决定了创业环境发展的大趋势，因此，对主导要素的研究具有特别重要的意义。如果回顾 1978 年以来我国创业环境的变迁过程，我们可以清楚地看到改革、开放、市场化、工业化、城市化、信息化等要素所起到的趋势性作用。

3）动态性

环境总是在不断地发展变化，包括经济结构的调整、政策法规的优化、市场需求的变化、消费能力的增长、人口规模的变迁、教育水平的提高等，这些都极大地影响着创业环境，使创业环境始终处于动态变化过程之中，并逐步趋于完善。因此，必须用动态的观点来研究创业环境，才能正确认识创业与创业环境之间的关系。

4）差异性

创业环境在时间维度上表现出动态性，在空间维度上则表现为区域之间的差异性。区域间自然地理、经济发展、市场规模、文化习俗等方面的差异，决定了创业环境的差异性。尤其我国是一个人口多，地域广，自然地理差异大，经济发展水平不一，文化习俗各异，城乡差距和地区差距非常大的国家，因此，各地的创业环境往往具有很大的差异性。

2.1.2 创业环境影响因素模型及相互关系

创业环境的影响因素是动态变化的，不同时期、不同国家、不同地区的创业环境都具有不同的特征，创业过程中，创业者应充分考虑周围环境影响因素的变化。此外，影响创业环境的因素较多，如果把影响创业环境的因素一一纳入创业环境研究范围，对于创业者而言，在理论上和实践上都不具有可操作性。所以，在创业时我们要界定创业环境的边界，找出其与创业绩效和创业决策密切相关并且能够被感知的因素，从而提高可操作性。

1. 创业环境因素模型图

根据系统理论的整体性，我们将创业环境划分为外部创业环境与内部创业环境。外部创业环境是不可操控的，而内部创业环境是可以操控的。其实，外部创业环境本身也是一个系统。根据创业环境系统的层次性特征，可以将外部创业环境系统分为三个层次：宏观环境子系统（或称社会环境子系统）、自然环境子系统和市场环境子系统。根据系统理论，我们也可以把创业环境看作由宏观环境、自然环境、市场环境与内部创业环境四个子系统构成，如图2-1所示。

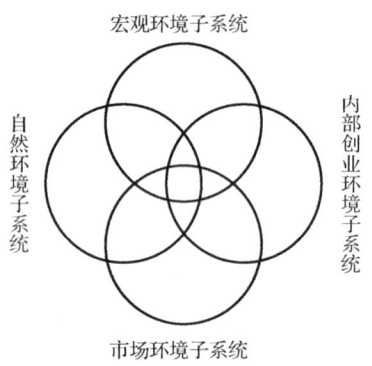

图 2-1　创业环境系统构成模型图

1）宏观环境子系统

宏观环境子系统又称社会环境子系统，包括政策法规环境、金融环境、科技环境和社会文化环境四个方面。良好的政策法规环境会提供更多的创业机会，减少创业成本并为创业者提供更好的服务，增加创业者的动力和信心；资本对创业者而言是其他资源无法取代的，持续的资金投入是创业机会转变成产品或服务的重要保障，因此，良好的金融环境是创业成功和新创企业可持续发展的重要保障；良好的科技环境能够让创业者以较低的成本获得创业所需要的技术，有利于科技成果的转化；社会文化环境传递着社会对创业活动的支持态度、容忍程度，良好的社会环境会营造良好的创业氛围，从而影响人的观念，减少创业成本。

2）自然环境子系统

自然环境子系统是新创企业赖以生存所需要的资源环境，更是新创企业得以可持续发展的关键。自然环境子系统包括自然资源环境与生态环境。企业是一个资源的转化体，通过企业系统的转化，将一定的投入转化为产出，以产品或服务的形式存在。然而任何投入都离不开资源，资源的可得性及持久性决定了创业机会是否可以持续地转化为产品或服务。另外，新创企业还必须体现企业的社会责任，因为任何企业都是社会的一部分，企业的发展必须考虑生态环境，良好的生态环境也会促进新创企业的可持续发展。

3）市场环境子系统

市场环境子系统又称微观环境子系统。我们借鉴波特的产业竞争模型，认为市场环境是由供应商、顾客、替代品、潜在进入者和竞争对手五个方面组成。市场环境关系到创意能否成为一个创业机会。没有顾客需求的创意不能成为创业机会。同时，供应商、替代品、潜在进入者及竞争对手都会影响竞争环境。对于创业者而言需要对市场环境进行有效评估，以决定是否建立新企业，以便将创业机会转化为现实的产品或服务。

4）内部创业环境子系统

内部创业环境子系统是创业者可以控制的环境系统，主要包括创业者素质、创业团队文化与创业组织。创业者素质主要体现在两个层次：精神层次与物质层次。精神层次是指创业精神对创业成功的期望程度；物质层次是指创业技能与技巧，创业者要具有创建和管理新事业的技术与商业知识和能力。创业团队文化是指创业团队的合作意识、对风险的承受能力、团队进取心等理念。良好的创业团队文化有利于营造良好的内部创业环境，促进创业成功。此外，创业组织科学的分工与合作，能提升创业组织的效率，充分发挥创业团队的潜力和利用内部的资源。

2．创业环境影响要素之间的关系

依据系统的相关性，系统的各个要素之间是相互关联的。各个环境系统既有独立的运行轨道，又相互依存、相互影响、相互制约，共同构成创业环境动态链。了解各个子系统之间的联系及对创业的影响具有重要意义。良好的内部创业环境有利于创业者从外部创业环境中发现创业机会，然后通过外部创业环境把创业机会转变为现实的产品或服务；同时，外部创业环境的变化可以影响内部创业环境，从而影响新创企业的绩效。如果某个外部环境子系统或其中的某些环境要素与企业内部环境子系统不发生重叠，就表明它对企业不会产生影响；如果某个外部环境子系统或其中的某些环境要素与企业内部环境子系统发生重叠，并与创业决策、创业目标或创业绩效有关联性，就表明它会对创业产生影响，并且其重叠部分越多，对创业绩效影响就越大。各个环境子系统之间的影响是动态的，对不同创业者，外部环境对内部环境的影响程度是不一样的；在不同的时期，环境子系统之间的影响程度也不一样。

此外，各个环境子系统及子系统中的不同要素在不同的国家和地区对新创企业的重要性也不一样。例如，我国拥有五千年历史，政治经济制度、社会文化等系统结构客观上存在着与西方国家不同的特征。对我国的创业者而言，宏观环境比市场环境对创业有更重要的影响；对于不同地区，在宏观环境相似的情况下，宏观环境的不同要素对创业影响也不一样，区域文化可能有更重要的影响。

2.1.3 创业环境分类

创业环境可以从多个角度进行分类。

1．按创业环境的构成要素分类

从宏观层次看，按创业环境的构成要素，可以分为经济环境、政治法律环境、科技教育环境、商务环境、社会文化环境和自然环境。

2. 按创业环境的层次分类

创业环境是有层次的，可以分为三个层面：宏观层面的创业环境是指一个国家或一个经济体总体的创业环境；中观层面的创业环境是指某个地区、某个城市的创业环境；微观层面的创业环境是指某个街区、某个乡镇、某个特定场所的创业环境。

3. 硬环境与软环境的分类

硬环境是指创业环境中有形要素的总和，如有形基础设施、自然区位和经济区位条件等；软环境是指无形的环境要素的总和，如政治环境、法律环境、文化环境等。

2.1.4 创业环境对创业的影响

创业行为的产生和发展，必然受到创业环境的影响。外部环境对创业活动的影响，可能是积极的，也可能是消极的，并且在很大程度上决定了创业行为是否发生，创业活动是否活跃，同时也是影响创业成败的决定性因素。

1. 创业环境影响创业机会

Shane 等人认为，机会的存在是一个客观现象（虽然机会的识别是一个主观现象）。机会是环境的产物，总是存在于环境之中，环境的性质将影响机会的性质。通常创业环境越好，创业机会也就越多；相反，创业环境越差，创业机会也就越少。例如，改革开放前，我国计划经济的体制禁锢没有解除，现代意义上的创业没有存在的基础，导致没有创业机会，或有机会也无法开发；改革开放后，随着经济体制改革的推进，整体的创业环境不断改善，较为持久的、有吸引力的商业机会（Business Opportunity）就越来越多，无数的创业者据此抓住机会，为客户提供有价值的产品或服务，从而成功创业。又如，改革开放之初的 20 世纪 80 年代，物资短缺、供给不足，因此市场需求型的创业机会很多；但在经济发展水平不断提升的今天，普通商品供给充足甚至过剩，市场竞争十分激烈，市场需求型的机会大大减少，但技术创新型的创业机会却非常多。

2. 创业环境影响创业人才

正如机会是环境的产物一样，创业者或企业家也深受环境的影响。如果一个社会创业环境越好，创业者的创业愿望得到尊重，创业活动得到支持，创业才能得到发挥，创业成果得到肯定，创业风险得到分担，创业失败得到包容，那么创业活动一定越活跃，创业者和企业家也就越多。良好的创业环境意味着在一定时期和区域范围内的社会、经济、文化发展状态有利于创业者或企业家群体的产生和发展。

同样，良好的创业环境对创业人才具有强大的吸引力。和谐的创业环境，能够使创业者之间的竞争在一个有序的环境中进行，形成既有竞争又有合作的良好风气，从而有助于激发创业者的灵感，而且能够对创业者产生一种"筑巢引凤"的亲和力、吸引力。例如，改革开放之初，深圳、珠海、厦门等经济特区和一批沿海城市率先得到了改革开放的政策红利，营造了有利的创业环境，吸引了全国各地的创业者奔赴这些沿海城市，形成了"一江春水向东流"的局面。同样，北京、上海、广州等一线城市，由于具有人口规模庞大、市场运作规范、人力资源丰富、金融支持到位、商业运作模式成熟等优势，也成为无数科技创业者眼中得天独厚的创业首选之地。

3. 创业环境影响创业成败

从"种群生态学"的角度看，创业环境不仅影响创业机会和创业人才，同时也直接影响创业人才与创业机会的互动过程和互动结果，直接影响创业的成败。良好的创业环境具有支持、助力、加快创业成功的作用。因为好的创业环境不仅意味着存在更多的商业机会，而且意味着在创业融资渠道、融资成本、创业培训、商业信息提供、人才供给、法律支持等一系列创业资源供给方面具有更多的便利和优势，从而允许创业者更好地施展拳脚，开拓创新，增加创业成功的可能性。相反，当创业环境对创业者而言是一种"逆境"时，创业者整合资源的难度会大得多，抓住机会的概率也小得多，往往会经历更多的挫折，甚至创业失败。

2.1.5 创业环境研究的重要价值

创业环境研究的价值总体上可以从宏观和微观两个层面来看，从宏观层面看，是对于一个国家、一个地区的价值；从微观层面看，是对于创业者、投资者个人的价值。具体而言，可以体现在以下几个方面：

1. 通过研究创业环境，为创业者选择有利的创业场所

由于创业环境在不同国家和不同地区之间具有很强的差异性，因此，当一个人决定创业或投资时，首先要考虑的就是我要在哪里创业？当地的创业环境怎么样？如果创业者具有良好的环境分析能力和选择能力，那么，就有机会找到最有利的创业场所，为成功创业奠定良好的"地利"与"人和"基础。在零售行业里，有一句名言"第一重要的是选址，第二重要的是选址，第三重要的还是选址"，其实质就是强调创业环境分析、评价与选择的重要性，因为"好的选址是成功的一半"。当然，在创业场所的选择中，除系统的理论分析外，创业者本身的商业经验也非常重要。良好的商业经验可以大大降低选址的成本，提高选址的成功率，做到理论性与实践性的高度统一。

2. 通过研究创业环境，指导创业者的创业行为

创业活动是一个开放的系统和过程，创业活动和其所处的环境相互作用、相互影响，创业者捕捉创业机会，获取并整合创业资源，以及在市场竞争上都离不开其所处的环境背景。认识并把握时代的趋势和所处创业环境无疑是重要的，而且是必需的，因为顺势而为会增加成功的可能性。通过对创业环境的研究，掌握创业环境对创业活动的影响机制，以便创业者适时规避创业风险，提高创业成功率。

2.2 创业环境分析方法

创业环境分析是创业研究的热点问题之一，国内外不少学者均构建了各种创业环境的分析框架或分析模型。例如，全球创业观察（GEM）提出从金融支持、政府政策、政府项目支持、教育与培训、研究开发转移、商业和专业基础设施、进入壁垒、有形基础设施、文化与社会规范九个维度来评价创业环境；Gartner 提出从人口中近期移民的高比例、较大规模的城市区域、雄厚的工业基础、金融资源的可用性、工业专业化程度五个方面来评价创业环境；Fred 从政治和经济环境、转型冲突、不健全的法律环境、政策的不稳定性、非正式的约束、不发达和不规范的金融环境、文化环境七个方面评价创业环境；周丽构建了由自然环境、社会环境、经济环境三大环境系统及政策法律、金融服务、智力技术、社会服务、产业五大支撑体系组成的创业环境评价指标；郭元源等从经济基础、服务支撑、科教支撑、文化支撑、环境支撑五个方面构建了城市创业环境评价指标；蔡莉提出了从科技环境、融资环境、人才环境、政策法规环境、市场环境和文化环境六个方面评价区域创业环境；吴晓波等则从制度环境、市场环境、技术环境三个维度来分析转型经济中企业创业与成长环境的变迁。本书着重介绍以下几个有代表性的分析方法。

2.2.1 SWOT 矩阵法

环境因素的发展变化，可能给创业者带来市场机会，也可能成为威胁因素。研究环境因素对创业有利或不利的影响，可采用 SWOT 矩阵图来进行分析和评估。

1. 机会分析矩阵

机会分析矩阵示意图如图 2-2 所示，横向表示机会的吸引力，即表示成功抓住机会后能带来利益的大小，纵向表示机会出现的概率（或抓住机会概率的大小），组合起来，就构成机会分析矩阵。根据各环境因素的相应数据在坐标平面上定点，就可以评估该环境所带来的机会类型。

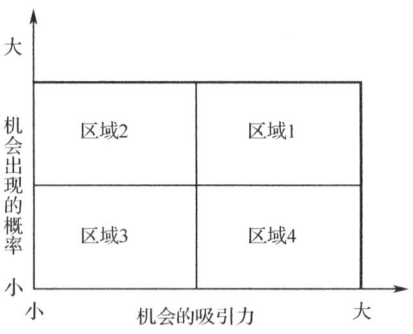

图 2-2 机会分析矩阵示意图

区域 1：机会多，抓住机会的概率高，而且成功后会带来较大的利益，因此，对创业者的吸引力大，是比较理想的环境，应该尽量利用。

区域2：机会多，抓住机会的概率高，但成功后所带来的利益不大，对小本创业具有一定的吸引力，是创业者应该注意开发的环境。

区域3：机会少，抓住机会的概率低，并且成功后给企业带来的利益也较小，是没有吸引力的环境，创业者应该注意回避。

区域4：机会少，抓住机会的概率低，但一旦成功会给企业带来较大的利益，因此，面对这样的环境时，创业者应该努力创造条件，力争创业成功。

2. 威胁分析矩阵

威胁分析矩阵示意图如图2-3所示，横向表示威胁对创业与企业经营影响的严重性，即威胁出现之后所带来损失的大小，纵向表示威胁出现的概率，组合起来，就构成威胁分析矩阵。根据各环境要素的相应数据在坐标平面上定点，就可以区分威胁的影响程度及其性质。

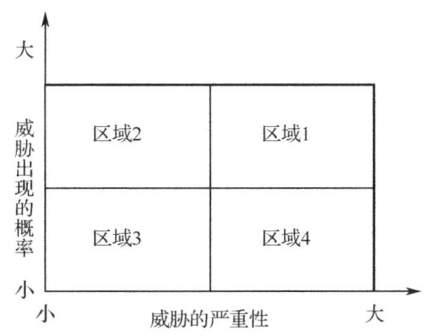

图2-3 威胁分析矩阵示意图

区域1：威胁发生的概率高，而且发生后将产生较为严重的负面影响，因此，这是不利的创业环境，创业者需要时刻监控外部环境的变化。

区域2：威胁发生的概率高，但发生后给企业经营带来的负面影响比较有限，创业者应对外部环境予以必要的关注。

区域3：威胁发生的概率低，并且发生后给企业经营带来的负面影响也比较有限，这是比较有利的创业环境。

区域4：威胁发生的概率低，但一旦发生就会产生较为严重的负面影响，因此，创业者不能掉以轻心，需要对外部环境的变化给予密切的关注。

3. 机会威胁综合分析矩阵

根据机会和威胁分析矩阵图，可以判断创业者所面临的市场机会和环境威胁的具体位置，以便找出主攻方向，做到趋利避害。同时，还可以把两个方面的分析结果重叠，形成新的机会威胁综合分析矩阵，其示意图如图2-4所示，横向表示机会水平的高低，纵向表示威胁程度的强弱。

区域1：机会水平高，但威胁程度也强，这是机会与风险并存的环境，需要创业者审慎思考，谋定而后动。

区域 2：机会水平低，而威胁程度强，这是十分恶劣的创业环境，除非有万全的把握，创业者一般都要回避这样的环境。

区域 3：机会水平低，但威胁程度也弱，处于这一区域的往往是极为成熟的创业项目和稳定的创业环境，机会不多，但也没有多大的风险。

区域 4：机会水平高，而且威胁程度弱，这是最佳的环境状态，处于这一区域的是理想型的创业环境。

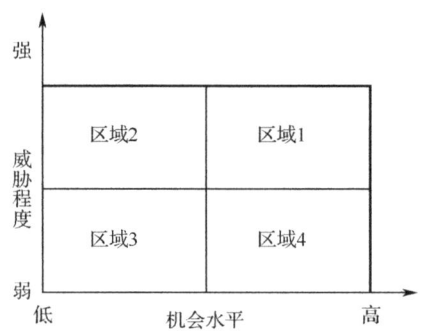

图 2-4　机会威胁综合分析矩阵示意图

通过研究创业环境，可以改善国家或地区的创业环境。对创业者而言，环境是创业活动的外部条件，创业者个体无法改变，只能顺应。但就中央政府或地方政府而言，创业环境要素中有许多政府可控的变量，因而完全可以通过调控其中要素变量而塑造新的创业环境。根据系统的创业环境评估，发现当地创业环境的不足之处，通过加快基础设置投资，调整政策法规，放松不合理管制，促进教育培训，强化金融支持等手段，改善当地的投资创业环境，进而促进整个区域的经济社会发展。

2.2.2　PEST 分析框架

PEST 是环境分析经典框架，对于创业环境的分析也完全适用。PEST 即为 Political（政治）、Economic（经济）、Social（社会）和 Technological（技术），这些是企业创业和成长的外部环境，一般不受微观个体和企业的影响，创业者和企业家必须高度关注这些外部宏观环境，以趋利避害。

1．政治环境

政治环境是指一个国家或地区的政治制度、体制机制、方针政策、法律法规等，又被称为政策与法律环境，或者制度环境。这些因素常常影响和制约企业创业与经营，对企业的生产经营活动及企业监管等产生十分重大的影响。作为创业者，需要关注一个国家或地区的政治局势是否稳定，政府的经济政策和产业政策是否有利于创业，政府所持的市场道德标准是什么，政府是否通过国有企业等过多地介入经济社会的具体事务，政府政策是否会改变法律从而增强对企业的监管并收取更多的赋税，政府是否与其他组织签订自由贸易协议，等等。

2. 经济环境

经济环境是指国民经济发展的总体状况，包括经济结构、经济运行方式、经济发展水平、经济发展形势、产业发展环境和竞争环境等。企业作为市场的主体，受宏观经济环境的影响较大。宏观经济的运行方式、经济结构、经济形势、经济的周期波动、经济政策等的发展变化，无时无刻不在影响着创业的发展。作为创业者，需要关注国家或地区的 GDP 总量和人均 GDP 是多少，经济增长速度怎么样，市场容量有多大，消费能力的提升有多快，产业结构的比例和发展趋势怎么样，创业融资是否会很困难，利润水平有多高，通货膨胀水平如何，政府是否对创业有财政资助，等等。

3. 社会环境

社会环境是指一个国家或地区的民族特征、价值观念、生活方式、风俗习惯、宗教信仰、伦理道德、国民教育、社会结构、人口变动趋势、语言文字等的总和，是一定时期内整个社会发展的一般状况。社会文化环境对于创业活动具有不可忽视的重要作用。作为创业者，需要关注国家或地区的社会文化总体上是否有利于创业，其人口规模和人口结构的变迁会给创业带来哪些机会或威胁，人们的生活方式是怎样的，消费心理和消费行为是否成熟，文化和语言方面的障碍是否会影响新产品的市场推广，当地的教育水平是否能够保障企业招募到合格的员工，等等。

一个有利于创业的社会文化环境积极地影响着创业者、创业组织和社会群体的人格，进而形成一个既有竞争又有合作的和谐的社会文化大环境。创业文化蕴含着公平公正精神、竞争与合作精神、坚忍不拔精神、效率意识、风险意识、改革创新意识、开放大度、宽容失败、求新求变等，这些精神的传播和扩展，必将为良好社会文化的形成提供正确的价值观和驱动力。

4. 技术环境

技术环境是指目前社会技术总水平及变化趋势，包括技术变迁和技术突破对企业的影响，以及科学技术对政治、经济、社会环境之间的相互作用等。科学技术对创业和新企业的影响主要有两种机制：一是科学技术的进步，创造了新产品、新需求和新产业，推动了以高新技术产业化为代表的科技创业的兴起；二是科技进步提高了生产效率，降低了产品和服务的生产成本和销售成本，改变了传统产业的组织运行方式，推动了以商业模式创新为代表的传统产业创业行为。作为创业者，需要关注一个国家或地区科学技术的总体水平及其发展趋势，政府对科技开发的投资强度和投资重点，政府对企业科技创新的扶持力度和扶持方向，科技创新能够在哪些领域带来新的创业机会，科学技术的引进和吸收能否有效提高生产效率、降低成本，科技如何改变了潜在消费群体的生产方式和生活方式，以及技术进步如何创造了新的分销渠道和顾客服务模式，等等。

需要指出的是，并不是所有的技术进步都有利于新企业的诞生和成长。埃克斯和奥德莱认为，只有"新的柔性技术的实现才是导致小企业出现的决定性因素"，因为大批量生产的标准化技术天生就是"非柔性化"的，更有利于大企业。诸如可编程机器人、数控机床等新技术的出现，使柔性的小批量生产可以在成本方面与标准化产品相当。不断变化的消费偏好和个性化需求也支持向柔性技术的过渡，从而减轻了"小规模生产所固有的成本劣势"。毕海德的研究则指出，实现柔性生产的"数字技术"使得创办一个新企业所需的固定成本和经常性开支不断下降，前景广阔的新兴企业能够克服资本束缚，开展创业活动，而且伴随科技革新成长的消费者也更愿意去拥抱新技术，他们更愿意给新企业一次赢得顾客的机会。

2.2.3　GEM 创业环境分析模型

全球创业观察（GEM）的创业环境分析模型共包含九个方面的创业环境变量，分别是：金融支持、政府政策、政府项目支持、教育与培训、研究开发转移、商业和专业基础设施、进入壁垒、有形基础设施以及文化与社会规范。通过对不同国家和地区的专家访谈并填写一份标准问卷，GEM 获得了各个国家和地区关于创业环境评价的信息。

1．金融支持

金融支持是指对创业和成长企业在获得金融资源支持上的可得性，包括自融资、天使投资（Angel Capital）、创业投资（Venture Capital）、私人股权投资（Private Equity）、以创业板和三板为代表的公开股权资本市场、政府拨款和财政补贴等。

2．政府政策

政府政策是指政府激励或约束创业的相关政策，包括对创业活动和成长企业的规定、就业的规定、环境和安全的规定、企业组织形式的规定、税收的规定等。政府政策包括中央政府的政策和地方政府的政策。

3．政府项目支持

政府项目支持作为创业环境的独立要素，是政府政策的具体化。政府项目支持包括但不限于提供资金支持、政策支持、政府采购，还包括为创业提供服务、支持和帮助的组织，如国际劳工组织的 SYB（Start Your Business）项目、创业孵化器（Business Incubator）等。

4．教育与培训

教育与培训是创业活动得以开展的必要条件，也是创业者将潜在商业机会转化为现实的基础。各个层次的教育与培训在创业和中小企业管理方面都起着重要作用，包括初等教育、高等教育、职业教育和创业教育等。

5．研究开发转移

衡量研究与开发（Research and Development）的转移过程是否顺利，从结果上看是高新技术是否实现了产业化或转化为现实的生产力；但从过程看，则是创业是否有效率，创业者能否抓住技术和商业机会。研究开发转移与创业的关系涉及以下几个方面：一是研究开发成果是否能够从它的发源地（如大学、科研机构和发明者个人）通过新创业企业走向市场；二是创业企业是否与大企业有同样的机会接触新研究与新技术；三是研究开发成果是否具备转移的条件（企业承受能力和政府资助）；四是国家是否支持至少某一领域内具有世界水准的技术型公司的创立；五是相关知识产权保护。

6．商业和专业基础设施

创业的商务环境包括三个方面：一是创业企业能够获得哪些资源，如供应商、分销商、咨询机构等；二是创业企业能获得哪些服务，包括金融服务和非金融服务，非金融服务包括法律服务、会计服务等；三是创业企业是否能够使用得起这些资源和服务。

7．进入壁垒

进入壁垒主要涉及国内市场开放程度，体现在创业企业进入市场时是否存在行业准入壁垒，是不是处于一个公平竞争的环境。一般而言，政府管制放松，市场变化较大的创业环境，行业的进入壁垒较低，就更有利于创业企业的进入。

8．有形基础设施

有形基础设施包括道路交通、能源、水电、通信、互联网、土地和办公空间等，可利用的有形基础设施的质量、获得的难易程度和获得成本的高低，对创业活动有巨大影响。

9．文化与社会规范

现有的社会文化和社会规范是否鼓励创业，是否提倡通过个人努力而获得成功，是否鼓励创新和冒险，是否宽容失败，等等。

  GEM 专家调查问卷

2.2.4 城市创业环境评估水位模型

浙江工业大学郭元源教授所提出的城市创业环境评估水位模型认为，城市创业环境是一个混沌的系统，它由许多子系统组成，同时它又是更大系统的子系统。城市创业环境系统构成是复杂的，其众多的要素和环境系统以不同的方式存在，且处在不同的维度和层次上。它们共同作用构成城市创业环境，决定城市的创业活力。

城市创业环境系统根据其对于创业的不同功能可以分为五个子系统，即经济基础（Economic Base）、服务支撑系统（Service Support System）、科教支撑系统（Science and Education Support System）、文化支撑系统（Culture Support System）和环境支撑系统（Environment Support System）。这些子系统的性质特点不同，作用方式不同，各自的形式共同支撑城市的创业活动，如图 2-5 所示。在图 2-5 中，底座代表了经济基础，四根

支柱分别代表了服务、教科、文化、环境四个支撑系统，顶上的玻璃缸中的水位则表示了城市创业企业的能力，可以分别用创业企业的规模、效益、潜力和水平来衡量。

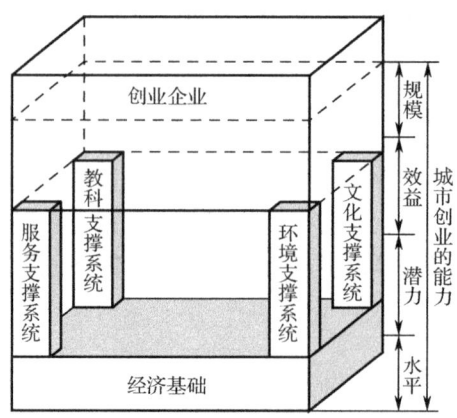

图 2-5　城市创业环境评估水位模型

1．经济基础

经济基础即一个城市的经济发达程度，包括城市的产业结构、劳动力市场、居民消费水平、生产资料供应、城市与区域内外（包括国内外）联系的状况等。

2．服务支撑系统

服务支撑系统由金融服务系统、政府服务系统和其他服务系统三个子系统构成。金融服务系统是指为创业企业的创立及发展提供资金的主体，主要包括银行、创业投资商和个人借贷者等；政府服务系统则是指政府在鼓励创业方面的政策措施，包括税收减免、对中小企业贷款的担保政策及新创企业审批程序等；其他服务系统则包含了各种为创业企业服务的中介机构，如注册代理机构、信息咨询机构等。

3．科教支撑系统

科教支撑系统分为科学系统和教育系统两部分。科学系统包括各级研究所、大学的科研机构等，其主要功能是为创业企业提供可能商业化的科研成果，提升城市创业机会；教育系统则包括城市内中小学及大学的教育体系，其作用主要在于培育具备一定技能及知识的创业人员，其中中小学的侧重点在于基础知识和基本技能方面，而大学则在于创业机会的识别把握及创业企业的管理方面。

4．文化支撑系统

文化支撑系统是指城市所特有的市民社会意识、道德观念、价值观、城市文化氛围和风俗习惯等状况。

5．环境支撑系统

环境支撑系统由与城市环境相关的因素构成，主要是人为环境（基础设施）和自然环境（地理条件）。人为环境包括城市的能源、交通、通信、信息、教育、文化、卫生等各类为创业企业发展所需资源提供供应渠道的硬件设施；自然环境则是指城市的地理位置、气候条件、环境质量、风景名胜、特产资源等影响城市发展及创业地点选择的因素。

2.2.5 转型经济背景下的创业环境分析框架

吴晓波认为，制度环境（Institution）、市场环境（Market）和技术环境（Technology）三个维度能够有效地描述转型经济中创业企业与成长环境的变迁，并由此构建一个较为简洁的基于中国改革开放以来转型经济背景下的创业环境分析框架，即 IMT 模型，如图 2-6 所示。

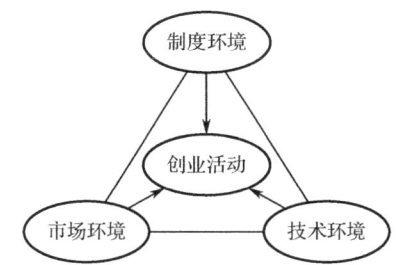

图 2-6　转型经济背景下的创业环境分析框架

1．制度环境

制度环境是包括经济、政治和文化制度在内的各种制度的集合，是社会制度系统与社会环境相互作用所形成的一种合力。制度环境以较快的速度变化是转型经济的一种重要特征。吴晓波认为，对制度环境的关注重点主要有两个：一是经济体制，自改革开放以来，我国的经济体制改革经历了几个阶段，使我国的经济体制逐渐从计划经济向市场经济转变；二是产业政策，这里指国家层面或地方层面的产业发展政策与调控政策。经济体制涉及能不能创业的问题，产业政策涉及创业机会的数量和质量问题。

2．市场环境

市场环境包括需求环境和竞争环境两个方面。需求环境对企业的创业行为具有重要的影响。在转型经济环境中，存在着特殊的需求环境，比较典型的例子是：改革开放之初的短缺经济，对许多商品有大量的需求却缺乏供给，但由于经济发展水平不高，市场需求层次比较低；而从 20 世纪 90 年代中期之后，逐步由卖方市场转向买方市场，物质产品种类丰富，市场竞争日趋激烈。竞争环境是指产业竞争环境。产业竞争环境是影响企业创业与成长的最直接因素，一个产业的竞争环境在很大程度上决定着企业家或企业是否选择进入该产业。一般以迈克尔·波特（Michael E. Porter）的五力竞争模型（供应商的议价能力、购买者的议价能力、新进入者的威胁、替代品的威胁、现有竞争者之间的竞争）来分析产业的竞争环境。在转型经济环境下，会出现一些特别适合创业的市场需求环境和产业竞争环境，一个典型的例子就是房地产市场。在1987年之前，人们对于房子的需求在很大程度上被压抑，在住房体制改革之后，人们的需求得以释放，从而促使房地产市场急剧膨胀。

3. 技术环境

自改革开放以来，我国的技术环境发生了重大变迁。技术环境的变迁主要发生在两个方面：一是技术创新方式，从改革开放之前的闭关自守，到改革开放之后的积极引进，再到现在的引进、消化、吸收、再创新和自主创新；二是技术水平提升和更替速度，近十年来，我国技术更替的速度不断加快，出现大量的高新技术，为掌握新技术的人提供了大量的科技型创业机会。

本章小结

- ❖ 创业环境是指开展创业活动所需的一系列情景或条件的总称，即对创业活动产生影响的各种外部环境要素，如政治、经济、社会、文化、政策、技术、法律、教育等相互影响、相互作用所构成的外部生态系统。
- ❖ 创业环境具有整体性、主导性、动态性和开放性的特征。
- ❖ 创业环境的影响因素是动态变化的，不同时期、不同国家、不同地区的创业环境都具有不同的特征。创业过程中，创业者应充分考虑周围环境影响因素的变化。
- ❖ 创业环境可以从构成要素、层次、硬环境与软环境等角度进行分类。
- ❖ 创业环境代表性的分析方法有SWOT矩阵法、PEST分析框架、GEM创业环境分析模型等。

  情人节探访："自由自宅"，月入百万，"爱情公寓"如何炼成？

扫描二维码并阅读案例，思考并回答下列问题：
1. 王松是如何把握到环境中的潜藏商机的？如果是你，你会怎么做？
2. 王松是如何利用现有的创业环境来实现自己的创业活动的？
3. 对于"懒人经济"这一现象，你的看法是什么？

  Papi酱吸金千万 网红经济产业链逐渐延伸

本章思考与练习

1. 什么是创业环境？创业环境分析的重要意义是什么？
2. GEM 创业环境分析模型和创业环境评估水位模型分别是什么？
3. 影响创业环境的宏观因素有哪些？
4. 中国现阶段的创业环境是怎样的？
5. 结合你的生活经验，谈谈你对目前中国创业环境的看法，并利用本章所学知识，探讨应该如何优化创业环境。

第 3 章 创业机会

1. 了解创业机会的概念及类型
2. 掌握识别和判断创业机会的基本方法
3. 了解创业机会的 PEST 分析方法
4. 懂得创业机会寻找的方法
5. 掌握创业机会评估的两种方法
6. 认识大学生创业机会的自我评价方法

人生成功的秘诀是，当好机会来临时，立刻抓住它。

——狄斯累利

  苏宁创始人张近东的创业故事

市场的资源是有限的，但商机却是无限的。创业机会是创业活动的起点，比别人早一步抓住机会，下一个成功的就可能是你。本章主要内容包括如何了解创业机会、分析创业环境，如何寻找和评价创业机会，以帮助创业者顺利创业。

3.1 创业机会概述

3.1.1 创业机会的概念

对于创业者而言，创业机会的发现、开发、利用及价值实现，是创业过程中的关键问题。同时，创业机会也是创业研究领域的核心概念。近年来，大量研究人员从经济学、管理学、心理学、行为学等不同方面对创业机会的内涵和性质进行研究，而不同的学者对创业机会的概念也有不同的理解。创业机会的概念如表 3-1 所示。

表 3-1　创业机会的概念

作　者	概　念
Casson （1982 年，美国）	创业机会是指在现有的生产方式、新的产出或新的生产方式与产出之间的关系形成过程中，引进新的产品或服务、原材料和组织形式，得到比生产成本更高价值的情形
	创业机会具有吸引力、持久性和适时性的特征，并能为购买者或使用者创造或增加使用价值的产品或服务的情形
Kirzner （1997 年，美国）	机会的最初状态是"未精确定义的市场需求或未得到利用/未得到充分利用资源的能力。"后者可能包括基本的技术，未找准市场的发明创造，或者新产品、新服务的创意
Schumpeter （1934 年，美国）	创业机会通过把资源创造性地结合起来，满足市场的需要，使创造价值成为一种可能性

随着市场的发展和细分，创业者明确了市场需求，各种资源也被精确地定义成具有潜在的用途，市场的资源在不断运转，市场的需求和潜在的创业机会也处于不断变化中。在创业机会的识别中，也加入了创业者的主观思想，尤其强调了创业者本身素质与能力的重要性。

综上所述，创业机会是被创造出来的，是在新的生产方式、新的产出或新的生产方式与产出之间形成过程中，引进新的产品或服务、原材料和组织方式，得到比生产成本更高价值的情形。

3.1.2　创业机会的特征

1．潜在价值性

潜在的价值是创业机会存在的基础，而创业者寻找创业机会的目的就在于成就事业、获得财富。若一个创业机会失去价值性，那么对创业者而言，也就失去了吸引力。学者 Ardichvili 认为，从获取预期消费者的角度来看，机会事实上意味着创业者探寻到的潜在价值。创业机会的价值性是潜在的，需要创业者通过经验、知识、技术去分析和寻找，才能识别出来。

2．客观存在性

在一定时期，创业机会客观存在于市场环境中，不论人们能否发现，具有价值性的市场需求都会存在于市场中。许多人会认为显露出来的消费者需求才是创业机会，但事实并非如此，许多创业机会就在我们身边，生活中平常的事情，在有心人眼中就是机会。

  创业机会寻找案例

3. 时间性

创业机会具有很强的时间性，一旦被别人把握住也就不存在了。而机会又总是会不断产生的，一种需求被满足，另一种需求又会产生；一类机会消失了，另一类机会又会产生。未发现或未被利用的市场资源是一个动态的过程，如果创业者不想失去创业机会，就应该及时发现和利用创业机会，抓住市场机遇。

3.1.3 创业机会的类型

研究表明，创业机会的类型会对创业活动的发展和成败产生影响。阿迪奇维力（Ardichvili）等学者，根据创业机会的识别与发展情况，对创业机会的分类构建了一个矩阵图，如图3-1所示。横向是探索到的价值，纵向是创造者创造价值的能力。探索到的价值可以是确定的（已知的）或不确定的（未知的）；创业者创造价值的能力也可能是确定的或不确定的。一般来说，可确定的创业者创造价值的能力包括人力资源、资金、知识、技术等。在此矩阵图中，探索到的价值表示创业机会的潜在价值，创造价值的能力表示创业者自身的能力。

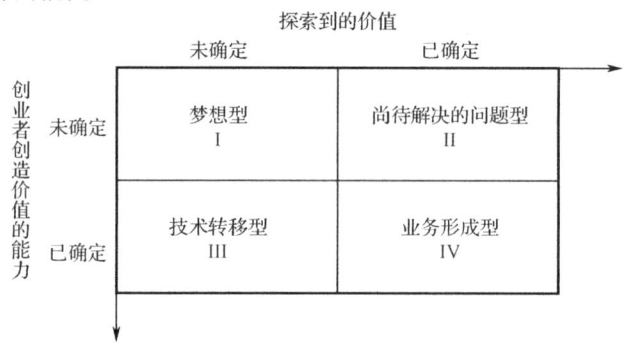

图3-1 阿迪奇维力的创业机会类型图

在第Ⅰ象限中，创业机会的潜在价值是不确定因素，创业者的创造能力也不明确。此时的机会只是一个"梦想"，人们需要找寻新的技术和方法突破现有的局面，为机会寻找新方向。

在第Ⅱ象限中，创业机会的潜在价值已被发现，但是创业者缺少解决问题的能力。"尚待解决的问题"即指，创业者已发现市场中未被满足的需求，但还没发现解决问题的方法。在此情况下，创业者应设计出能满足消费者需求的产品或服务。

在第Ⅲ象限中，创业者的创造价值的能力已经被确定，但机会的潜在价值仍未能发现。在此情况下，创业者更需要着重寻找新科技的应用，而不是去发展产品或服务。

在第Ⅳ象限中，创业者创造能力和市场机会的价值被确定，这时只要创业者抓住机会，对市场资源进行合理的配置，新的消费市场便会形成。

总体而言，这个矩阵描述了创业者利用自身能力发现机会及潜在价值的发展过程。从理论上讲，"探索到的价值"和"创造价值的能力"都已确定的创业机会，成功率会大于两者有其一不确定的创业机会。

  创业机会的类型

3.2 创业机会的 PEST 分析

PEST 分析法又称宏观环境分析法，主要通过对政治法律、经济、社会和技术四个方面分析，从不同方面了解宏观环境。宏观环境是指对行业和企业造成环境威胁或市场机会的各种宏观力量。许多学者认为，一个国家或地区的创业环境与其宏观环境有着密不可分的联系，国家或地区的政府地位、法律制度的完善与公平性、市场的开放性和资源配置的有效性等都会影响创业企业的经营与发展。全球创业观察（GEM）研究认为，创业活动的环境和基础主要由金融支持、政府政策、政府项目、教育与培训、市场开放程度、有形基础设施、知识产权保护、文化和社会规范、研究开发转移、商务环境十个方面组成。典型的 PEST 分析模型如图 3-2 所示。

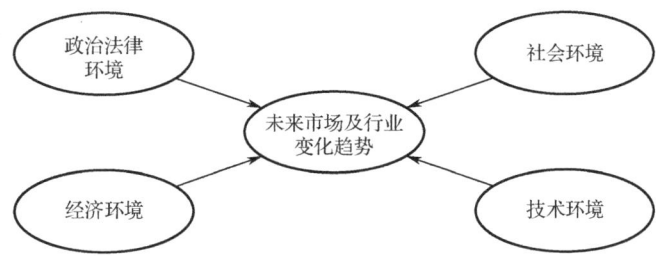

图 3-2 典型的 PEST 分析模型

3.2.1 政治法律环境

P（Political Factors）即政治法律环境。政治法律环境是由法律、国家机构及社会上对企业从事经营生产活动施加约束力和影响力的集团组成的。政治环境包括国家的政治制度、军事形势、国家政策方针、社会政治气氛等；法律环境是指国家的法律规范、法律制度、法律组织机构及法律设施等。一个国家或地区的政治法律环境对创业活动起到约束作用，有利的环境能为创业者创造市场机遇。当国家颁布了对企业生产经营活动具有制约力的法律时，创业者的创业活动或企业的经营策略必须随着国家的政策和法律制度而调整。创业者可借助国家政策的帮助，加快实现自己的创业梦想。此外，国家的税收政策、贸易政策、福利政策等都会影响创业者的选择和决策。当代大学生可抓住现有的市场机遇，发展创业活动。

3.2.2 经济环境

E（Economic Factors）即经济环境。经济环境是指直接或间接影响企业生产活动的

国家经济特点及发展状况，包括国家的经济方针、经济布局、产业结构、资源状况及未来的经济发展方向。国家的经济状况可具体体现在国内生产总值（Gross Domestic Product，GDP）、人均国内生产总值、消费者物价指数（Consumer Price Index，CPI）、可支配收入（Disposable income，DI）等重要指标上，这些因素都会直接影响家庭的消费支出和收入水平，对创业者的创业活动也产生一定影响。重要的关键经济变量如表 3-2 所示。

表 3-2　重要的关键经济变量

重要的关键经济变量		
GDP 及其增长率	规模经济	证券市场状况
贷款的可得性	政府预算赤字	外国经济状况
可支配收入水平	消费模式	进出口因素
居民消费（储蓄）倾向	失业趋势	不同地区和消费群体间的收入差别
利率	汇率	价格波动
通货膨胀率	劳动生产率水平	货币与财政政策

3.2.3　社会环境

S（Sociocultural Factors）即社会环境。社会环境包括一个国家或地区的居民信仰、民族特色、文化传统、教育水平、自然环境等因素。人们在成长和生活的社会中形成了独有的世界观、价值观和行为规范，社会环境影响了消费者的生活方式和消费方式，也创造了不同的市场需求。因此，社会环境会对创业市场产生重大影响，特别是与健康或生活质量等密切相关的产品或服务。人口规模、年龄结构、种族结构、消费结构是构成社会环境的主要要素。其中，人口状况尤为重要，因为市场需求由人产生，创业者首先需要衡量目标地区的人口规模和状况，再去做进一步决策。随着国家人口政策的放宽和人们迁移的便捷，个性化需求成为现今社会越来越明显的发展方向，昔日的大众市场逐渐转型为具有性别、年龄、民族、教育、地域等细分特点的小众市场。创业者需要把握这些差异，从而更好地抓住市场机遇。关键的社会环境因素如表 3-3 所示。

表 3-3　关键的社会环境因素

关键的社会环境因素		
人口出生率	投资倾向	种族平等状况
人口结构比例	储蓄倾向	节育措施状况
性别比例	性别角色	社会活动项目
结婚率、离婚率	对道德的关切	社会责任
人口出生、死亡率	购买习惯	居民对职业的态度
人口移进率、移出率	居民对工作的态度	居民对权威的态度
社会保障计划	居民对政府的态度	城市、城镇和农村的人口变化

续表

关键的社会环境因素		
人口预期寿命	居民对政府的信任度	宗教信仰状况
人均收入	特殊利益集团数量	平均教育状况
平均可支配收入	生活方式	环境污染控制

3.2.4 技术环境

T（Technological Factors）即技术环境。技术环境指能对社会发展产生推动作用的科技进步及新技术的应用。近年来，科学技术越来越成为企业发展的关键因素，技术的进步能使新产品不断涌现，使产品生命周期不断缩短，同时不断提升产品质量，极大地提高了企业的利润空间。知识型创业者要密切关注技术在计算机科技、信息技术、新材料应用、管理应用等方面的进步，发现能在创业过程中带来利益的新工艺、新材料。技术环境除了要考察与企业所处领域的活动直接相关的技术手段和发展变化，还应及时了解以下内容：

（1）国家对科技开发的投资和支持；
（2）该领域技术发展动态；
（3）专利及其保护情况；
（4）技术转移和技术商品化的速度。

  中国的创业环境

根据 PEST 模型，大学生在寻找创业机会，进入行业领域前，应先进行市场调查，了解与该行业相关的政治、经济、社会和技术因素，通过头脑风暴、市场分析等方法对各种数据资料进行描述性分析或解释性分析，寻求市场进入机会的途径和方法，进而更好地开展创业活动。

3.3 创业机会的来源及寻找

创业机会的寻找主要依靠外在的社会条件和创业者的个人能力。一方面，外在条件的变化涌现出创业机会，如政策中规划城市的发展，对新型的产业和可持续发展的能源开发给予支持；另一方面，个人是否具备机会来临之时能够当机立断识别机会的优劣，并且是否有足够的能力去把握这个机会。

3.3.1 创业机会的来源

1. 德鲁克的观点

德鲁克在他的《创新与企业家精神》一书里提到，变化会给人们带来创新和与众不

同的灵感去发现机会和创造新的机会,并把创业的机会分为七大来源。

1)出乎意料的事件

由于机会的性质是模糊性、客观性的,所以一件突然且让人竟想不到的事件发生会给人带来新的思想去创造新的机遇。

2)不一致之处

不一致之处是指对待事物存在着一种有待认识的变化,与人们设想不一样的事情。当发生产品的优势与期望之间不一致、产品的供给量与顾客的需求不一致时,都会产生创业的机会。

3)程序的需要

通过分析作业程序的需求来发掘机会,尤其对于第二产业的企业来说,大型机械和流水线的工作如何降低成本和提高效率,这个问题蕴含着大量的创业机会。

4)产业和市场结构的变化

在同一经济时期,某个特定产业的发展也许是稳定的,但是到了新的阶段,这个产业和产业相关的市场会发生变化,这就给予创业者巨大的机遇。例如,电商的发展使得传统的实体书店、服装店、化妆品店产生巨大的变化,消费者不再如同以往一样亲自到店面去购买商品,而是通过网络。这一形式的变化涌现了许多的网上创业者,如亚马逊创始人杰夫·贝索斯(Jeff Bezos)、美丽说的徐易容、阿里巴巴的马云等。

5)人口状况变化

在人口统计资料的变化趋势上可以发现创业机会。例如,随着计划生育的放宽,两个独生子女结婚后可以生育两胎,从而带动婴幼产品需求的增加;老龄人口不断增多,市场上孕育出许多老年人的保健产品。

6)观念或情绪的变化

随着社会的进步,人们的观念也不断地发生变化。例如,生活环境的提高,带来了对绿色家居设计的需求;生活饮食要求的提高,促使绿色有机食品的发展;教育质量的提高,带动了课外培训行业的涌起;互联网的发展,引起了人们交往方式的改变。

7)新知识

把"新知识"这一机会因素列在最后,是因为它不易管理,很难预见,花费较高,且产生的时间较长。如解决人类基因图像的获取问题,可以为生物科技和医疗服务等领域带来众多机会。

2. 我国学者的观点

1)从问题中寻找机会

满足顾客的需求是创业的目的之一,而顾客的需求没有被满足,这就是需要被重视的问题。市场的需求很多时候是没有被满足的,往往这种市场空缺是被人们忽视或是没有注意到的。有眼光的创业者通过搜寻、瞄准市场的空缺,合理地开发和满足这些市场需求,独树一帜,便可找到创业机会。

  "小蓝鲸"背后的发展故事

2）从趋势研究中寻找机会

从社会发展趋势的角度寻找机会：大趋势是城市化、全球化、信息化；中等趋势则是西部大开发、新农村建设、中部崛起；小趋势是家政外包、养生、休闲、保健。例如，随着经济全球化，越来越多的国人开始学习英语，从而发展出新东方等语言培训机构。同时，中国文化开始深入传播到世界各地，越来越多的孔子学院在外国开设。

3）从未满足的需求中发现机会

从未满足的需求中发现机会，包括从自己未满足的需求，从顾客未满足的需求，以及从身边人或其他主体未满足的需求三个方面。

4）在变化中寻求机会

创业机会大多数情况下都产生于时刻变化的市场环境当中，变化是创业机会的重要来源，没有变化就没有创业机会。这种变化主要来自产业结构的变动、科技的进步、消费结构升级、城市化加速等。

  在变化中寻求机会

5）在创造发明中发现机会

创造发明为创业机会提供了新的领域，如新产品或服务，从现有产品或服务的改进中寻找商机，这样更能满足顾客的需求。

  在创造发明中发现机会

6）从新技术的产生中发现机会

技术创新的结果是新兴产业的形成和发展。一个企业的产品，如果一成不变，则只会遭到竞争者的挤压、消费者的淘汰。产品只有不断地更新，才能既满足消费者的需求，又能探索新的创业机会。

  从新技术的产生中发现机会

7）从产业链角度发现机会

若产业链的某个环节存在供给约束或无效率，或者不和谐，那就存在商机。

  戴尔的直销模式

3.3.2 宏观上行业的创业机会

有学者认为,影响行业竞争力和营利性的关键因素是行业特征。行业特征包括行业需求、行业结构和行业生命周期。这三个因素对创业者的创业活动都会产生影响。假若两个条件相当的创业者,一个选择了适合创业的行业,另一个选择了不适合创业的行业,结果必然截然相反。

1. 行业需求

市场规模、市场细分性和市场发展性是影响创业企业生存的三个行业需求因素。在市场规模大的行业,新创企业有更大的空间发展;在明确的细分市场下,新创企业更容易生存;在发展前景良好的行业,新创企业可以有更大的成长空间。

2. 行业结构

行业结构是指主营品种和范围基本相同的商业企业群体的数量及其构成比例。不同的行业,有不同的结构。垄断程度越高的行业,新创企业越不容易发展;资本聚集度低、以中小型企业为主的行业,适合新创企业的生存与发展。

3. 行业生命周期

行业生命周期是指行业从出现到完全退出社会经济活动的过程。了解行业生命周期,有助于创业者选择更好的创业机会。行业生命周期分为四个阶段：导入期、成长期、成熟期、衰退期,如图 3-3 所示。

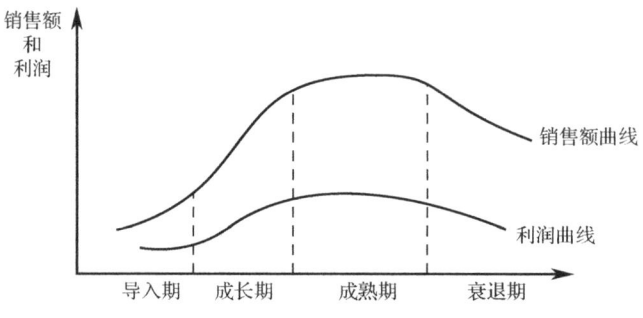

图 3-3 行业生命周期示意图

(1)导入期。行业处于起步阶段,产品的占有率、行业的利润率都相对较低,但市场需求增长较快。这一时期,属于卖方市场,因为不熟悉消费者的习惯、需求和喜好,行业中的存在者需摸索新技术,以达到迅速占领目标市场。此时,行业内的技术变动大,

发展空间广阔，对于服务指标等也没有明确的标准，适合新创企业的进入。

（2）成长期。这一时期的市场增长率很高，行业的利润也相对较高。行业特点、行业竞争状况、行业技术及消费者的消费特征已比较明显，企业进入壁垒提高，产品品种及竞争者数量增多。

（3）成熟期。行业进入成熟期即标志着行业内已形成了行业标准，行业特点、行业竞争状况及用户特点非常清楚和稳定。这一时期的市场增长率不高，需求增长率不高，技术上已经成熟，属于买方市场，新产品和产品的新用途开发较为困难。一般而言，行业标准出现前比行业标准出现后更适宜创业企业发展。

（4）衰退期。这一时期的行业生产能力会出现过剩现象，替代产品充斥市场，市场增长率严重下降，需求下降，产品品种及竞争者数目减少，行业逐渐衰败。

不同的行业，拥有不同的生命周期。总体来说，创业企业越是在行业发展初期进入，越容易生存和发展。

3.3.3 大学生创业机会的寻找

随着高校的扩招，毕业生数量的不断攀升。面对当前如此激烈的就业竞争，许多大学生都选择了自主创业。对于经验尚浅的大学生而言，自主创业的道路是荆棘满途。要如何才能发现并利用创业机会，最重要的两个因素是掌握外部环境的特点及了解自身条件的优势。

1. 外部环境的特点

1）了解目标市场的行情

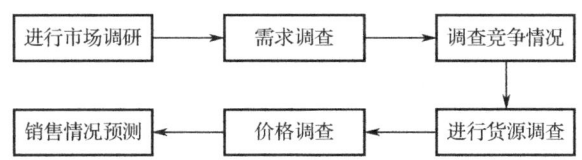

2）发掘顾客的潜在需求

顾客是创业者最应该关注的对象。如今几乎所有流行的产品都有一个共性，就是充分满足或引导顾客的需求。大学生创业的前期可以与顾客接触和交谈，了解顾客对现有商品的看法，从中得到真实的信息。与顾客接触的方法大多都是采取个人的、非正式的方式，如发放调查问卷，了解顾客的潜在需求，也可以采取正式座谈会的形式。

3）跟踪已有企业的相关信息

业内人士对行业内信息比较熟悉，并具备准确、专业的判断能力，可以帮助大学生分析和评价行业中竞争者的产品或服务。由于大学生对市场的分析往往缺少实战经验，通过与已有的企业的沟通和咨询，可以更加准确和广泛地了解市场上现有产品的优劣，由此可以有针对性地改进现有产品或开发新产品。

4）善于通过分销商了解信息

分销商是对顾客的需求、满意程度和消费能力最清楚的一环，所以他们对产品的看法或许比单一的顾客更为准确和清晰。大学生创业者可以多跟分销商进行交流，聆听他们的建议，尤其是他们在营销渠道上采取的策略，这样能够发现更多的创业机会。

5）时刻关注政府的政策

大学生创业时往往会忽视政策的变化，这也是很多创业者忽视的一个问题。政府政策不仅包括政府的管制，还包括政府对某一领域的支持。

例如，财政部、国家税务总局于 2011 年发出《关于支持和促进就业有关税收政策的通知》，明确毕业生从毕业年度起三年内自主创业可享受税收减免的优惠政策。其中，高校毕业生在校期间创业的，可向所在高校申领《高校毕业生自主创业证》；离校后创业的，可凭毕业证书直接向创业地县级以上人社部门申请核发《就业失业登记证》，作为享受政策的凭证。各地政府有具体的优惠政策，大学生创业可以抓住这些机会，从而得到更好的发展。

6）关注国外市场的动向

我国是一个新兴市场，与发达国家的市场相比，因市场环境不同，很多产品在发达国家试行后才会在中国开展。所以大学生关注国外市场的动向，有利于机会的挖掘。

例如，星巴克官网于 2011 年宣布，在全美七大城市推出基于地理定位（LBS）的 Mobile Pour 服务。用户只需在手机上确定自己的位置并下订单，踩着踏板车的星巴克咖啡配送员就会将咖啡送到用户手中。据星巴克官网的介绍，这项服务是为了满足那些想喝星巴克咖啡，但又在附近找不到门店的用户。用户只需在自己的智能手机上安装这款 Mobile Pour 应用，就可以随时下单订购自己喜欢的星巴克咖啡，配送员很快会将咖啡送到用户手中。星巴克表示，为了保证速度，他们在这七个城市的每平方千米范围内都安排了两名咖啡配送员。

2. 自身条件的优势

机会常垂青于有心之人，这说明个人的特质使得这些人可以找到创业机会。这些人也许比别人更加留心于生活，更善于思考，更具有创新意识。

1）个人经验

往往具有行业经验的创业者，比刚开始创业的人更加能够抓住机会。创业者在刚刚开始的时候会碰到很多不顺利的情况，这个时候是创业者耐心等待和有意识地发现机会的良好时机。这一时期也是大学生创业者学习和积累经验的过程。

还有另外一种情况就是创业者在某个行业工作时，发现了新的市场空间，从而挖掘出创业的机会。

2）认知因素

学习同一个专业的人，为什么有的人会发现新的机会，产生新的创意，但有的人却不会呢？关键在于"创业警觉"。所谓创业警觉，是指不必经过周密的调查便可以发觉创业机会的能力，其实就是人们所说的商业意识。具有这种意识的创业者会将一种新的事物与商业机会进行联系，从而形成一种认知能力。创业警觉是一种可以锻炼的习惯性行为。

3）社交网络

社交网络指的是创业者的人际关系及这些人际关系的关系网络，通过这些关系网络，创业者可以寻找更多的创业机会。

4）创新

创新是创业机会寻找中最重要的一个因素。没有创新就会被淘汰，没有创新就会被市场挤出。创新可以在看似饱和的市场需求中开辟另外更为广阔的消费需求，几乎是所有创业活动必不可少的因素。创新分为以下七种：

（1）开拓式创新。开拓式创新是最有价值、最有难度的一种创新，这种创新所创造的事物是历史上不曾出现过的，是全新的，并且对于历史进程具有深远的影响。它往往伴随着天才人物的灵光乍现，带有一定的偶然性。例如，牛顿开创的经典物理学，爱因斯坦开创的相对论，哥伦布发现新大陆，莱特兄弟发明飞机。

（2）升级式创新。开拓式创新固然重要，但现实中有很多开拓者没有赚到钱，模仿者赚了个盆满钵满的例子。例如，福特并不是汽车的发明者，但福特却靠 T 型车成为了当年的美国首富；比尔·盖茨虽然不是图形化操作系统的发明者（图形化最早的发明者是施乐公司、最早的商用者是苹果），但他的 Windows 却几乎统治了个人电脑系统行业。升级式创新非常重要，因为早期产品往往是比较粗糙的，而且价格昂贵。升级式创新起到了完善产品、降低进入市场门槛的作用。

（3）差异化创新。十多年前，定位理论开始风靡于营销界，颇有"定位"就等于"营销"的感觉。其实，定位理论所适合的，只是差异化创新这个领域。差异化的例子不胜枚举，如专门给老人使用的手机，专门定位于办公的 ThinkPad 笔记本，专门用来越野的 Jeep 车……差异化创新是最常见的一种创新模式，它是一种由消费者驱动的创新模式。

（4）组合式创新。要理解什么是组合式创新，想想瑞士军刀就明白了。当我们给一个拖拉机装上一门大炮的时候，我们就得到了一辆坦克；当我们给手机装上摄像头的时候，我们就有了"扫一扫"的可能性；当我们给眼镜装上小电脑，它就成了 Google Project Glass；当我们给牙刷装上发动机，他就成了电动牙刷。组合式创新同样是一种常见的创新模式，它依赖的不是技术进步，而是对于市场新需求的敏锐洞察。

（5）移植式创新。所谓移植式创新，就是把在 A 领域所使用的技术或模式，移植到看似没有关联的 B 领域，从而创造出新的产品或模式。例如，吉列在剃须刀领域发明了"刀架+刀片"的模式，把重复购买率低的刀架以极低的利润出售，提高市场占有率，然后通过出售重复购买率很高的刀片来赚钱。亚马逊的 Kindle 在策略上和吉列如出一辙，它以极低的利润率出售 Kindle，基本上没有在硬件上赚到多少钱，但是 Kindle 的普及带动了电子书的销售，总体来看亚马逊还是赚到的。在电子书项目上，亚马逊没有学习纸质书的商业模式，反而学习了剃须刀的商业模式，这就是移植式创新。移植式创新依赖的是对于商业模式本质的理解。

（6）精神式创新。在大部分发展到成熟阶段的行业当中，开拓式创新、升级式创新的机会极少，差异化创新也没有什么空间，这时候能够依赖的就是精神式创新，即通过取得人们在情感、文化、价值观层面的共鸣来实现创新。如果消费者消费某件产品是因为可以通过它向外界传递自己的价值主张，这件产品就像通过开"牧马人"来标榜自己很"man"、通过穿无印良品来标榜自己很小资、通过去西藏旅行来标榜自己很文艺一样，这个时候产品就成功了。

3. 帕尔默给大学生创业的建议

大学生这一群体在创业的初期可以借鉴帕尔默对创业机会的评估，也可以从自身的角度去寻找创业机会。

帕尔默在鲍登学院主修英语、历史以及计算机科学专业，毕业之后，这位充满激情的英式橄榄球运动员受了伤，他决定认真对待自己的事业。于是，他在达特茅斯学院塔克商学院拿到了 MBA 学位。如今，帕尔默把自己一半的时间花在生命科学领域，另一半时间用于科技创业公司。他投资了 30 多家的公司，平均投资额为 75 000 美元；他是六家公司创始董事会的成员；他还致力于更具有公益性质的项目——跟麻省理工学院的博德研究所进行合作，以帮助开发一套基因组学信息系统。帕尔默给考虑创业的大学生的五个建议如下：

1）仔细看清楚你的真正创业潜力

帕尔默指出，潜在的创业者必须知道自己在"钟形曲线"（Bell Curve，即正态分布曲线）上的位置。正如他所言，"诸如史蒂夫·乔布斯（Steve Jobs）或比尔·盖茨（Bill Gates）那样的人，他们命中注定会成为创业者，没有什么能够阻挡他们。其他人在曲线的位置上，则存在一个标准差，他们可以在正确的环境下成为创业者。但大多数人在创业潜力方面只处于平均水平。"

这种自我评估具有重要作用。如果你命中注定要成为一个创业者，那就没有必要询问旁人的意见，你始终会创立自己的公司；如果你存在一个标准差，那么你需要找到正确的环境，意味着你必须选择正确的机会去定位并找出你自己能够为团队和合作伙伴带来的创业才能，并发现自己的不足之处。

2）寻找一位取其所长补己所短的合作伙伴

帕尔默为我们提供了这样一种见解，即英雄式企业家。他把谷歌（Google）视为一种典范，该公司由拉里·佩奇（Larry Page）、谢尔盖·布林（Sergey Brin）及埃里克·施密特（Eric Schmidt）组成的三驾马车一起驱动。这三人各有所长，而且他们愿意携手合作，运用自己的长处来帮助公司成长及适应市场变化。

对大多数科技创业公司来说，最开始的时候需要用到两种技能：一是商业技能（包括销售、市场营销、融资及会计事宜）；二是技术开发技能。如果你擅长其中一种技能，那你应该找到一位擅长另一种技能的合作伙伴。所以说，找到与你取长补短的合作伙伴至关重要。

又如，当帕尔默创立 Vertica 时，他负责打理商业方面的事情，而他找到的合作伙伴迈克尔·斯通布雷克（Michael Stonebraker），则是一位数据库方面的技术专家。

3）选择一位具有相同价值观念的合作伙伴

一位商业人员如何选择一位技术人员作为合作伙伴呢？或者反过来，一位技术人员如何选择一位商业人员呢？帕尔默认为，价值观念是最关键的。他表示，"为客户开发新产品责任重大，作为一名商业人员，我希望确保潜在客户不会对我们在开发过程中所处的位置产生过于乐观的看法。"

帕尔默希望合作伙伴能够认同他的这种价值观念,即设置切合实际的期望值是非常重要的。"简单地说,我希望与这样一位技术专家成为合作伙伴,他要认同我在给予潜在客户以实在预期方面所遵循的价值观念。因为在高科技行业,人们非常容易夸大自己取得的成就。"

4)为激情创业,而不是为了金钱

帕尔默认为,一位创业者必须知道自己为什么要创业。"搞清楚自己在钟形曲线所处的位置,扪心自问,为什么想要创业是至关重要的。创业的最佳理由是出于你自己的激情。"帕尔默如是说。

正是这种激情促使帕尔默加入 Infinity 的创业团队。就像帕尔默解释的,"在我加入 Infinity 之前,我觉得自己创办的软件公司不会让这个世界变得更加美好。但当我为 Infinity 工作时,我觉得自己正在帮助解决一个很大的社会问题,就像为社会'治疗癌症'。"

5)在不同的创业公司使用不同的运营风格

帕尔默看到过两种类型的创业公司:天生幸运型及自力更生型。它们需要不同的运营风格。

天生幸运的创业公司能够获得充足的资金、最好的投资者、最好的管理者及各个层面上的顶级人才。"当我创办 Vertica 的时候,凯鹏华盈(KPCB)的合伙人雷·莱恩(Ray Lane)告诉我,他期待我将 Vertica 打造成一家十亿美元的公司。如果你所处的创业公司属于这种天生幸运的类型,你将不得不习惯于必须取得卓越成就的巨大压力,并做出相应反应。"

然而,自力更生的创业公司是截然不同的。它让"每 1 美元都成为一笔产生 5 倍回报的投资。"帕尔默打趣道,"在一家创业公司,我们有一间会议室放置着我们所有的服务器,里面非常热。而我们另一间会议室有一扇很大的玻璃窗,因此那里总是很冷。我们打通了两间会议室,让服务器产生的热量为冷的那间供暖。"

3.4 创业机会的评价

在创业的初级阶段,创业者在寻找创业机会的同时,应该评估这个创业机会是否可行,以及是否具有商业潜力。创业机会就像一把双刃剑,给创业者带来利润和发展的同时,也存在着风险。因此,对于创业项目的评估识别,必须慎重并全面考察。

一般来说,创业机会的评估可以从产品、技术、市场和效益等几大方面进行评估。例如,产品的创新程度及独特性;技术的先进性;市场的未来规模和渗透力、占有率的大小;创业项目的财务指标是否有利润。但不可忽视的是,实际过程中,创业者不会去比较这么多项指标,由于创业机会的特性是客观存在的,很多指标无法用标准衡量,所以创业者需要借助自己敏感的商业思维去分析创业机会的适合性。又由于创业机会的存在具有时间性,不随创业者的主观意识存在,评估创业机会非常短暂。所以,创业者要在众多机会中寻找有价值的创业机会,并采取快速行动。

3.4.1 创业机会的定性评价

1. Timmons 的创业机会评价框架

美国百森商学院的 Timmons 教授设计了一个创业机会评估框架,包括行业和市场、经济因素、收获条件、竞争优势、管理团队、致命缺陷、创业者的个人标准、理想与现实的战略差异 8 大类 53 项指标,如表 3-4 所示。他指出,现实生活中未必每一特定行业的创业者都适合这个评估框架,但他的这个框架算得上是一个比较完全的体系。我们可以从中提炼出对自己创业需求有利的方面加以研究和改良。

表 3-4 Timmons 的创业机会评价框架

行业和市场	(1) 市场容易识别,可以带来持续收入
	(2) 顾客可以接受产品或服务,愿意为此付费
	(3) 产品的附加价值高
	(4) 产品对市场的影响力大
	(5) 将要开发的产品生命周期长
	(6) 项目所在的行业是新兴行业,竞争不完善
	(7) 市场规模大,销售潜力达到 1 000 万~10 亿元
	(8) 市场成长率在 30%~50%,甚至更高
	(9) 现有生产商的生产能力几乎完全饱和
	(10) 在 5 年内能占据市场的领导地位,达到 20%以上
	(11) 拥有低成本的供货商,具有成本优势
经济因素	(1) 达到盈亏平衡点所需要的时间在 1.5~2.0 年以内
	(2) 盈亏平衡点不会逐渐提高
	(3) 投资回报率在 25%以上
	(4) 项目对资金的要求不是很大,能够获得融资
	(5) 销售额的年增长率高于 15%
	(6) 有良好的现金流量,能占到销售额的 20%~30%
	(7) 能获得持久的毛利,毛利率要达到 40%以上
	(8) 能获得持久的税后利润,税后利润率要超过 10%
	(9) 资产集中程度低
	(10) 运营资金不多,需求量是逐渐增加的
	(11) 研究开发工作对资金的要求不高
收获条件	(1) 项目带来的附加价值具有较高的战略意义
	(2) 存在现有的或可预料的退出方式
	(3) 资本市场环境有利,可以实现资本的流动

续表

竞争优势	（1）固定成本和可变成本低
	（2）对成本、价格和销售的控制较高
	（3）已经获得或可以获得对专利所有权的保护
	（4）竞争对手尚未觉醒，竞争较弱
	（5）拥有专利或具有某种独占性
	（6）拥有发展良好的网络关系，容易获得合同
	（7）拥有杰出的关键人员和管理团队
管理团队	（1）创业者团队是一个优秀管理者的组合
	（2）行业和技术经验达到了本行业内的最高水平
	（3）管理团队的正值廉洁程度能达到最高水准
	（4）管理团队知道自己缺乏哪方面的知识
致命缺陷	不存在任何致命缺陷问题
创业者的个人标准	（1）个人目标与创业活动相符合
	（2）创业者可以做到在有限的风险下实现成功
	（3）创业者能接受薪水减少等损失
	（4）创业者渴望进行创业这种生活方式，而不只是为了赚钱
	（5）创业者可以承受适当的风险
	（6）创业者在压力下状态依然良好
理想与现实的战略差异	（1）理想与现实情况相吻合
	（2）管理团队已经是最好的
	（3）在客户服务管理方面有很好的服务理念
	（4）所创办的事业顺应时代潮流
	（5）所采取的技术具有突破性，不存在许多替代品或竞争对手
	（6）具备灵活的适应能力，能快速地进行取舍
	（7）始终在寻找新的机会
	（8）定价与市场领先者几乎持平
	（9）能够获得销售渠道，或者已经拥有现成的网络
	（10）能够允许失败

  著名的 Tim mons 机会型创业模型的谬误

2．刘常勇的创业机会评价框架

我国台湾地区的创业学者刘常勇归纳的创业机会评价框架富有代表性，主要是从市场和回报两个方向进行评价，如表 3-5 所示。

表 3-5 刘常勇的创业机会评价框架

市场评估	（1）是否具有市场定位，专注于具体顾客需求，能为顾客带来新的价值
	（2）依据波特五力模型进行创业机会的市场结构评估
	（3）分析创业机会所面临市场的规模大小
	（4）评估创业机会的市场渗透力
	（5）预测可能取得的市场占有率
	（6）分析产品成本结构
回报评估	（1）税后利润至少高于 5%
	（2）达到盈亏平衡的时间应该低于 2 年
	（3）投资回报率应高于 25%
	（4）资本需求量较低
	（5）毛利率应高于 40%
	（6）能否创造新企业在市场上的战略价值
	（7）资本市场的活跃程度
	（8）退出和收获回报的难易程度

3.4.2 创业机会的定量评价

约翰·G. 贝奇（John G. Burch）提出四种当今学术界认可的评价创业机会的定量分析方法，即标准打分矩阵法、Westinghouse 法、Hanan Potentionmeter 法和 Baty 的选择因素法。

1. 标准打分矩阵法

这种方法是指将影响创业成功机会的重要因素通过专家团队进行三个等级的打分，分别是最好（3 分）、好（2 分）、一般（1 分），最后求出每个因素在各个创业机会下的加权平均分，通过不同的结果来对不同的创业机会进行判断。

下面通过一家餐饮业的实例来具体分析这种方法。餐饮业创业机会标准打分矩阵如表 3-6 所示。

表 3-6 餐饮业创业机会标准打分矩阵

影响因素	专家团队评分			
	最好（3分）	好（2分）	一般（1分）	加权平均分（分）
实际操作程度	8	2	0	2.8
软硬设施的质量	6	2	2	2.4
受消费者的欢迎程度	7	2	1	2.6
融资能力	5	1	4	2.1
财务能力	6	3	2	2.5

续表

影响因素	专家团队评分			
	最好（3分）	好（2分）	一般（1分）	加权平均分（分）
知识产权的维护	9	1	0	2.9
市场发展空间	8	1	1	2.7
服务人员的熟练程度	7	2	1	2.6
营销影响的范围	6	2	2	2.4
成长潜力	9	1	0	2.9

在这十个标准中，最高的是知识产权的维护和成长潜力的加权平均分，均为2.9分，最低的是融资能力2.1分。分析得出该餐饮业的创业机会可行，基于十个标准的加权平均分都大于2分，即高于"好"的标准。而在实施过程中需要注意的是融资方面的问题，要找到好的融资途径，另外要重点关注知识产权的维护及成长潜力。

2. Westinghouse 法

这种方法是在计算和比较每个机会的优先级。公式如下：

机会优先级=[技术成功概率×商业成功概率×平均年销售数×（价格-成本）×投资生命周期]÷总成本

我们可以看到，技术和商业的成功概率是以百分比来表示的，即0%～100%，成本以单位产品成本计算，投资生命周期是可以预期的年均保持不变的年限，总成本是预期中所有的投入和各种费用。该公式算出的机会优先级越高，那么表示创业机会的成功性越高。

例如，假设一个创业机会的技术成功概率为50%，预计商业成功概率为70%，在10年的投资生命周期中年均销售数量预计为30 000个，销售价格为150元，该产品的单位成本为100元，研发费用60 000元，设计费用150 000元，制造费用250 000元，营销费用60 000元。则

机会优先级=[0.5×0.7×30 000×（150-100）×10]÷（60 000+150 000+250 000+60 000）≈10

3. Hanan Potentionmeter 法

这种方法通过让创业者来填写针对不同因素的得分（预先设定好得分值），得到特定创业机会成功的潜力指标。对于每个因素来说，得分可以是-2～2分。最后对所有因素得分的进行求和得到总分。总分越高，创业机会成功的潜力值越高。但是，只有最后得分高于15分，才是创业者值得进行下一步的创业机会，而当低于15分时，创业者一般都不会往下进行。Hanan Potentionmeter 法评价表如表3-7所示。

表3-7 Hanan Potentionmeter 法评价表

因素	得分（-2～2分）
对于税前投资回报水平的贡献	
预期的年销售额	

续表

因　素	得分（-2～2 分）
生命周期中预期的成长阶段	
从创业到销售额高速增长的预期时间	
投资回收期	
占有领先者地位的潜力	
商业周期的影响	
为产品制定高价的潜力	
进入市场的容易程度	
市场试验的时间范围	
销售人员的要求	

4．Baty 的选择因素法

在这种方法中，有 11 个选择因素来对创业机会进行评估。假如某一个创业机会只符合其中的六个或更少的话，那么这个创业机会就不可实施；如这个创业机会符合其中的七个或七个以上的因素，那么这个创业机会值得把握，如表 3-8 所示。

表 3-8　Baty 的选择因素法

选 择 因 素	是 否 符 合
这个创业机会在现阶段是否只有你一个人发现	
初始产品生产成本是否可以承受	
初始的市场开发成本是否可以承受	
产品是否具有高利润回报的潜力	
是否可以预期产品投放市场和达到盈亏平衡点的时间	
潜在的市场是否巨大	
你的产品是否是一个高速成长的产品	
你是否拥有一些现成的初始用户	
是否可以预期产品的开发成本和开发周期	
是否处于一个成长中的行业	
金融界是否能够理解你的产品和顾客对它的要求	

 本章小结

- 创业机会有三个特征：潜在价值性、客观存在性和时间性。创业者需要懂得创业机会的特征，才能更好地抓住机会。
- 创业机会的类型。著名学者阿迪奇维力认为创业机会的类型与机会的潜在价值和

创业者的个人能力息息相关,可以分成四个类型:梦想型机会、尚待解决的问题型机会、技术转移型机会和业务形成型机会。
- ❖ 创业机会的来源,德鲁克给出了七种:出乎意料之外的事件,不一致之处,程序的需要,产业或市场结构的变化,人口状况变化,观念或情绪的变化,新知识。
- ❖ 大学生的创业机会应该从外部环境的特点和自身条件的优势两个方面发现创业机会。
- ❖ 创业机会的评价可以从两个方面进行,其一是定性评价方法,包括 Tim mons 的创业机会评价框架和刘常勇的创业机会评价框架;其二是定量的评价方法,分别有四个:标准打分矩阵、Westinghouse 法、Hanan Potentionmeter 法和 Baty 的选择因素法。

  创业者如何抓住机会选择正确商机

  清华大学生卖猪肉

扫描二维码并阅读案例,思考并回答下列问题:
1. 陈生是如何发现创业机会的。如果是你,你会如何选择创业机会?
2. 陈生是怎样利用现有的环境实现自己的创业活动的?
3. 对于清华大学的学生进行卖猪肉这一创业行为,你的看法是怎样的?

  80 后创业故事:创业的种子在校园埋下

 本章思考与练习

1. 什么是创业机会,创业机会的类型有哪些?
2. 影响创业环境的宏观因素有哪些?
3. 帕尔默认为创业机会寻找的角度有哪些?
4. 创业机会的评估主要从哪两个方面进行,这两个方面的内容分别是什么?
5. 结合你的生活经验,谈谈你对创业机会的看法,并利用本章所学知识,以小组为单位的方式,寻找在你身边的创业机会。

第 4 章 创业者与团队

1. 了解创业者应具备的能力
2. 了解团队和创业团队
3. 明确创业团队的组建途径和管理方法
4. 了解创业团队的风险及其规避方案

创业要找最合适的人,不一定要找最成功的人。

——马云

  QQ 是如何发展的

从"案例导入"的材料中可以看到,马化腾团队的成功,关键因素在于搭档之间的"合理组合",并从一开始就很好地设计了创业团队的责、权、利,诠释了一个创业团队的建设对创建企业的成功起到的举足轻重的作用。

4.1 创业者的素质及特征

4.1.1 创业者的概念

"创业者",意指在有限的资源中去发现、创造新的生产价值的个体或团队。其英文为 Entrepreneurs,英文的"Entrepreneur"一词包含有创业者、企业家、创业等意思。随着时代与经济的不断发展变化,创业者的内涵和外延逐渐变得更加广泛。从大众化的定义到经济学家的定义,其含义也在发生着变化。

1. 大众化的定义

英国贸易与产业部认为,创业者是一切尝试着创建一个新企业或其他如教育、医疗机构、社会组织甚至福利机构的人。这样宽泛的理解与大多数人的观点较为相似。当这

些人面对"什么是创业者"的问题时,会认为创业者就是开办一家属于自己的企业的人。

2. 经济学家的定义

创业者一词由法国经济学家理查德·坎蒂隆(Richard Cantillon)于 1755 年首次引入经济学。

法国政治、经济学家让·巴蒂斯特·萨伊于 1803 年指出:"创业者能够将经济资源从生产力低的地方转移到生产力高、产出多的地方。"他最早赋予了创业者作为生产协调者的角色,认为创业者是经济活动中的代理人。

1934 年,奥地利经济学家熊彼特在萨伊的基础上为创业者的概念增加了一种崭新的定义。他认为,创业者应当具备发现和引入新的、更好的、能赚钱的产品、服务和过程的能力。而创业是建立的一种新的生产函数,是新产品、新工艺、新组织和新市场的组合。这种新组合包括五种情况:采用一种新的生产方式;采用一种新产品或一种产品的新特征;获得并控制原材料或半成品的新供应来源;寻找并开发新市场;完成一种工业的新组织。

管理学大师彼得·德鲁克进一步发展了熊彼特关于创业者的定义。德鲁克指出,不仅仅是从事经济活动的人才能被称为创业者。他认为,不论是哪一个领域,只要是提高了资源的利用效率进行的创新性的活动,都是创业者的行为。例如,一个改进了学校的管理制度,使学校人员的办事效率得到提高的人,是创业者;一个改善了制衣工艺,从而使消费者收到更好质量的成衣的人,也是创业者。

4.1.2 创业者的心理特征

想成为一名创业者很容易,只需要具备一腔热情;如果要成为一名成功的创业者,则要在千军万马过独木桥的创业事业中,不被自己打败,不被敌人打败,并且要有过人的品质。胆小的人不敢冒风险,敌不过和他抗争的敢于拼搏的创业者;依赖性强的人可以拥有团队,但会输给能独立思考、判断的创业者;急功近利的人或许大胆,但他可能酿成大错,被自己击溃。因此,一名好的创业者,应有足够强的心理素质。

1. 较强的抗压能力

抗压能力是指在外界压力下处理事务的能力,亦称抗挫力,是指面对外界压力与挫折时的抵抗能力。

创业者创业时必须具备较强的抗压能力。

2. 敢于面对失败

人生一般会经历无数次的挫折。有的人会因此失去信心,一蹶不振;有的人则会越挫越勇,敢于面对。而胜利的曙光往往只会照射在敢于面对的人的身上。成功的创业者都会经历很多的磨炼,而他们都是因为坚持了下来,打败了挫折,最后才取得成功。

面对失败的时候,我们应该具备三种心态:一是平常心,一个人的心态很重要,用一颗平常心对待身边的失误,挫折感可能会大大降低;二是自信心,自信的人不是不失败,而是自信地面对失败,所以不论遇到多大的困难与烦恼,都要相信自己,相信"我们没有失败,我们只是暂时停止了成功";三是求助心,当通过自我调节不能摆脱失意带来的痛苦时,与他人交流、倾诉就显得尤为必要,向他人倾诉你遭受挫折和心中的不快,以及今后的打算,从而改变内心的压抑状态,从失败中走出来。

3. 敢于承担风险和迎接挑战

大多数创业者通常敢于承担风险,但他们并不盲目地冒险。他们对于觉得有趣的、能控制结果的挑战,都竭尽全力地接受并投入,并从挑战中获取无穷的乐趣。

挑战和机遇是并存的,当你面临挑战的时候,可能会有点不安,但因为接受挑战,享受着机遇带给你的回报时,就会得到意想不到的满足感。尤其在创业的过程中,创业者如若总是墨守成规,势必会在激烈的竞争中趋于劣势,甚至被淘汰。所以,在必要的时候接受挑战,敢于承担风险,打破常规,企业才能在激烈的竞争中蓬勃发展,在市场中占有一席之地。

4. 敢于克服盲目冲动和私利欲望

创业者在企业建设的道路上可能会受到很多不正当利益的诱惑,可能由于一时冲动或利欲熏心而做出不理智的行为,甚至触犯法律和职业道德,做出伤害社会的事情。例如,三鹿牌部分批次的婴幼儿配方奶粉中添加伤害整个乳品的有害原料——三聚氰胺。这个经过50年打拼树立起来的品牌因此进入破产清算的法律程序。三鹿的失败打破了社会对这个企业的信任,更给整个食品行业带来了重大的伤害。这惨痛的教训警示着每一位创业者,当个人利益与法律、社会公德相冲突的时候,要克制自己的欲望,约束自己的行为,克服盲目冲动和私利欲望,让企业健康地成长。

5. 有控制和指挥的欲望

很多创业者都经历过被公司炒鱿鱼而愤然离职的情形。如果你在公司是个不敢于发表自己意见,唯唯诺诺,或者是一个虽不喜欢公司环境,但又没有勇气辞职自创前途的人,那你离"创业者"还有一定的距离。然而,控制欲过强,则会显得不够虚心,不听从意见,反而会造成相反的结果。控制欲过强的创业者往往很难放手让下属独当一面,即使最简单的决策都要亲自参与。这种创始人领导的公司对一些顶级的人才和优秀顾问来说是望而却步的。他们认为,这种创业者的能力会限制企业的成功。一些不进行自我反思的创业者通常还会将矛头指向潜在投资者、客户和员工,认为这些拒绝他的人"根本不懂行"。如此种种创业者的局限性,让控制欲过强的创业者与成为一名优秀的创业者失之交臂。

很多优秀的创业者有着与生俱来的强大心理素质,但心理素质更多是通过后天培养和学习练就和在失败的经验中吸取的。只要秉着初心,坚定自己的创业目标,努力不懈地去发展自身与企业,终将会有所收获。

4.1.3 创业者的个人能力

创业者必须具有区别于一般人的素质,即创业综合能力。这是一种高层次的能力,并由多项特殊能力综合而成,是创业者在创业实践中学会做人、做事、生存、发展、创造等各种能力的有机结合体。

一般来说,成功的创业者大都具有以下六种能力:

1. 创造能力

这是创业成功者最重要的素质之一,包括敏锐的洞察力、丰富的想象力、灵敏的应变力、灵活的创造性思维、高度的创造力和进取开拓精神等。创业者的真正价值在于他们能够根据社会的需求和变化有所发现和创造,从而对社会做出贡献,并实现自身价值。

2. 自学能力

这是创业者成长与成功的一项基本能力。在知识和信息急剧膨胀的当今社会,创业者想要立足于竞争环境中并取得成就,就必须掌握大量的专业知识和信息情报,了解国内外的经济状况及社会发展动态。而这些知识的获得和情报的准确捕捉,除来源于课堂的知识外,更多的是依靠自己去学习和揣摩。因此,成为一个成功的创业者不仅要勤于学习,更要善于学习。有研究表明,一个科技专业人员所应用的知识总量,有20%是在传统教学课堂中获取的,其余的80%都是在实践和学习中获得的。这就要求创业者学会不断摄取对自己有帮助的知识,并掌握相关知识的科学学习方法,以提高自身的综合能力。

3. 人际交往能力

创业的过程就是不断熟悉社会,然后让社会熟悉自己、接纳自己的过程。因此,创业者必须要敢于面对社会,从社会中获得能量、材料和信息的同时扩大交往,与人沟通和合作,并且在与他人的交流之中排除障碍、化解矛盾、增加团队之间的信任和默契,这样可以降低工作的难度,有助于创业的发展,使自己拥有一个良好的创业环境。

4. 独立工作能力

创业者的独立工作能力不仅包括自立、自主、自强等心理素质,还包括自我控制能力、经营管理能力、独立思考能力、组织决策能力、遇挫承受能力及在市场经济条件下的竞争能力等。独立工作能力的培养要从平凡的小事入手,从学生时代开始做到独立完成每项工作,独立组织每次活动,在实践中培养自己的独立工作能力。

5. 公关能力

俗话有说,"知己知彼,百战不殆。"作为勇敢的战士,只有充分了解自己和敌方的条件或环境,才能在交战中立于不败之地。对于创业者来说也是一样的,一个成功的创业者首先要学会认清自我,清晰地定位自己的能力和潜质,能够对外部环境进行准确的分析和判断,并同时善于抓住机遇,从而实现自身的人生目标。

6. 创业能力

这是一种具有创造性的特殊能力,具体表现为能够在整个创业实践活动过程中提出问题和解决问题。创业能力是一种综合程度较高的能力,意味着须具备广阔的思维、思想的新颖性、敏锐性和独创性。从这个意义上说,创业能力就是创造。在社会主义市场经济体制逐步建立的背景下,市场竞争变得日趋激烈,创业者如果能够创造性地提出问题和解决问题,会使创业过程更加顺利。

  小测试

4.2 创业团队的概念与意义

4.2.1 团队概述

在中国传统文化中,"和"是一个重要的哲学思想。这个观念最早出现在周朝的文学记载中,但真正发展了"和"思想的是伟大的思想家孔子。"和"的观念重于协调、合作及统一,从而形成新的意见或共识,"和"的思想与现代"团队"的概念也有极其相似的地方。

团队,是指其成员通过选拔后的组合,团队中的每一位成员做不同的事情或执行不同任务,以达到集体预定的目标。团队精神并不等于集体主义。集体主义有其值得发扬的部分,但也存在明显不足,即追求趋同,埋没成员特长。相比之下,团队精神则侧重于要求发挥自我,表现自己的特长,积极回应他人的观点,在成员与成员之间形成一种向心力和凝聚力,实现彼此的才能互补。在团队精神基础上建筑的企业精神,其品位也会更高,发挥的作用也会更大。

"团队精神"经常被视为日本企业文化的精髓,其中当然有值得我们借鉴和学习的地方。日本企业之所以能在世界市场上保持竞争力,它们所具有的特殊精神起到了重要作用,这就是我们通常称为"和"的团队精神,也是日本经济发展的一股必不可少的中坚力量。

结合我国企业培养团队精神的实践,良好的团队精神应具有以下特征:

1. 目标的一致性

当团队或群体存在共同目标的时候,价值取向、使命感和利益诉求也会变得统一。古人云:"上下同欲,同舟共济",意为上下有共同的愿望,众心齐一。共同的追求可以使团队拥有使命和灵魂,是增进团队成员之间团结合作的黏合剂。例如,索尼公司曾经

表示，管理成功的关键就在于如何组织全体员工为共同目标而努力，索尼公司在开创之初就已经制定一个守则："索尼公司是一个开拓者，它从来不想跟在别人后面走路；在前进中要为全世界服务，永远做未知世界的探索者。"即使开拓的道路十分困难，但是，索尼公司的员工就像家人一样紧密地团结在一起。他们都有一个特性，就是喜欢参加有创造性的工作，并且乐意把自己的才智和创意贡献给团队，共同为了公司的目标奋斗并感到自豪。

2．团队的和谐与合作

根据"和"的观念，团队中的人际关系受到以下三方面的限制：与他人相处；在同一活动中与人合作；建立和保持和谐互助的关系。在社会团体中进行活动，学会把自己摆在正确的位置上显得至关重要。团队中的每个人视自己的工作为重要环节，但缺少不了别人工作的协助，这是一个成功团队里每个成员该有的思想。工作过程中处处存在齿轮，整体的工作水平必须依靠个体的工作完善和提高。再者，合作和互助也是必不可少的。大多日本企业中存在这种观念，员工除了对自己的工作负责，还对同事的工作负责，并且乐意为其分担责任或提供帮助。这样一来，工作中存在的失误和困难便大大减少，工作质量和效率也会得到提高。由此可见，和谐与合作的团队关系能够使整个团体拥有更大的凝聚力，整体的最佳合力也会超过个体能力之和。

3．个性的适度张扬

团队保持和谐一致，这与不排斥个性差异的观点并不矛盾。团队之间应认可个性差异存在的价值，必须承认只要是个体必定会存在差异这一事实，并鼓励开发成员个性。但这种开发应当是适度的，必须在保持整体和谐的基础上进行开发。在拥有良好的团队氛围的集体里，成员们可以以一种轻松愉悦的心情工作。如索尼公司高层管理者每年从每个员工那里得到八条建议，并认真对待这些建议。管理者既重视集体智慧，又充分肯定个人价值，从而使管理行为行之有效。

4．注重自我管理

自我管理的本质是适当的行为。适当的行为的含义是：一个人和其他人的关系是在相互作用的环境中培养的，个人的"违"影响团队的"和"。因此，每个人应适当地约束自己，这就是个体主动求"和"的行为表现，团队里应注重强调个人修养的重要性，"和而不违"并不主要依靠制度的约束和命令，更主要的是来自成员内心价值观对于"和"的认同。在有一个良好氛围的团队中，管理者应当适当淡化自己的领导身份，与下属讨论问题或协商工作时，把自己摆在一个互相平等的位置上更有利于进行有效的沟通。

4.2.2 创业团队概述

当前，越来越多的人加入自主创业这一行列。但他们很快发现创业面临着一个障碍：个人经验、实力及经济能力等各方面都难以支撑创业企业的发展。因此，更多的创业者愿意选择以团队的方式开展创业活动。创业团队因此产生。

创业成功的关键因素在于一支创业团队是否足够优秀。顾名思义,创业团队就是由两个或两个以上的创业者组成,成员之间拥有统一的创业理念和价值追求,并且愿意共同承担风险、收获利益,为了实现团队的共同目标所形成的正式或非正式组织,也称利益共同体。

一个完整的创业团队应具有以下四个要素(见图 4-1):

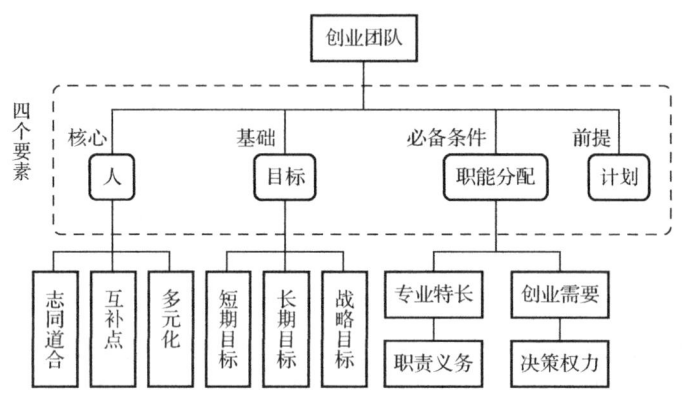

图 4-1　创业团队的要素构成图

1．人

团队或企业的既定目标需要由个体来实现,人是整个创业团队中最核心的部分。因此,选择团队中的人需十分慎重。对于一个创业团队而言,成员之间除了拥有共同创业理念和目标,还需要有互补点。一个企业的创立需要很多层面的擅长者,如决策者、管理者、宏观把握者、制订计划者、对外沟通者等。这些引领企业发展的初创成员必须在团队中寻找一个平衡点,并尽量补充创业团队成员的多元化,让成员之间的优势得到互补而非叠加。

因此,创业团队在成员构成上要把握三个"共同"和三个"互补":创业理念和目标相同、金钱观相同、价值观相同;资源互补、性格互补、能力互补。

2．目标

无论是团队还是创业团队,都有一个共同点,就是必须拥有集体的目标。没有目标的人,就好像一艘没有舵的船,最终只会迷失方向。因此,创业团队成立的前提是把握明确的目标和创业的方向,为了实现目标付诸具体的行动和努力,抓住机会并准确把握时机和商机。除此之外,明确的目标能够使创业团队清楚组织需要哪方面的人才和资源,在寻找合作伙伴或雇用员工时能事半功倍,提高团队的综合实力。

3．职能分配

创业团队的必备条件之一是合理的职能分配。创业团队的成员都必须有职能上的分配，即每个成员在团队中所承担的责任及拥有的权利。职能的分配要根据每个成员的特长和优势来确定，这样才能保证成员都发挥自己的最大功效。除此之外，创业团队还需明确每个成员的权力，在具体进行决策的时候对成员进行适当的分权，可以让团队更快、更准确地做出决定。

4．计划

创业团队成功的前提是拥有准确详细的计划，这是实现创业目标的保障。在制订计划时，不仅要充分考虑创业企业的内外部环境，还要分析企业自身的优势、劣势等各方面因素，从而制订有利于创业企业长期发展的计划。明确的目标、合适的成员、清晰的职责分工，这些都需要有周密的计划来引导企业团队实施具体工作以完成目标。一份合理详尽的计划能为企业的管理控制活动提供可靠的依据，使创业团队的目标和发展始终保持一致，从而使创业企业在正确的轨道上不断前进。

4.2.3 团队与创业团队的区别

团队是当今时代倍受推崇的名词之一。在一个优秀的团队里面，成员之间是互相弥补缺漏的，因他们的取长补短让团队更加具有战斗力。团队毕竟不能等同于组织，企业的发展依靠组织的力量，组织自身需要团队培育能力。也就是说，创业者要把创业团队当成一个组织来进行培养，在组织的框架中发挥其团队的力量。为此，需要成熟的管理机制来支撑企业的发展，但是，往往创业者们似乎做得并不够。

创业者们应意识到在资源高度约束的情况下对机会进行追寻与开发至关重要的，而组建创业团队本身就是一个资源整合的过程。创业团队与一般团队的组建、基本特征、管理模式等方面都存在差异。一般团队的组建通常只是为了解决某一特定问题或完成某一特定任务，当问题或任务得到解决的时候，团队有可能就解散了；团队里的绝大多数成员并不处于企业的高层位置，只是一个临时组建起来的组织。创业团队一般都要求成员拥有股份；而一般团队成员未必要求成员拥有股份，其对公司的情感性承诺、连续性承诺和规范性承诺一般不高，通常只是关注战术性或执行层面的问题。

初创时期的创业团队组建是为了能够成功地创办企业。但是，随着企业的发展和成长，创业团队当中的成员可能会发生一些变化，为了延续创业团队，可能会有新的高管团队的组建，使原来的企业或事业领域得以开拓；创业团队的成员一般都是处在企业高管的位置，对于企业的重大问题也是由创业团队的成员进行商讨和决策的，他们做出的决定常常影响企业的存亡。相应地，创业团队较一般团队对公司有一种浓厚的感情，成员对企业组织的认同感较高，对于企业投入而产生的机会成本也较高，受社会规范影响而离开企业组织的可能性较小（见表4-1）。

表4-1 一般团队与创业团队的区别

比 较 项 目	一 般 团 队	创 业 团 队
目的	解决某类或某个具体问题	开创新企业或拓展新事业

续表

比较项目	一般团队	创业团队
权益分享	并不一定拥有股份	一般情况下在企业中拥有股份
职位层级	成员并不局限于高层管理者职位	成员处在高层管理者职位
影响范围	只是影响局部性、任务性的问题	影响组织决策的各个层面,涉及范围较宽
组织依据	基于解决特定问题而临时组建在一起	基于工作原因而经常性地一起共事
关注视角	战术性、执行性的问题	战略性的决策问题
领导方式	受公司最高层的直接领导和指挥	以高管层的自主管理为主
成员对团队的组织承诺	较低	高
成员与团队间的心理契约	关系不正式且影响小	关系特别重要,直接影响公司决策

一般来说,创业团队大体上可以分为两类。

1)"核心式"创业团队

这是一种有核心人员主导的创业团队,由一个核心人员来确定和组成所需要的团队。组建团队的人往往是想到了一个商业点子或抓住了一个商业机会,由核心人员来组建团队,一般这个组建团队的人都是这个团队的领导核心,其他的成员都围绕着这个领导核心运转。例如,太阳微系统公司的创业者,维诺德·科尔斯勒最初确立了多用途开放工作站的概念,接着他找来了两名软件和硬件方面的专家,分别是乔伊和贝克托克姆,协助他创业的还有一名具有实际制造经验和人际技巧的麦克托里,于是,这个创业团队诞生了。"核心式"创业团队模式如图 4-2 所示。

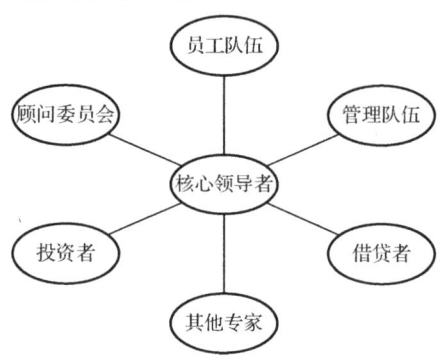

图 4-2 "核心式"创业团队模式

这种创业团队有几个明显的特点:

(1)权力过分集中,容易决策失误而加大风险。

(2)当团队成员之间产生矛盾时,特别是主导人员与某一团队人员之间产生冲突时,可能由于核心主导人员的特殊权威影响到其他团队成员。在冲突被激化时,成员一般都会选择离开团队,因而对组织的团结性影响较大。

(3)由于核心主导人员的领导关系,组织的结构较为紧密,向心力和凝聚力较强,主导人员在组织中的行为对其他个体的影响力大。

(4)决策程序由领导人物占主要引导位置,相对一般组织的决策程序简单,在一定程度上可提高组织效率。

2)"圆桌式"创业团队

这种创业团队称群体性创业团队，一般是由几个志趣相投的人组成的团队。团队的成员之间可能因为经验、专长和共同目标等因素走到一起，他们之间起初并没有核心人员，但通过一起发现商业机会和发挥各自专业优势后，组成了创业团队。通常群体性创业团队的成员都能充分运用团队内部分工，成员之间以圆桌形状参与在团队活动之中。这些参与者都具有较大的发言权，成员之间处于平等关系和团队协作关系。例如，雅虎的杨志远和斯坦福电机研究所博士班的同学大卫·费罗，惠普的戴维·帕卡德和他在斯坦福大学的同学比尔·休利特，微软的比尔·盖茨和童年玩伴保罗·艾伦等都是基于一些互动激发出创业点子，或者由于关系结识，兴趣相投而合伙创业的。"圆桌式"创业团队模式如图4-3所示。

图4-3 "圆桌式"创业团队模式

这种创业团队有几个明显的特点：

（1）组织决策的时候，一般采用集体决策的方法，需要采集大量的成员意见和进行烦琐的沟通讨论才能达成一致意见，决策效率相对较低。

（2）团队中没有明显的核心与领导人员，容易造成组织结构松散的局面。

（3）由于团队成员在团队中的地位相似，在团队中形成多人领导的局面，当意见不一致的时候容易产生争执。

（4）当团队成员之间发生冲突的时候，一般采取积极的态度去消除冲突，并进行有效的沟通和协商，团队的成员不会轻易离开。但是，当成员间的冲突被进一步激化时，若某些成员撤出团队，很容易引起整个团队的涣散。

4.2.4 创业团队对于创业成功的重要性

1. 优秀创业团队是创业成功的第一壁垒

在信息全球化的21世纪，单独创业已经逐渐淡出人们的视野。有远见的创业者往往能够意识到，创业对于人的素质要求是较高的，没有任何一个人能够具备所有的技能及完全拥有必要的资源。从数量的角度上来看，成功的创业企业大多都是通过团队创业实现目标；从质量上来看，团队创业无论是速度还是品质，也都远远超过个人创业。一个创业团队，在实现了很好的组建及管理后，能够拥有更强的抗风险能力、更广阔的视野及更丰厚的资源，能够使创业成功的可能性大大提高。

2. 优秀的创业团队领袖是创业成功的方向标

一个创业团队往往会被市场经验影响的老式局限思维左右，加上团队成员的意见难以统一，这时一个有远见的领袖做出的决定将会对企业的发展起到关键性的作用。

3. 优秀的创业团队精神是创业成功的润滑剂

优秀的创业团队精神犹如企业无形的强大心脏，它激励着企业的每一位工作者不断向前，也支持着企业不断地进步。

4.3 创业团队的组建和管理

4.3.1 创业团队的组建途径

从以往众多的例子来看，团队创业成功的概率要远远高于个人创业。团队创业也是大多数人采取的创业方式。一个团队提供的技术、经验、人脉关系、声誉等都大于个人能够提供的资源。因此，想要创业成功，其中一个至关重要的因素，就是顺利组建一支团队。在组建的创业团队中，成员应当发挥不同的作用，有了各个方面的技术人才，就可以更快、更准确地发现并解决创业过程中可能遇到的难题。

1. 创业团队组建的基本原则

创业者若想组建一支优秀的创业团队，首先应当明确创业团队组建的一些基本原则。

1）目标一致原则

在创业初期，创业团队的核心领导人物或群体中的各个成员应经过商讨，确定企业的发展目标及公司愿景，并弄清企业的奋斗方向。在订立目标的时候也需要一定的技巧，应切合企业的实际情况，订立可实行的合理目标。切忌好高骛远，在企业初创期间订立团队难以达到的目标，从而不能达到激励企业前进的目的。

2）精简高效原则

为了节省创业初期的投资，应该以少投入多产出的方式获取企业成果。创业团队人员应当根据企业的具体规模谨慎地选择成员数量。当企业刚成立并规模不大时，团队人员过多会加大创业的难度和企业的负担。因此，创业团队应在保证企业能正常运营的情况下尽量精简，这样也可以避免责任分散。

3）互补原则

创业者之所以选择以团队的方式开创企业，其目的就在于创业团队成员之间可以取长补短，让问题得到更好的解决。只有当团队成员在各个领域之间都有所专长的时候，企业运营过程中所需要的经验、技术、知识等才能够得以满足，并且发挥出"1+1>2"的协同效应。

4）动态原则

企业初创期间充满了不确定性,刚创立的团队也欠缺稳定性。因此,在团队成长和企业刚开始发展的阶段,可能会由于内部因素或外界环境因素等的影响,使得团队成员有所变化;可能因为观念的不同,导致成员离开;可能因为团队的壮大,带来新成员。所以团队必须保持和平衡动态性,让更多适合团队的人加入。

2. 组建创业团队的基本条件

组建一个能够长远发展的、有生命力的创业团队需要具备一些基本条件。

1）明确企业的发展目标

有调查结果显示,当问到一名团队成员最需要领导做什么的时候,70%以上的人都回答,需要领导订立团队的目标,让团队得以发展。从这里可以看出,一个明确的目标是企业发展的前提,没有目标的企业就像一艘没有灯的船,容易在竞争市场中失去方向。目标的订立需要抓住重点,立足当前,着眼长远。应当本着企业的利益,在把握重点中谋划未来。立足当前是指能够清楚地了解企业的定位及发展方向,只有基于这个认知,才能拟定一个完善有效的目标。

2）确定创业团队理念

（1）重视团队资源。人是团队里最宝贵的资源,创业团队成员可贡献的人脉资源、技术资源、经验等都是团队可利用的无形资产。一个优秀的团队里面所有的团队成员是处于一个互利的状态下合作的,每个人都需要依赖团队中的其他人来进行工作,通过互相激励,共同进步。

（2）保持对企业的诚信度。这是企业非常重要的价值观念之一。在最开始创立团队的时候,强调团队成员对企业的诚信度有利于企业往后的发展。

（3）为长远发展着想。创业团队成员应该培养这样一种理念:公司的成长是一番事业,是能为自身提高价值和为社会带来利益的事业,而不是团队快速致富的工具。目光短浅的创业团队,常常在困难出现或出现之前就为了谋取利益而退出,没有考虑到长远的发展,他们追求的是眼前的回报和利益诱惑,并不是企业的发展。

（4）承诺价值创造。创业团队中的成员承诺为了大家的利益而让企业步入更加正确的发展道路,本着为顾客增加价值、让供应商随着企业壮大的同时获利、实现双赢的目的去发展企业。

3）建立责、权、利统一的团队管理机制

责、权、利统一的思想在古代传统文化中就已有体现,发展到现代企业的管理思想,其本质即强调人的作用。以人为本,重视人的责任意识。在社会、企业和团队中,人都有承担责任的潜力存在,要实现企业目标的管理,建立一个可以操纵的管理体系,需要从以下几个方面考虑:

（1）构建职责分明的组织框架。在创业团队的运行过程中,应明确团队里的具体职责由哪些人承担,详细到分配何种关键任务由哪个组或哪个人负责并承担相应责任,使能力和责任的重复达到最小化。在实际操作中,多数企业通过建立人力资源体系实现了这个机制,有了人力资源体系的保障,可以减少分工混乱、框架模糊等问题,使高层到基层所有人员都有明确的目标。

（2）从流程的角度构建创业团队管理构架。在企业处于独立期阶段，每个成熟的部门都可以独立统筹自己的工作，可以独自为自身负责。但初创期的企业，每个环节的负责人员都像儿童时期的个体，依赖其他团队或其他个体的协助。同时，在遇到挫折和问题的时候也容易发生推卸责任等问题。因此，运用创业团队的发展流程或公司企业的业务流程来组建团队非常实用，在每个独立环节设立不同的管理机构，不仅可以实现责任的分权，还可以为了实现目标流程增强成员间的合作。

（3）考核和激励。在实际企业营运过程中，往往由于某些原因，基层部门得不到应有的权利，在利益分配上也不均匀。因此，在组建团队的时候就应明确利益的分配、责任的承担等问题，并根据不同的实际工作表现，采取相关的激励政策进行考核。

3．组建创业团队的程序和方法

创业者在拥有创业想法之后，就可以开始进行创业团队的组建。由于不同创业者创立企业的类型不同，团队的类型也因此具有差异性，创建步骤也不相同。

1）根据目标撰写商业计划书

组建创业团队，首先应明确创业团队的总目标，把企业从无到有逐步建立起来。必须对初创阶段的技术、市场、组织、管理等工作进行规划，对于企业需要做什么、怎么做等问题进行详细的探讨和计划之后，拟定一份可行的商业计划书。在确定了阶段性子目标和总目标后，要根据不同目标制定实际操作程序，确定不同创业阶段需要完成的阶段性任务。一份成功的商业计划书既是创业成功的基石，也是合作伙伴选择加入创业团队的判断依据。

2）寻找创业合作伙伴，招募合适人员

合适的创业合作伙伴和公司成员是创业团队组建的重要要素之一。创业者要在考虑创业团队的互补性和适度规模后，对人员进行招募和筛选。创业者可以通过媒体广告、亲戚朋友介绍、各种招商洽谈会、互联网等方式对创业团队成员进行招募。一般来说，创业团队有三个方面必不可少的人才，即管理人才、技术人才和营销人才。因此，在招募过程中，应首先考虑具有这三方面特长的人才，确保创业团队在面临常见问题的时候能够快速应对。成员数量恰当能够保证团队正常的运作，减少沟通障碍，过多或过少的成员数量都会给创业团队带来负担。一般认为，创业团队的规模控制在 2～12 人为最佳。

3）确定合作形式，进行职权划分

创业者可以根据自己的情况和创业企业的类型，选择有利于企业和团队发展的合作方式。在创业合作者的选择方面，通常是能与自己形成形势互补的成员较佳。为了保证创业团队的有效工作，在团队内进行明确的分工是至关重要的。进行分工应注意以下两点：一要避免职权和责任的重叠和交叉；二要避免因责任无人承担而引起的工作漏洞。由于创业初期面临的外界环境变化复杂，团队内部因素也不够成熟稳定，通常会不断出现新的问题，对于团队成员的离开和加入，应及时做出调整并加快适应，而创业团队成员的职权也应根据变化进行不断调整。

4)沟通交流,达成协议

在找到有相同意愿的创业伙伴并做出相应职权分工后,为了保持团队的稳定,应就创业计划、股权分配等事宜进行深层次和多方位的沟通。只有创业团队成员间保持充分的沟通和交流,才能及时地了解对方对于企业建设、团队建设的想法。通过团队成员间的互相学习和互相交流,能够减少矛盾的冲突,避免出现沟通不足引起的企业解体,并能依据成员意愿共同朝着正确的方向开展企业的建设工作。

5)建立团队具体制度体系

创业团队具体的制度体系包括各种约束制度和激励制度。一方面,创业团队通过纪律条例、组织条例、财务条例、保密条例等可以有效指导成员规范工作职责,避免成员做出不利于团队发展的行为;另一方面,创业团队要进行高效的运作,就需要设立有效的激励政策,通过奖惩制度、利益分配方案、绩效考核、激励措施等可以促使团队成员实现企业目标,从而充分调动团队成员的积极性,最大限度地发挥团队价值。需要注意的是,这些具体的制度体系应以书面文件协商设立,并以规范的形式确定下来,以免造成不必要的争执和矛盾。

6)团队的调整和融合

一个高效而默契的团队并不是组建初期就能够培养出来的,在企业创立和逐步发展的过程中,团队中设立的条例或规范制度必定会存在不合理之处,随着外界环境的变化,团队的管理体制等弊端也会逐渐暴露。对于这些出现的问题,团队应做出及时调整。团队的发展是一个动态的过程,在完成了前面的步骤之后,团队就应对工作运行中存在的不足和问题进行必要调整,达到能够满足一个企业具体实践的程度。创业团队的组建程序和方法如图4-4所示。

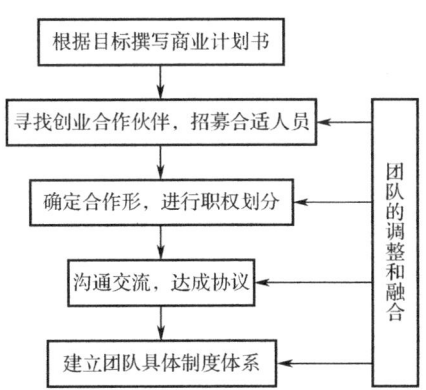

图4-4 创业团队的组建程序和方法

4.3.2 创业团队的管理方法

1. 创业团队目标管理

1954年,美国管理学家彼得·德鲁克在其著作《管理的实践》中最先提出了"目标管理"的概念,之后他又再次提出"目标管理和自我控制"的观点。他认为,目标确定了每个人的工作。一个企业是否拥有明确的目标,能对每个人的工作效率产生很大的影响。

目标管理是以目标为导向,以人为中心,以成果为标准,使组织和个人取得最佳业绩的现代管理方法。目标管理亦称"成果管理",又称责任制。是指在企业员工的积极参与下,自上而下地确定工作目标,并在工作中实行"自我控制",从而保证目标实现的一种管理办法。因此,管理者应该通过目标对下级进行管理。当企业最高层管理者确定了组织目标后,管理者对其进行有效分解,转变成各个部门及个人的分目标。管理者根据分目标的完成情况对下级进行考核、评价和奖惩。

目标管理指导思想是以Y理论为基础的,即认为在目标明确的条件下,人们能够对自己负责。它与传统管理方式相比有鲜明的特点,可概括为以下几点。

(1) 重视人的因素。人是组成创业团队最主要、能动性最强的资源。创业团队很多问题难以得到解决是因为人员管理不妥,导致员工目标与企业目标不一致、意见难以协调。目标管理是一种参与的、民主的、自我控制的管理制度,也是一种把个人需求与企业目标结合起来的管理制度。在这一制度下,上级与下级的关系是平等、尊重、支持和依赖的,下级在承诺目标和被授权之后是自觉、自主和自治的。

(2) 确定目标体系。将企业的整体目标逐级分解,转换为各部门、各员工的分目标。从企业目标到经营单位目标,再到部门目标,最后到个人目标,其中权、责、利三者明确,相互对称。分目标与总目标方向一致,各分目标相互配合,形成协调统一的目标体系。只有每个分目标逐个完成以后,总目标才有希望完成。

(3) 重视成果。目标管理以制定目标为起点,以考核目标完成情况为结束。评定目标完成程度的标准是工作成果,这个标准同时也是人事考核和奖惩的依据,是评价管理工作绩效的唯一标志。完成目标的具体过程、途径和方法,上级并不会过多干预。由此看出,目标管理监督的成分很少,而控制目标实现的能力很强。

2. 创业管理定位管理

创业团队的定位包含创业团队的定位和个体创业者的定位。

1) 创业团队的定位

(1) 创业团队在企业中处于什么位置;
(2) 由谁选择和决定团队的成员;
(3) 创业团队最终应对谁负责;
(4) 创业团队采取什么样的方式激励下属。

2) 个体创业者的定位

各位成员在创业团队中扮演什么角色,是负责制订计划还是负责具体实施,或者负责效果评估;是大家共同出资,委派某个人参与管理;是大家共同出资,共同参与管理;是共同出资,聘请第三方(职业经理人)管理。这些主要取决于创业实体的组织形式。

除创业团队内部管理外,一个优秀的创业团队必须具备对市场定位管理的能力。被誉为"定位之父"的杰克·特劳特先生于1969年在《定位:同质化时代的竞争之道》论文中首次提出了商业中的"定位"（Positioning）观念，1972年在《定位时代》论文中开创了定位理论。他提出，随着商业竞争日益兴起，企业应先在外部竞争中确立价值独特的定位，再引入企业内部作为战略核心，形成独有的运营活动系统。定位选择不仅决定企业将开展哪些运营活动、如何配置各项活动，而且还决定各项活动之间如何关联，如何形成战略配称等。这也体现了明晰的战略定位能为创业企业指明方向。创业团队可依据战略定位确定团队组织的规模、范围和结构。

3．创业团队计划管理

创业团队计划管理的目的是通过对计划的编制、执行、调整、考核等过程来组织、指导、调节、实现企业团队的目标、原则，以实现更好的团队管理目标。

1）创业团队计划的组成

（1）明确定义目标；

（2）认识定义目标的含义；

（3）找到实现目标的最佳办法；

（4）明确每个员工的职责；

（5）建立合理的目标实现计划表；

（6）制订备用计划；

（7）标准化每一个工作指标，确保目标完成进度可控。

2）创业团队计划的工作流程

工作流程之所以有用，是因为它能提供给企业考察每个步骤是否有必要的依据。创业团队计划的流程需要解决以下问题：

（1）要做哪些工作；

（2）此项工作是否必要；

（3）此项工作对谁负责；

（4）工作完成的最佳时间；

（5）工作完成的最佳地点；

（6）工作完成的最佳方法。

4．创业团队职权管理

每一个管理职位都具有某种特定的、内在的权力，而任职者可以从该职位的等级或头衔中获得这种权力。因此，职权与组织内的职位相关，是一种职位权，而与担任该职位管理的个人特性无关，它与任职者也无直接关系。"国王死了，国王万岁"的表述说明了这一意思：不管国王是谁，国王职位所固有的权力依然存在。从有权的职位上被辞退掉，离职者就不再享有该职位的任何权力。职权仍保留在该职位中，并给予新的任职者。

创业团队中领导者的职权大小与其团队的发展阶段和创业实体所在行业相关。一般来说，创业团队越成熟，领导者所拥有的权力相应越小。在创业团队发展的初期阶段，领导权相对比较集中。优秀职权管理，应当能够解决以下问题：

1)让团队成员拥有独立决策的权力

授予团队成员独立决策的权力,而不是仅仅让他们参与其中。独立的决策能力表现为:持久性,团队成员做出的决定起到的作用能够持续一段时间;可选择性,团队成员可自主通过完善的选举制度选举公认的领导者。而团队成员在拥有独立的决策能力的同时,也必须明确目标和义务,并使目标和义务对每一个成员都有所影响。

2)提高团队效率

当团队成员未得到真正的授权或获取权力的主要职责未明确时,会影响团队的效率。通过职权管理可以改变这种情形。首先,应多加培训团队成员,在确保能够提高团队成员的绩效成绩和职权认知的情况下减轻成员的工作压力;其次,通过对职员的职权行使好坏进行奖惩等制度,提高团队的效率。

3)消除矛盾

创业团队往往面临着授权与选择的困难。有的决策者会从各方面考虑自己将要授权的对象,其中有一点就是如何使授权后团队的矛盾降到最低。通过职权管理,明确每个人的具体职责,防止势利保护和中层管理者的反对,并尽量统一上下级意见,解决上下级矛盾,使团队在一个融洽的环境中高效地运作。

5. 创业团队人员管理

比尔·盖茨说:"在我的事业中,不得不说我最好的经营决策是必须挑选人才,拥有一个你完全信任的人,一个可以委以重任的人,一个为你分担忧愁的人,一个具备一系列略微不同技能而且其行为对你略有裨益的人,是十分重要的。"对于微软来说,最大的财富是人才。

1)人员的配置管理

对于一个创业团队而言,人员配置的一大前提是人员的互补度和融合度。这很大程度上决定了团队凝聚力的大小。除此之外,按照工作的目标、任务、要求分配团队人员,应达到人与事相匹配,人与人相融合。

微软的三大聘用员工的原则是:

(1)聘用适应性和灵活性强的人;

(2)聘用是为全公司而不只为某一个部门,只有所有人都同意才能聘用;

(3)招聘工作是每个员工的优先任务之一。

2)人员的培训

人员的培训包括技能培训和精神培养。

(1)人员的技能培训包含了人员对创业团队的各项业务的规范制度的掌握、基本职业技能的操作,以及对公司提倡什么、反对什么的明确认识。

微软的培训理念是:追求最具效率的培训,70%的在工作中积累、25%的自学、5%的课堂培训。

(2)人员的精神培养主要包括团队精神的培养和人员的激励。团队精神是指团队成员一致为团队利益与目标相互协作、全心全意的意愿与气氛。

团队精神的培养可以使团队成员视自己的利益与团队的利益的大致方向相一致,表现出对团队的无限忠诚；使团队成员充分调动自身的积极性、主动性和创造性，尽心尽力地完成每一项工作任务；使团队成员之间能够相互支持，同舟共济，荣辱与共。

人员的激励分为奖惩激励、考评激励、竞赛与评比激励和榜样激励等方法。

（1）奖惩激励法能够使员工个人获取进取心并消除人的不良行为。

（2）考评激励法具有提供目标导向的作用，使员工拥有更强的工作主动性。

（3）竞赛与评比激励法能增强团队成员的凝聚力，锻炼人员的智力与非智力能力。

（4）榜样激励法对先进者是一个挑战，对一般人员具有鞭策作用。

  五个人开启中国第一个"孵化器"

扫描二维码并阅读案例，思考并回答下列问题：
1. 创业团队成员的选择需要考虑哪些因素？
2. 结合本章内容，说说这个案例给你带来的启示。

4.4 创业团队的风险与发展

4.4.1 创业团队的风险

1. 创业团队的风险形成

据专业机构对全球创业状况的调查，中国的创业活动随着经济的高速发展进入新的高潮。创业不仅可以促进新工艺的开发和新产品的研制，还可以为国民增加就业机会，缓解社会就业压力。目前，创业已经成为中国经济增长的主要推动力。

有数字资料表明，绝大多数的新创立企业会在短期内失败，尤其是高新技术企业。而能够在艰难环境中存活下来的新创立企业，大都十分重视创业中的团队建设。仅凭个人的能力，创业设计资源的获取、技术的研发等多项商业活动等都难以完成，团队力量可以对此提供很大的帮助。风险投资者在选择投资项目时，也开始重视创业团队的影响，对创业团队的考评占其总评考评的50%。

随之而来的问题是创业团队的持续发展困难重重。在团队初建时期往往所有成员都能全心全力地投入新产品的开发和推广，但随着时间的推移，企业产生剩余利润，管理步入正轨，就逐渐暴露创业团队中的许多矛盾，造成关键成员的流失，导致企业的发展速度放慢。

2. 创业团队组建的风险成因

创业团队存在风险，包括由于各种原因造成的创业团队成员的流失或创业团队的分裂解体，使创业企业遭受损失，甚至有破产的可能。一个好的创业团队对于企业成功起着重要的作用，能让企业避免承担不必要的风险。据国外一家研究机构对100家成长较快的小公司的调查,一半的创业团队无法在初创企业前5年顺利存活。当创业团队瓦解之后,企业也随之倒下。

一般来说,创业团队的风险由以下几个因素构成:

1)盲目照搬成功的组建模式

古话说,"什么'马'配什么'鞍'。"这个看似简单的道理,在企业团队组建过程中,却有不少因此失败的案例。创业团队的组建基本可以分为三种模式,分别是关系驱动、要素驱动和价值驱动。关系驱动是指以一个核心创业领导者为主,由他扩展而成的人际关系圈内成员构成团队。这些成员因为友谊、爱好和经验结成合作伙伴,利用彼此的资源以达到共利共赢的状态;要素驱动是指创业团队成员分别拥有创业企业所需的资源、创意和操作技能等要素,由于这些要素的相对重要性相同,因此,团队成员之间持有互相平等的地位和关系;价值驱动是指创业成员将创业事业当作是实现自身生命价值的手段,这种团队的使命感一般较强,成功的概率也很大。

不同的组建模式对于不同的企业条件、环境等适应度不同,如果创业团队盲目照搬某种组建模式,将给企业带来巨大的风险。创业团队应根据创业企业的特点和发展目标,选择一个适合自身的组建模式。目前,最广泛应用的组建方式是关系驱动模式,它比较适合中国文化的特点,稳定性也相对较高。但是,远近亲疏的关系经常会阻碍创业团队的发展。相反地,要素驱动模式就比较具有西方文化的特点,并广泛应用于当前的互联网创业团队。无论在哪种方式的团队组建模式下,成员磨合顺利与否都是达到团队团结的重要决定因素。如果磨合出现问题,就容易产生解体风险。价值驱动模式中的成员则容易为了不同意见和观念产生分歧,一旦发生自身价值观的差异,很少有妥协的余地。

2)缺乏明确和一致的团队目标

心理学家马斯洛曾经提出,杰出团队的显著特征是拥有共同的愿景和目标。由此可见,团队合作的基础是有凝聚人心的愿景和经营理念,并在客观环境中培养共同愿景,明确共同目标,为团队和企业的发展指明方向,提供核心动力。

一般情况下,初创团队的目标并不是十分清晰和明确,甚至有些人根本不明白自己为什么会走上创业这条道路。随着创业进程的推进,团队成员可能会由于目标与现实之间存在差异而发生意见不合等状况。为了保持团队的稳定性,必须及时对目标进行适当调整,若调整之后团队成员的个人目标仍与组织目标存在差异,那么团队可能面临解体的风险。

3)团队成员选择具有随意性和偶然性

英国学者贝尔宾曾经考察了1000多支团队,在研究创业团队的构成之后得出了"九种角色论"这一观点。这九种角色分别是:提出创新观点并做出决策的创新者;进行角色职业资格和义务分配的协调者;将思想语言转化为行动的实干者;引进信息与外部谈判的交流者;促进决策实施的推进者;分析问题并评估他人贡献的监督者;给予个人支持并帮助他人的凝聚者;强调任务时效性的任务主义者;具有特殊技能和知识的专家。

在现实情况中,创业团队组建初期由于规模和人数的限制,很难集合各种人才构建全能团队,多数团队在组建的时候存在随意性和偶然性,甚至只是因为某次谈论和商讨一拍即合,在缺失某一方面人才组建团队之后没有对成员进行及时的补充,导致团队里成员角色和优势出现交叉和重叠,这些因素都会给团队引发各种矛盾,最终导致整个创业团队的散伙。

4) 激励机制尤其是利润分配方式不完善

有效的激励是企业能够长期保持士气的关键,其重点在于能够给予团队成员合理的"利益补偿"。实际上,在创业团队组建初期,由于企业前途未卜,每位成员在创业企业中发挥的作用和提供的资源都无法得到准确的衡量,随着企业的发展和利润的增加,在对利润进行分配的时候可能就会出现争议。为了避免这种问题的出现,在创业初期应当通过商讨设立一个明确利润分配方案,并培养团队成员之间的感情。否则,等企业规模扩大的时候,矛盾逐渐被激化,进而导致创业团队的解散。

4.4.2 创业团队的发展

1. 创业团队的五个发展阶段

1) 创立期

团队成员在建立初期都比较谨慎,相互也不充分了解。此时,需要增加大家相互的联系,让大家充分的沟通,以加强合作与协助。团队领导也应尽力让团队成员知道团队存在的意义,认同团队的目标,让大家都有一种奋发向上的精神,通过明确每个人的角色与职责,让团队成员对自己、对其他团队成员、对团队都有一个清醒的认识。

2) 动荡期

经过一段时间,成员之间相互了解后,大家可能会开始感觉对团队只是抱有一种不合实际的美好期望,人与人之间的矛盾开始出现,团队的问题开始暴露。这时候,团队就会进入一种很危险的状态。人对组织的认同感和归属感较低,思想较混乱。此时可以通过职业经理或团队领导的努力,改变这种现象。

3) 稳定期

团队进入高产时期,经过相互的磨合后,大家建立了相互信任的关系,团队的效率也明显得到了提升,团队成员愿意承担更多的责任。这时候,团队成员已经认同了团队,精神状态也很好,团队形成了真正的规则,大家都按规则行事。这个时候主要的工作是内部拓展,尤其是团队文化与团队精神的拓展,让每个成员都具备相同的团队气质。

4) 高产期

这一时期创业团队的特征表现为:团队信心大增,具备多种技巧,能协力解决各种问题,用标准流程和方式进行沟通、化解冲突、分配资源。团队成员可以自由而建设性地分享观点与信息,并且能够自我约束,自我管理。最佳状态是团队成员有一种完成任务的使命感和荣誉感,使团队精神加强。

5) 调整期

边际效应使高产期到一定程度之后进入衰退期。团队成员中容易出现居功自傲、不思进取、墨守成规等现象。这时团队面临着解散、休整的危险。

2. 创业团队的发展阻碍

创业团队从创立期到调整期，特别是从创业阶段向集体化阶段过渡的过程中，随着企业从不规范过渡到正常经营管理状态，很多矛盾容易暴露出来，而这些矛盾将会是导致创业团队分裂的主要原因。

（1）随着企业规模的扩张，部分成员因其能力有限难以适应更大规模、更规范的企业经营管理的需要。这一点在我国众多的中小乡镇企业中体现明显。许多中小乡镇企业的创业者文化程度不高，当初取得成功往往是因为敢拼敢干，吃别人不能吃的苦，干别人不敢干的事而发展起来的，但随着企业进入一个规范发展的时期，自身素质和能力的制约反而成为企业发展的阻碍。

（2）创业团队成员经营理念不一致，成员之间对于公司的目标和价值观有冲突。这种情况是非常普遍的，一个典型的例子就是联想的倪光南和柳传志。柳传志是一位有科技背景的企业管理者，而倪光南是一位科学家，他们的分歧是经营理念的不一致，柳传志注重市场导向，而倪光南注重技术导向，这一根本的分歧导致了曾被誉为"中关村最佳拍档"的联想创业团队的分裂。

（3）创业成员之间性格、兴趣不合，难以磨合，企业气氛不融洽，创业活动难以正常开展，群体性的创业团队中容易出现这种情况。群体性的创业团队经常由一些私交很好而在一起的伙伴来共同创业，如朋友、同学、亲戚等，多是由人际关系来寻找共同创业的伙伴；或者是有相似的理念和观点，如具有相近技术研发背景的人，基于对某一技术的狂热而组合。然而，人际上的交集是群体性创业团队成员最重要的条件，在这种情况下，团队成员在性格上的差异和处理问题的不同态度就容易被掩盖。当这样的团队缺乏真正的沟通，那么这些伙伴实际上并未形成真正的团队，难以达成"1+1>2"的效果。

（4）团队在创立初期没有制定一个明确的利润分配方案。随着企业的发展，利润的增加，在利润分配时出现争执。这种情况在民营企业中是非常普遍的，很多的中小民营企业的创业团队在发展初期，没有明确提出未来具体的利润分配方案，等到企业规模扩大的时候利润分配问题随之出现。

3. 创建学习型团队

学习型团队不是单一的模型，它是运用一种新的思维方式对团队的思考。在学习型团队中，每位团队成员都应该参与学习和解决问题，使团队不断地尝试、改善和提高它的能力。学习型团队的基本价值在于成员在解决问题的过程中自身素质得到提高。

学习型团队的五个误区如下。

1）误区之一：神秘化思想

学习型团队理论由外文翻译而来，不太好理解是事实。但它的基本精神和主要内容和我们的观念差距并不是很大，只不过是用一种新的思想把我们已经做的工作加以整合和改造。我国许多知名企业的成功实践充分说明了这一点，像海尔、蒙牛等就是典型的例子。

2）误区之二：一般化认识

有些人认为，创建学习型团队就是开展培训、读书看报，没什么特别的。虽然，培训是必需的，专家讲课和读书看报也是必不可少的。但是，这些做法都仅仅是从外部支援的角度为企业创建学习型团队提供理论依据，其本身并不是创建学习型团队的必经环节，更不是创建学习型团队的本质意义。真正的创建学习型团队应当是团队每一位成员自己亲手去做事情。如果一个组织整天"学习"而不创造，就称不上是一个真正意义上的学习型团队，只能算是一个形式上学习的组织。学习型团队的学习强调把学习转化为生产力，必须有"学"有"习"，而且"习"重于"学"。

3）误区之三：思想政治工作

有人认为，只要我们将思想政治工作的标签换一下，跟着喊就可充当为学习型团队管理。这种观点是有偏颇的。一般而言，学习型团队主要有两方面内容：一是学习工作化，上班不仅仅是工作，而是要把生产、工作、学习和研究这四件事情有机地联系起来；二是工作学习化，即把工作的过程看成是学习的过程，工作跟学习是同步进行的。由此可见，创建学习型团队与以往的思想政治工作并不是一回事，不能混为一谈。

4）误区之四："等、靠、要"

建立学习型团队的动力来自团队发展的内在需求，理应是一项自发、自主的工作。因此，要彻底改变那种上级下文件、订计划，下级按班执行的"等、靠、要"做法，提高自主学习能力，以提高团队的核心竞争力为目的，认真加强自身的自主性、针对性、创造性学习。

5）误区之五："一阵风"

创建学习型团队是一个漫长的、艰苦的过程，必须结合团队自身的实际情况，不断探索、不断总结，以建立起符合团队自身理念和精神的学习型团队，真正对团队的发展产生正面影响。

本章小结

- ❖ 通过对创业者定义的阐述，可以充分了解适合创业的个体所具备的心理特征及个人能力，包括创业者在工作、生活中各方面的能力和技能要求。
- ❖ 说明了团队与创业团队的基本特征和两者的区别，并提出创业团队对创业成功的重要性，创业者应注重创业团队的组建。
- ❖ 本章重点是创业团队的组建途径和管理方法，其中分别论述了组建、管理团队的过程中应当注意的事项。
- ❖ 本章最后提出了创业团队可能遇到的一些风险，也提供了一些关于发展创业团队的建议。

  联想的柳传志和倪光南

扫描二维码并阅读案例，思考并回答下列问题：

1. 创业团队的管理需要注意哪些问题？
2. 企业在发展壮大的过程中，创业团队应该如何规避可能会发生的风险？
3. 运用创业者与创业团队的管理方面知识，谈谈你对联想创业"柳倪"组合分裂的看法。

 本章思考与练习

1. 创业者的心理特征有哪些？
2. 创业者需要具备哪些个人能力？
3. 一般团队和创业团队有哪些区别？
4. 组建创业团队时需要注意哪些问题？
5. 创业团队有哪些风险？

第 5 章　创业条件与融资

1. 了解创业需具备的创业条件
2. 掌握创业融资的方式与渠道
3. 了解创业融资难的原因
4. 了解创业融资应注意的事项

不能等别人为你铺好路，而是自己去走，去犯错，而后，创造一条自己的路。

——古祖特

  马化腾的融资故事

5.1　创业条件

一颗种子的萌芽，需要阳光、水、泥土、肥料等要素。那么，一个人的创业，同样需要各方面的条件来给予支持，一般创业的条件可以分为客观条件和主观条件。

5.1.1　创业的客观条件

很多时候，我们改变不了的就是客观存在的条件。所以，我们必须让自己去适应客观环境带来的变化。一般情况下，创业的客观条件包括技术、资金、国家政策、企业发展环境、团队等方面。

1. 技术

技术条件指所从事领域的专业技术，这是在选定创业行业时应该考虑的问题。很多时候，技术条件会成为一个企业的核心竞争力。企业通过对技术的掌握来赢得市场上的优势，但是，这并不是要求创业者自身一定具备相当顶级的专业技术。技术可以通过资金来换取。但是，对于创业者自身而言，对专业技术一窍不通是万万不可的。如果自身对

技术外行，不但耽误决策的时机，还有可能会让好的技术错过了它的"伯乐"。

2. 资金

对于大部分创业者来说，资金才是创业首要攻下的难关。相关调查显示，45%有创业打算的创业者因为资金问题放弃了创业计划。对于大学生而言，这样的问题更加明显。只有当家庭经济条件很富裕时，才能够提供充足的创业启动资金，而家庭经济条件一般的同学，则会受到很大的限制。不少人选择从亲戚朋友处募集启动资金，这是一种比较有效的集资方式，可以迅速得到需要的资金，但风险性也是存在的。

近几年，国家对于大学生创业的资金扶持力度不断加大，包括银行贷款利息优惠与政府无息贷款等，这对想要创业的大学生而言是非常好的政策。但网络上相关调查显示，虽然国家相关扶持政策已经制定，但具体实施过程中程序烦琐复杂，最终真正能够取得扶持资金的人数量极少。另外，寻找风险投资也是一种集资方式，但对于应届大学生而言，个人发展的不确定性、对市场把握能力的不足及各种能力的欠缺，使得风险投资家很难冒险进行投资。因此，很多时候风投只是种可以考虑但难以实施的融资方法。从如图 5-1 所示的企业初始创业资金来源分布情况，可以看出企业初始创业资金的主要来源。

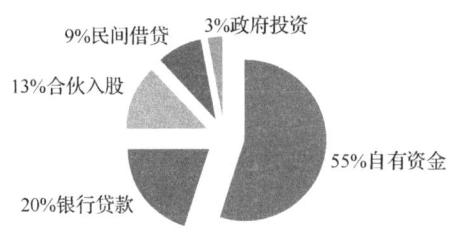

图 5-1　企业初始创业资金来源分布

从图 5-1 中我们不难看出，创业初始阶段大多数的创业资金都是来源于创业者的自有资金，20%的资金来自银行的贷款，13%的来自合伙入股，9%的来自民间借贷，以及极少部分来自政府的投资，约占 3%。因此，很多时候，创业的瓶颈问题是创业者自身资本的不足。

3. 国家政策

当前，国家为了促进创业型经济的发展，在全国各地不断出台各种创业支持政策。因为创业活动能有效改善就业困境，促进社会经济的发展，对维护社会秩序，促进社会稳定及增强国家的综合竞争力起到一定的积极作用。通过创业政策，可以激发创业动机、提供创业机会和培育创业技术，最终达到创业者的创业目的。

相关数据调查显示，目前我国高校应届毕业生中，自主创业的比例仅占 0.3%。换而言之，目前，我国大学生创业难度较大，相对的创业潜力也很大。

一般情况下，创业促进政策措施可以分为四大类型：

（1）税收优惠政策；

（2）降低进入壁垒政策；

(3) 商务支持政策；

(4) 提供合理信贷与创业基金政策。

4．企业发展环境

一般情况下，创业环境指的是政府和社会为创业者创办新企业所搭建的一个公共平台。

我们可以从以下几个方面对创业环境进行诠释。

理想的创业环境，在这个创业平台上，创业者可以最有效地获得资本、技术、政策支持、人才等创业资源，通过这些生产要素的整合，使新公司获得成长空间。因此，在同等的条件下，具有良好的创业环境企业的创业成功率更高。不过，要构建这个理想平台的必备条件是完善的市场经济体制、健全的创业服务体系、逐步深化的社会化专业分工和公正高效透明的政策环境等。

创业环境是一个公共品，政府在塑造优良创业环境中扮演着重要角色。创业环境的形成一般有两种途径：一种是依靠市场自然形成；另一种是政府有意识加以塑造和建设。但是，由于创业环境的公共品特性，市场的失灵无法避免，所以要求政府在其中发挥主导型的积极作用，用"有型的手"调配市场，加强职能的转变，提供多样的创业服务等。

创业环境中要体现社会的创业关怀。创业来源于社会并服务于社会。所以，社会上要有尊重创业、支持创业的人文关怀气氛，通过对创业文化的弘扬，不断提高人们创业的积极性。

优化创业环境的终极目标是"以环境造就创业"。注重的是一种感染的氛围，通过创业成功率的提高，促成人们能够干成一番事业，社会财富源泉充分涌流的新局面。

5．团队

一般而言，团队创业在前期较为容易取得成功，而在后期进行利益分配时容易出现分歧，因而有可能导致核心创业团队的分裂，甚至会有部分团队成员退出。尽管如此，企业也已经渐渐步入正轨，开始良性发展。而个人创业过程中则会受到更多的挑战，单独创业的创业者需要自己承担所有的风险和压力，需要超人的承受能力和坚韧的毅力。在强调团队合作的今天，创业者想靠单打独斗获得成功的概率已大大降低，团队精神已成为不可或缺的创业素质。风险投资商在投资时更看重有合作能力的创业团队。大学生一般都有个性，自信心较强，但在创业中切忌自以为是、刚愎自用。因此，对打算创业的大学生来说，强强合作、取长补短要比单枪匹马更容易积聚创业实力。成功的创业者无不推荐团队创业，通过团队创业可以积累成功的信心，也便于未来的发展。

5.1.2 创业的主观条件

一般情况下，创业的主要条件包括创业者的能力与素质、个人品格、市场规则的认知、自身优势的发挥、创业经验的积累等方面。

1. 创业者的能力与素质

创业者能力包括综合创新能力、社会适应能力和社会信息收集归纳内化能力。至于创业者素质方面，我国《科学投资》杂志在研究了国内上千例创业者案例后提出了"中国成功创业者十大素质"为：忍耐、眼界、敏感、欲望、胆量、策略、人脉、明势、与他人分享的愿望和自我反省的能力。也有人对中国大学生进行创业素质的抽样调查，提出大学生创业的八种基本素质：创业精神、冒险精神、自制能力、敬业精神、管理精神、竞争意识、创新意识和应变能力。由此可以归纳出大学生创业者应该共同具备的基本素质包括创造性思维素质、经济与管理素质、法律意识素质、修养与心理素质。很多时候，以上能力与素质在创业者的主观条件中起到决定性作用。

2. 个人品格

良好的个人品格是创业者应该具备的关键素质之一，一个拥有美好品格的人，不仅可以让周围的人接受和喜欢，而且可以影响到身边的人，这也是作为创业者个人魅力的一部分，对吸引人才和合作伙伴都有着非常重要的意义。这些品格根据不同的人不尽相同。总结出来，主要有真诚、乐观、独立、创新精神、开拓勇气、坚持不懈、脚踏实地、吃苦耐劳、乐于助人、充满激情、责任心强、勇于承担风险等。这些素质往往是性格的组成部分，先天形成的部分比较多，但是通过自己的努力，有些能力也是可以后天弥补的。

3. 市场规则的认知

大学生初创企业时，不了解和不熟悉市场运营的"游戏规则"，在市场开发、企业运作、财务运营、社交网络、人际沟通、企业管理等方面的能力有所欠缺。不过，我们可以通过在校期间对专业知识的学习，去了解和掌握关于市场发展规律、资本的运作程序、财务管理、成本收益等方面的知识。并且，下意识地去认知市场。俗话说"商场如战场"，创业者一旦踏上了创业之路，就要充分发挥自己对这个战场的认知能力，去突破将要面临的重重难关。

4. 自身优势的发挥

当代大学生是自主创业的后备军和生力军。在一定程度上具有其他创业者所不具备的优势。首先，大学时期是人生中最好的年龄阶段，精力充沛，富有创新灵感，创业热情高，这正是干一番大事的好时机；其次，大学生接受的是高等教育，文化程度和自身的素质较高，创业意识强；最后，大学生的可塑性强，容易接受新事物，观念转变快，即使创业失败，也能够很快地吸取教训和总结经验，而后再接再厉，不断成长，实现人生价值。

5. 创业经验的积累

缺乏创业经验对于创业者是一个缺憾。缺乏经验和实战机会是普遍存在的创业问题，这样很容易出现眼高手低、纸上谈兵的情况。但是，可以利用在企业实习的机会积累相关的管理和营销经验，参加各类型的创业培训与督导，接受专业指导，从而积累创业知识，掌握相对应的技巧。

5.2 融资概述

所谓的融资是指一个企业在筹集资金时所表现出来的行为与过程。也就是说，公司根据自身的生产经营、资金拥有的状况及公司未来经营发展的需要，经过科学的预测和决策，通过一定的渠道向企业的投资者和债权人去筹集资金，组织资金的供应，以保证公司正常生产运营，以及提供经营管理活动所需要的理财行为。

5.2.1 融资渠道

融资渠道是指获得资本来源的方向与通道，体现资本的源泉和流量。目前，我国的融资渠道主要包括国家财政资金、银行信贷资金、非银行金融机构融资、其他法人单位资金、民间个人融资、境外融资。

1. 国家财政资金

国家财政资金是指国家以财政拨款形式投入企业的资金。在国有企业（特别是国有独资企业）的资金来源中，国家财政资金占有相当大的比重，是国有企业最主要的资金来源。从产权的关系上看，国家拥有企业的产权。例如，对那些只能或只便由国有资本进入的部门或行业中的企业，如国防、航天航空等，主要就是采取财政投资的形式。所以，一般自主创业的企业很难得到这部分资金。但是，如果中小企业要申请这一部分的资金。可以通过一定的渠道来获取：

（1）定期登录相关政府网站查看公告通知栏；
（2）了解专项资金的类型；
（3）与经验丰富的专业项目申报咨询机构联系，请专业人士提供申报信息；
（4）通过项目主管部门了解项目申报的具体要求。

2. 银行信贷资金

银行信贷是各类自然人或企业法人按照贷款合同从银行获得的各种贷款。它是我国企业目前最为重要的资金来源。我国银行主要分为以营利为目的的商业银行和为特定企业提供政策性贷款的政策性银行两种。商业银行主要为企业提供各种商业性贷款，是从事信贷资金投放的金融机构。银行贷款的方式灵活多样，企业可以根据自己的需要向银行获得多种资金支持。但对于初创型企业可能不太容易获得银行贷款，当企业成功发展到一定规模时，银行贷款就可能成为企业融资的重要渠道。当然，目前各种小额贷款也应该引起一般自主创业者的关注。

3. 非银行金融机构融资

非银行金融机构主要指除商业银行和专业银行以外的所有金融机构，包括证券公司、保险公司、信托投资公司、租赁公司、合作金融机构、企业集团所属的财务公司等。他们提供各种金融服务，有信贷资金投放、物资的融通、企业承销证券服务等。通过这些服务，为企业直接提供资金或融资服务。

4. 其他法人单位资金

主要是指其他法人单位利用企业生产经营中闲置资金进行投资来获得其他收益的资金，包括企业法人单位资金和社会法人单位资金。随着我国上市公司的增加，目前，很多公司将上市融来的资金进行再投资和收购。

5. 民间个人融资

作为游离在银行和非银行金融机构之外的个人可支配资金，我国城乡居民个人的资金可以用于对企业进行股票、债券、创业等投资。随着我国人民生活水平的提高，投放意识逐渐增强，这部分资金将会越来越多，也会逐步成为创业资金的重要来源。

6. 境外融资

境外融资主要是指外国投资者的投入资金，是我国境外融资的重要资金来源。目前，境外投资也开始介入我国创业领域，成为又一活跃力量。

5.2.2 融资分类

根据不同的口径和特点，融资可以分为股权融资和债权融资、内部融资和外部融资、风险资本融资。

1. 股权融资和债权融资

创业融资活动按照资金的来源和方式，分为股权融资和债权融资。

股权融资是指通过扩大企业的所有者权益，如吸引新的投资者、发行新股、追加投资等方式筹集资金，而不是出让现有的所有者权益或转让现有的股票。出让或出卖现有的股票是转让行为，没有增加权益。股权融资后果是稀释了原有投资者对企业的控制权。

债权融资也称债务融资，是指通过增加企业的债务筹集资金，是一种有利息支付的融资方式，主要包括银行贷款、民间借款、发行债券、融资租赁等。

2. 内部融资和外部融资

创业资金按照资本的来源范围，分为内部融资和外部融资。

内部融资是指创业者自己或家庭通过原始积累形成的资本，一般不需要花费融资费用，或者来自公司的内部，如利润、出售资产收入、减少的流动资本量、延期付款、应付账款等。

外部融资是指向企业外的人融得资本。对有发展潜力的融资项目来说，往往需要外部融资来满足需要，包括直接投资、银行贷款、发行债券、融资租赁、民间借款等。创业者应该充分利用好内部融资再开展外部融资。

3. 风险资本融资

风险资本也称创业投资，是一种高风险、高收益的投资类型，是指向创业企业进行股权投资，以期所投资创业企业发展成熟后通过转让股权获得收益的投资方式。风险资本是一种权益资本，而不是借贷资本。对于具有高成长性的高科技创新企业，风险投资是一种昂贵的资金来源，也可能是唯一的投资来源。由于它的高风险性，因此很难获得银行贷款。同样，风险投资也很少给传统风险性较少的企业投资。

5.2.3 融资方式

所谓融资方式，是指企业筹集资金所采取的具体形式。研究、分析各种融资方式及其特点，有利于我们创业融资的选择。目前，我国的主要融资方式有股权融资和债权融资。

1. 股权融资

股权融资也叫权益融资，是指创业者用未来企业的部分股权来换取企业创业的融资。我国主要股权融资的融资方式有：吸收直接投资和发行企业股票。

1）吸收直接投资

吸收直接投资是指企业以协议形式直接吸收来自国家、其他单位、民间或外商的投入的资金，这部分资金将成为企业融资的主要来源或部分来源。它是非股份有限公司融资的基本方式。融资规模大小不一。

2）发行企业股票

这是股份有限公司资金来源的基本方式。同吸收直接投资相比，股份有限公司可以将其所需筹集的自有资金划分为更小面值的计价单位，符合上市条件的股票还可以在证券市场流通，为不同投资者提供了方便。

2. 债权融资

债权融资对创业者来说主要是商业信贷。我国主要债权权融资的融资方式有：银行贷款、发行企业债券、商业信用、民间借款。

1）银行贷款

银行贷款是指银行根据合同给企业贷款的资金。银行贷款分为长期贷款和短期贷款、人民币贷款和外币贷款、固定资产贷款和流动资金贷款等。它是企业融资的主要方式。一般适合中大规模的企业筹借资金。

2）发行企业债券

企业债券分为长期债券和短期债券。企业债券是企业依照法定程序发行，约定在一定期限内还本付息的债券。同银行借款相比，它可以向企业、单位、社会团体和个人发行，符合条件的债券可以在金融市场上流通转让。但获得发行债券的资格并不容易，需要证监部门的审批，适合较大规模的融资。这也是企业取得资金的重要方式之一。

3）商业信用

商业信用是企业在正常的经营活动和商品交易中由于延期付款或预收账款所形成的企业常见的信贷关系。商业信用的形式主要有：延期付款，预收货款和商业汇票。延期付款（如应付账款和应付票据）同预收账款都是在商品交易中因发货或预付款在时间上的差异而产生的信用行为，产生的时间差为企业提供了筹集短期资金的机会。应善加利用这样的机会筹集资金并扩大可不断周转的短期资金。

4）民间借款

是指公民之间、公民与法人之间、公民与其他组织之间借贷。只要双方当事人意思表示真实即可认定有效，因借贷产生的抵押相应有效，但利率不得超过人民银行规定的相关利率。同银行贷款相比，民间借款更加灵活快捷，但筹集成本可能较高，适合中小规模的融资。能否获得借款主要看自己的社会关系及社会公信力。

  民间资本的"春天"来了  没错，2000元就能在北京开一间咖啡店

  什么是众筹

5.3 创业的融资问题

在确定创业计划后，创业者开展他的创业计划往往需要第一批资金，这时就需要创业者进行融资。创业企业的资金需求如表 5-1 所示。所谓创业融资，是指创业者为了将自己的创业想法转变成商业现实，根据自身拥有的资金情况、未来企业经营发展的需要，通过科学的预测和决策，采用不同的方式，从一定的渠道向风险投资者或债权人筹集资金创业资金，保证创业期间资金供应的一种经济行为。

表 5-1 创业企业的资金需求

产生时间	产生原因	主 要 内 容
企业成立前	注册资本	设立企业的注册资本
	发起设立	办理相关权利证书、审批、登记、营业执照等费用
	办公条件	租赁、装修办公场所、购置办公物资等费用
企业成立后	现金流	销售活动产生现金之前，购买存货、招聘员工、员工培训、员工薪资、市场推广、建立品牌等费用
	生产设备设施	购置、维护生产设备设施等费用
	产品开发周期	前期的开发、生产成本

5.3.1 创业融资的渠道

创业融资的分类有很多种，融资的渠道也有很多种。在这里，我们根据创业的不同阶段来选择创业的融资渠道，以给初创者得到更多的启示，如表5-2所示。

表5-2 不同阶段创业融资的渠道

创业初期	创业中后期
自融资	风险投资
天使投资	商业银行贷款
小额的创业贷款	上市
政府的支持	兼并收购

1. 创业初期的融资渠道

在种子期和启动期，企业处在不稳定的状态中，只能依靠自我融资或亲戚朋友的支持，以及外部获得的天使投资作为资金的来源。风险投资很少在这时进入，而从商业银行里获得贷款的难度更大。建立在亲戚血缘关系和自我原始积累的资本，是这时候融资的主要来源。所以创业初期的融资渠道主要有自融资、天使投资、小额的创业贷款和政府的支持。

1）自融资

自融资主要包括自有资金和亲戚朋友的资金。创业初期通常是依靠自己的资金。腾讯一开始建立时，也是运用马化腾个人的资本原始积累的。除此之外，个人也可以抵押自己的个人资产（如房子和汽车等）来获得银行贷款。向亲戚朋友借款融资对于一定的小本创业可能有帮助，但是，对于那些需要科技能力很高的企业来说可能行不通。因为这些创新行业需要的资金比较多。因此，这类企业的创业者要善于吸纳有一定实力的合伙人和股东。

2）天使投资

天使投资的概念源自朋友帮助朋友，后来发展到自有资金投资初创企业。所谓天使投资，是指具有一定本金的人以自己的资本或税后收入，把资金投入那些对于他们认为有发展能力的初创企业中，是一种对初创企业进行早期的、直接的权益资本投资的民间资本运作模式。

天使投资家不仅对初创企业提供资金上的支持，而且还在市场、产品、工艺、人力资源、管理上提供可贵的非资金上的支持与帮助。例如，联想之星天使投资，借助联想28年的科技创业成长历程和十多年的科技领域投资经验，首创"创业培训+天使投资"的模式，将专业投资机构和培训机构的优势结合，并进一步整合各类社会资源，全面解决科技创业企业和科技成果产业化发展所面临的人才、资金、资源等问题，为创业者提供免费创业培训。

天使投资作为一种小型的、自发的投资模式，是创业者能获得创业资金的来源之一，也为具有一定投资实力的个人或团体提供了一种灵活的投资模式。

3）小额的创业贷款

目前各地政府正在积极解决创业贷款难的问题，相关政府部门对此出台了一系列政策来扶持大学生创业，其中小额创业贷款为重点扶持对象。有创业意向的刚毕业的大学生和刚退伍的军人可以通过提交相关材料去申请小额贷款。

4）政府的支持

政府在风险投资各个阶段都能发挥直接或间接的作用。风险投资流程及政府的作用如图 5-2 所示。

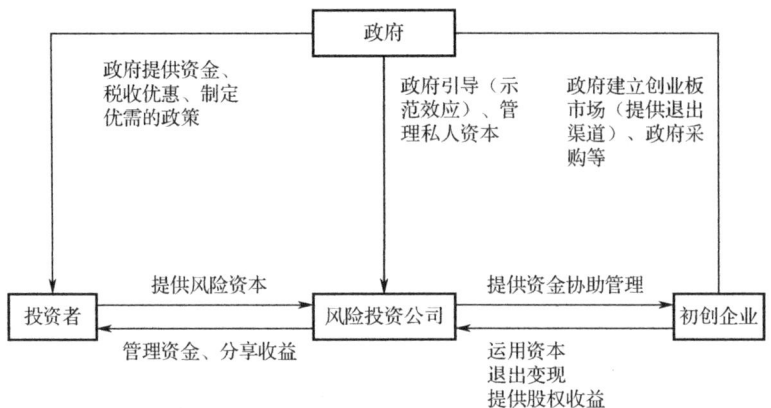

图 5-2　风险投资流程及政府的作用

政府直接支持风险投资的金融体系，以发达国家为例，主要表现为两个方面：一是政府出资建立风险投资基金或投资公司；二是政府贷款。

政府间接支持的风险投资金融体系主要表现为以政府信用提供担保。担保方式主要包括有两种：贷款担保和股权担保。

2. 创业中后期的融资渠道

1）风险投资

创业融资的种子期或初创期，企业一般处于不成熟、发展不稳定的状态，所以较难获得风险投资的资金支持。风险投资进入企业的阶段如图 5-3 所示。创业投资者一般在企业发展潜力显露出来后才进行投资。风险投资是一种有风险的长期权益专业组合的投资，主要支持创新企业，因为创新企业高风险和高收益并存。同时，创业投资者一般要经过 3~7 年才能获得收益，而且对有希望成功的企业需要不断增支，这也是初创企业难以取得风险投资的原因之一。

2）商业银行贷款

向商业银行贷款是企业最常见的融资方式之一。但是，由于创业企业的经营风险较高，价值评估困难，所以银行一般不愿意冒太大的风险投资给初创企业。只有等到企业有一定规模，商业银行贷款融资才较容易获得。

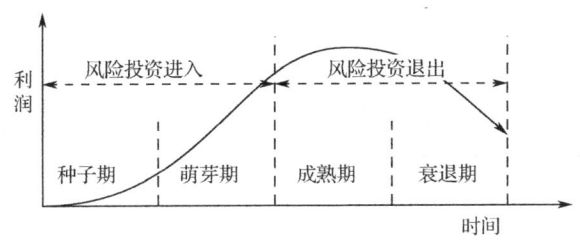

图 5-3 风险投资进入企业的阶段

3) 上市

上市即首次公开募股（Initial Public Offerings，IPO），指企业通过证券交易所首次公开向投资者增发股票，以期筹措企业发展需要资金的过程。通过首次公开募服（IPO）实现上市，是创业融资的又一个重要渠道。选择不同的上市地点有不同的要求和优势。目前，主要的上市的地点包括国内主板、美国纳斯达克、国内创业板、香港主板、香港创业板、新加坡证券交易所等。

4) 兼并收购

兼并收购，一般是指兼并（Merger）和收购（Acquisition）。兼并，又称吸收合并，指两家或两家以上的独立企业、公司合并组成一家企业，通常以最优势的企业为首吸收其他企业；收购是指一家企业用现金或有价证券购买另一家企业的股票或资产，以获得对该企业的全部资产或某项资产的所有权，或者对该企业的控制权。被大企业兼并收购也是创业企业融资的一种渠道。尤其对于那些遇到生存发展问题的公司而言，是为了企业的生存发展不得不选择的融资渠道。典型的创业企业并购案例，如联想并购 IBM PC，Amazon.com 并购卓越网等。

5.3.2 创业融资难的根源

创业者，尤其那些项目并不吸引人的创业者，寻找资金的支持的确会比现有企业难。银行不愿意贷款给初创企业，风险投资家总在寻找大笔交易，私人投资也开始谨慎起来，而公开上市只倾向于那些有发展潜能且良好的企业。虽然并不是所有创业者都需要大量的资金，但是没有资金必成为企业生存发展的障碍。

据一项对六家城市商业银行及其分支机构的抽样调查，企业规模与贷款申请被拒绝次数呈现负相关关系。同样，企业经营年限与贷款申请被拒次数也呈负相关关系。可见，对于初创企业来说，规模越小，经营年限越短，企业获得银行贷款的可能性就越小。总体来说，创业融资有创业企业的平均风险水平较高、信息不对称、创业环境的内部因素等难题。

1. 创业企业的平均风险水平较高

创业企业的平均风险水平较高，即使是美国这个创业活动相对活跃、融资渠道相对通畅的国家，新创企业的创业失败率也很高。

2. 信息不对称

信息不对称也是创业融资难的原因之一。这主要表现为创业者不愿意告诉过多的创意、技术或商业模式给投资方，投资方因不太了解项目而放弃。同样地，部分创业者夸大对自己创业项目的评估，由于不信任，投资方也会放弃对项目的投资。

  网商遇融资难题：信息不对称致贷款难

3. 创业环境的内部因素

《全球创业观察报告：中国 2018》以中国创业的十年变迁为主题，总结了过去十年间中国创业活动的四项变化和四项特征。清华大学经济管理学院副院长、中国创业研究中心主任高建指出，这四项变化是指：十年间中国创业活动的活跃程度，在趋势上表现为日益活跃；中国的创业转型基本完成，创业者的创业动机从以生存型为主导转变为以机会型为主导；中国的区域创业活动的绝对差距在加大；中国的创业环境在缓慢改善，创业机会变多。而四项特征是指：我国新创企业在产品创新和工艺创新方面仍然处于较低水平；在就业促进方面，预期五年后能够创造出较多就业机会的新创企业在我国的比例较高，处于发展中国家的前列；在创业活动的国际导向方面，我国新创企业一直以国内客户为主要的服务对象，国际化程度处于发展中国家后列；高学历创业者的创业效应显著。

但是高建教授也表示，通过研究发现中国创业活动虽然以机会型创业为主，但是创业活动的质量不高，高学历创业者少，在全球的排名靠后。创业行业较多集中于低技术行业，以利用劳动力成本优势为主，尽管能够创造一定的就业机会，但对长期的经济增长和出口的贡献相对不足。这些因素进一步加强了我国的创业融资难度。

5.3.3 创业融资前的准备及需要注意的问题

1. 融资前的准备

为了更好地促进创业融资的成功，我们一定要做好创业融资前的准备工作。因为企业在创业阶段时风险较大，寻求外部的融资相对较难。如果不认真做好准备工作，成功的希望是非常渺茫的。另外，在企业家缺乏相关经验的情况下，即使意外成功，投资条款也对企业后续发展不一定有利，可能会为今后的发展埋下隐患。所以，要成功实现创业企业的内外部融资，必须预先做好融资准备工作。关于创业融资前的几点建议如下：

1）了解创业者本身和创业企业的情况

创业融资中，创业者必须了解自己的个人情况和企业自身的情况。根据自己的实际情况，选择融资方式和渠道。如自己实际拥有的资产和人脉等。而企业的情况涉及盈利

模式、管理团队、市场客户和产品技术等几大要素。其中，管理团队（包括管理、营销及技术三方面的人才）的管理能力、凝聚力和进取心，是创业成功的重要保证。

2）建立个人信用

创业融资中，个人信用的建立是非常重要的。因为市场经济是一种信用经济，信用对国家、企业、个人都是一种珍贵的资源。人都生活在一个大环境里，创业者也一样，只能适应环境，才能生存。创业者的一些内在素质可能很重要，但同时，信用也一样重要。信用是一种市场规则，群众会通过口碑使他们了解企业的可信度。如果口碑太差，信用度不高，就会增加融资的难度。

3）积累人脉资源

根据斯坦福大学研究中心的一份调研报告，一个人的赚钱能力，12.5%来自知识，87.5%来自关系。在中国现今社会，人脉资源尤其重要。同时，许多研究都表明，创业的人脉资源不仅影响融资的效果，还影响企业的发展。创业条件中，人脉资源是必不可少的一部分。

4）多渠道了解融资方式

创业者要多渠道了解融资方式，通过对股权融资与债券融资的比较，选择合适的融资方式。同时，创业者也可以咨询相关的融资专家。融资专家将站在企业的立场，为融资的各个步骤提供专业意见。并且，他们也可以利用积累的融资渠道为企业引见合适的投资者。

5）制定相应的融资战略

创业者在制定融资战略时，需要充分考虑的问题包括融资的时机、所需资金的数量、融资采取的方式等。企业应根据不同的发展阶段考虑融资数量和资金投入的时机。融资方式的选择需要结合自身条件和各种融资渠道的风险、成本综合考虑。

6）寻求创业融资的主要步骤

创业融资一定不要盲目地进行，我们根据先贤们的经验，归纳了创业融资的主要步骤，希望可以给创业者带来更多的启示。创业融资的步骤如图5-4所示。

2. 创业融资需注意的问题

对于一个初创企业来说，创业融资往往缺乏经验。为了使初创企业更好地完成融资，我们归纳了以下融资需要注意的问题。包括：寻找专业的融资机构；注意知识产权的保护；了解企业的融资成本，预测企业资本的需求；选择合理的融资方式，增加企业的竞争力；规划融资的期限，使资金的流动趋向合理；设计资本结构，降低融资风险；要尽可能多的保留企业的控制权。

1）寻找专业的融资机构

很多企业在创业融资前往往缺乏经验。这时，专业的融资机构对于创业企业来说，无疑是雪中送炭。其中，创业融资中介机构包括投资银行、会计师事务所、创业投资协会、创业投资保险机构、专利事务所、律师事务所、资信评估机构和信息咨询机构、资产评估机构、代理人和投资顾问等，他们会凭借自身所拥有的专业知识为投资者提供独到的意见或评价，使投资者做出正确的投资决策。

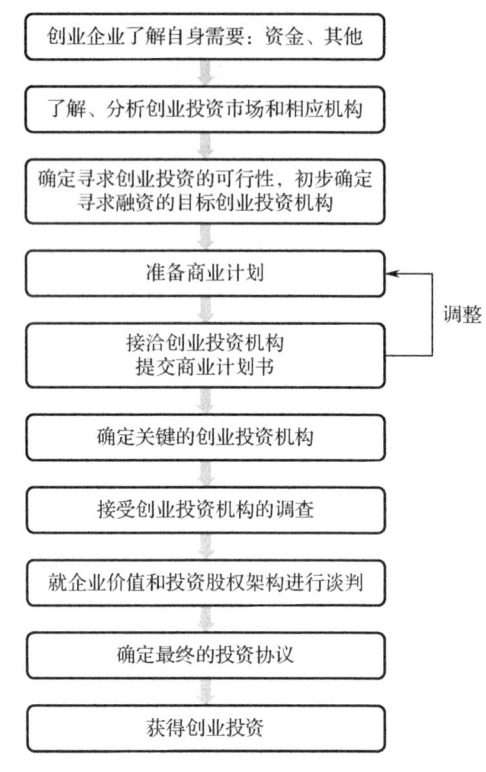

图 5-4　创业融资的步骤

2）注意知识产权的保护

无论用哪种融资方式，创业者要得到融资，一般都需要提交商业计划书给投资者。因此，创业者要在信息不对称的环境中，学会识别交易中不可接受的条款和条例，并采取相应的措施保护商业秘密。

3）了解企业的融资成本，预测企业资本的需求

融资成本是资金所有权与资金使用权分离的产物，融资成本的实质是资金使用者支付给资金所有者的报酬。包括资金筹集费和资金占用费两个部分。资金筹集费是指资金筹集过程中支付的所有费用，如发行股票、债券支付的印刷费、发行手续费、律师费、资信评估费、公证费等；资金占用费顾名思义就是因资金占用所产生的费用，如股票的股息、借款和债券的利息等。

创业者在创业融资前，一定要考虑好融资成本和融资后的收益，切忌把目光放在各种吸引人的投资方式上，更不要急于求成草率地做出融资决策。融资成本包括已有资金的利息成本、昂贵的融资费用和不确定的风险成本。因此，在做出决策时要充分进行分析，确定利用筹集的资金所预期的总收益大于融资的总成本时，才做出融资决策。创业者在融资中，需要在充分考虑项目效益的前提下，综合研究各种融资方式，寻求最佳的融资组合来降低融资成本。

融资的基础是资本需求量。创业者通常根据同行业的融资需求量和自己的主观意志来预测最低融资资本需求。对于创业者来说，首先需要清楚创业所需要资本的用途。任何企业的经营都需要一定的资产。资产以各种形式存在，包括现金、材料、产品、设备、厂房等，创业所筹措的资金就是用来购买企业经营所需要的这些资产。同时，还要有足够的资金来支付企业的营运开支，如员工工资、水电费等。从资本的形式来看，有固定成本和营运成本两部分。固定资本包括用于购买设备、建造厂房等固定资产的资本，这些资本被长期占用，不能在短期内收回，所以筹措这些资金的时候要考虑资金的长期性要求；而营运资本包括购买材料、支付工资、各种日常开支等资本，一般可以通过短期资金解决。

4）选择合理的融资方式，增加企业的竞争力

创业融资通常会给企业未来的竞争力带来影响。首先，企业要通过融资壮大企业的资本实力，使企业能更好地继续向前发展，从而增强自身的竞争力；其次，通过融资，提高企业的信任度，扩大企业的产品市场份额；再次，通过融资增加企业的规模和获利能力，充分利用规模经济优势，提高企业的竞争优势，使企业更快发展壮大。企业一定要选择最有利于自己的融资方式。

5）规划融资的期限，使资金的流动趋向合理

创业融资按期限来分，一般分为短期融资和长期融资。创业者融资必须根据企业资本的投放时间来决定融资的方式，使融资与投资时间相协调，避免资金不足导致生产无法进行，或者资金过剩而造成的成本闲置。

6）设计资本结构，降低融资风险

资本结构一般是指企业的长期债务与权益资本的比例关系。创业是否成功，很大程度取决于它的资本结构，包括融资计划是否与企业的发展阶段报告相匹配。创业者为了减少融资风险一般可以采取一定的融资组合来规避风险。

7）要尽可能多的保留企业的控制权

创业者在筹集资金时，经常会发生企业控制权和所有权丧失的问题。所以，我们融资时，要考虑好融资的代价，合理的利用股权融资和债权融资。股权融资增加新股时，会削弱原有的股东对企业的控制权；而债权融资就只增加债务，不影响原有股东对企业的控制权。例如，新浪的王志东、爱多的胡志标都曾为企业的控制权而烦恼。

5.4 创业融资风险

目前，由于市场经济的发展需要，许多新的融资渠道和方式应运而生，显得纷繁复杂。面临这种状况，创业者在选择融资渠道和方式的时候就变得有点不知所措。于是，如何拿捏融资的规模，在哪种融资方式下能够更好地利用时机、条件，以及如何控制融资的成本与风险就显得尤为重要了。很多时候，创业是否成功取决于企业的资本结构，主要体现在融资计划是否与其阶段性发展计划相匹配。如果融资的计划不符合发展阶段的需求，就有可能产生资本投入不足或资本过剩的现象，导致创业过程中的资本链条断裂，或者造成资本的浪费和增加资本的使用成本。因此，创业者有必要弄清楚创业发展各阶段资本的需求量的差异性，合理融资与投资。为了降低创业的融资风险，创业者在融资的时候务必慎思谨行。

5.4.1 创业融资需注意的问题

1．妄想一次性融得大笔资本，永无后顾之忧

在创业初期，许多创业者都渴望一次性获得一大笔的创业资本，永无后顾之忧。这样，就很容易给社会上很多非法集资犯罪团伙抓住弱点，然后骗取创业者不多的启动资本、知识产权、技术技能等稀缺的创业启动资源。此外，随着银行的商业化改制，外贸公司的融资变得越来越困难，因此，许多外贸企业一般在捕捉业务信息上，追求的是不动资金的业务。设陷者正是抓住了这一心态，称不需要启动资金，只需出具全套单据，资金由对方垫付，用简单的条件而诱使外贸公司上当。

  融资风险案例

2．高估自身价值，低估融资风险

创业者常常会过分高估自己创意或技术的作用和商业价值，低估其商业价值实现过程中要面临的风险，这种情况下往往会使创业者难以获得创业资本。

3．为了融资，过早或过度地稀释创业团队的股权

创业企业在发展阶段非常依赖创业团队，尤其是核心创业者的领导，如果创业团队的股权过早或过度地被稀释，这无疑会导致企业发展后劲不足。有部分创业投资专家在创始人应该持有企业多少权益的问题上认为，尽管经过多轮的融资稀释后，在企业 IPO 的时候，创始人最好应该持有 10%或更多的股权。这样，创业团队会认为公司是自己的孩子，自己是推动公司发展的人，因而组织归属感会更强。

4．融资时没有擦亮眼睛，掉进圈套

很多时候，经验缺乏的创业者会没有选择地去找很多外部的投资者，一方面不了解这些投资公司的投资规则、投资领域，也不知道他们是否有钱，是否愿意投资，更不清楚这些投资者除了资金还能否给企业带来其他价值。这样，不但耗费精力，而且耽搁企业正在上升业务的发展，导致企业财务金融状况的混乱。

5．目光短浅，认为一个外部投资者足已

有些创业者在向外部招募资本的时候，缺乏信息和渠道，加上社会人脉关系上见短，通常只找一个投资者。结果就是：不但不可以做出"资比三家"的有效比较，对企业的市场价值估算失误，而且，一旦这个唯一的"救命稻草"撤离资本，出尔反尔的话，创业者就会手足无措了，失去了资本靠山。

6. 心胸狭窄，融资时拘泥于小利益

关于股权的分配是融资时常常纠结的重点，很多创业者会过度拘泥于小利益，因此因小失大，错失融资的大好时机。这就告诫我们，要审时度势，以大局形势为重。因为很多时候，资本是制约企业快速成长的关键因素。

5.4.2 创业融资风险的规避

融资是存在一定风险的，并且这种风险是贯穿于融资始末的。在实际经营活动中，作为融资主体的企业应重点做好以下措施，以防范和规避融资风险。

1. 加强融资的风险管理

1）保持负债规模的适度性

只要企业负债经营，就可能存在融资风险，而且其大小与企业借入资金的多少成正比。因此，确定合理借款额度，保持适度的负债规模，以及考虑借入资金利率的变动趋势，是控制融资风险的关键。

资金的测算是融资的基础。一般而言，在企业成立的最初五年，要很确切地了解企业到底需要多少资本的可能性是不大的，也不现实。因此，需要借鉴同行业的经验和客观的判断来推算资本需求量的最低限额。

2）保持负债结构的合理性

负债结构包括企业借入资金期限结构、利率结构、融资来源结构等。

在负债结构中要使短期、中期、长期负债均衡安排，并保持适当比例。首先，企业的借款期限要稍长于项目投资回收期；其次，长、短期负债比例必须与企业固定资产和流动资产的结构比例相适应。

利率结构是指长期固定利率借款与浮动利率借款的比例关系。应从降低企业利息负担的角度出发，保持固定利率和浮动利率的适度比例。

企业可以通过银行借款、债券和商业信用等方式借入资金。不同的融资方式，取得资金的难易程度不同，自然地，资金成本也高低有别，而且具有不同的融资风险。例如，商业信用比较容易取得，也不必付出任何代价，但只能在短期内使用，且无力偿还的风险太大。

银行借款与发行债券相比，一是限制条件较少，容易筹集；二是融资速度也较快。由于各种融资方式和资金来源分别有其优缺点，因此，企业必须注意债源结构的合理性，使之相互配合，才能趋利避害，有效地控制风险。

2. 选用实际可行性高的发展项目

企业融资的前提是要有适宜的投资项目，否则企业的融资就会有风险。企业应采用科学合理的方法来研究分析并取舍投资项目，使得在规避融资风险的前提下最大限度地获取投资报酬。

3. 提高企业资产的流动率、增强企业的获利能力

企业资产的流动性与融资风险关系甚密。当企业的资产流动性较强时,则表明资产的变现能力较强,那么企业的融资风险相对较低;反之,则融资风险较大。所以,企业在满足生产经营需求的前提下,应最大限度地提高企业的资产流动性及变现能力,使企业的流动比率和速动比率保持在一个安全合理的范围内。

资产报酬率反映了企业全部资产投资效益的综合水平,当该指标的期望值高于银行贷款利率时,可适当借款;当等于或低于银行贷款利率时,不宜负债经营。负债经营的临界点指的是全部资金的利息、税前利润等于负债利息。因此,要保持合理的资本结构,应综合考虑企业发展的前景、收益的稳定性、同行业的竞争情况和企业资本结构等情况,充分利用财务杠杆原理来衡量企业产生的效益和可能承担的风险,避免可能在经营困境中产生的权益资本收益率低于负债融资利率的风险与危机。

4. 加强对企业现金流的管理

企业应加强现金流的管理,避免由于现金流量短缺,导致公司到期不能还债。为此,企业应以经营活动的现金流量为主线,对现金流量实行事先预算、事中控制和事后分析;实行资金相对高度集中管理,减少资金的体内沉淀和被超额占用;降低采购成本;加强应收账款管理,加速资金回笼;保持流动资产的合理结构,加强其流动性和应变能力。这些措施能为到期偿还债务提前做好准备。

5. 巧妙利用金融衍生工具来规避利率和汇率风险

衍生金融工具是指价值依赖于基本标的资产价格的金融工具,如远期合约、期货合约、期权、金融互换等。

所谓利率风险,是指由于利率变动而给借款者和投资者带来的损益。在货币和资本市场上,利率的变化意味着有价证券的价格也要有相应的变化,同时可能使融资者的融资风险相应提高。所谓汇率风险,就是指因汇率变化而使以外币计价的资产或负债的数额变为不确定的情况。

此外,企业可以采取以下措施来规避利率风险和汇率风险。

1)使用远期合约处理利率风险和汇率风险

远期合约是指双方约定在未来的某一确定时间,按确定的价格买卖一定数量的某种金融资产的合约。在合约中规定在将来买入标的物的一方称多方,而在未来卖出标的物的一方称空方。合约中规定的未来买卖标的物的价格称交割价。如果信息是对称的,而且合约双方对未来的预期相同,那么合约双方所选择的交割价应使合约的价值在签署合约时等于零。这意味着无须成本就可处于远期合约的多头或空头状态。因此,远期合约迎合了规避现货交易风险的需要。

远期利率协议是指买卖双方同意从未来某一商定的时期开始,在某一特定时期内按协议利率借贷一笔数额确定的、以具体货币表示的名义本金的协议。这种交易的主要特点是并不涉及名义本金的收付,只是在某一特定日期,按规定的期限和本金额,由一方

向另一方支付根据协定利率计算出来的利息差额的贴现金额。签订远期利率协议后，不管市场利率如何浮动，协议双方将来收付资金的成本或收益总是固定在合同利率水平上，从而规避利率上升带来的风险。

远期外汇合约是指双方约定在将来某一时间按约定的远期汇率买卖一定金额的某种外汇的合约。交易双方在签定合同时，就确定好将来进行交割的远期汇率，到时不论汇价如何变化，都应按此汇率交割。在交割时，名义本金并未交割，只交割合同中规定的远期汇率与当时的即期汇率之间的差额。

2）使用期货合约处理利率风险和汇率风险

期货合约主要是为了解决远期合约信用风险问题而产生的。金融期货合约是指协议双方同意在约定的将来某个日期按约定的条件买入或卖出一定数量的某种金融工具的标准化协议。按标的物不同，金融期货可分为利率期货、外汇期货等。有了期货交易后，市场主体就可以利用期货多头或空头把价格风险转移出去，从而达到避险目的。

3）使用期权处理利率风险和汇率风险

期权又称选择权，是指赋予其购买者在规定期限内按双方约定的价格购买或出售一定数量某种金融资产（潜含金融资产或标的资产）的权利的合约。

按期权买者的权利划分，期权可分为看涨期权和看跌期权。凡是赋予期权买者购买标的资产权利的合约，就是看涨期权；而赋予期权买者出售标的资产权利的合约，就是看跌期权。对于期权的买者来说，期权合约赋予他的只有权利，而没有任何义务。他可以在规定期限内的任何时间或期满日行使其购买或出售标的资产的权利，也可以不行使这个权利。对期权的出售者来说，他只有履行合约的义务，而没有任何权利。作为给期权卖者承担义务的报酬，期权买者要支付给期权卖者一定的费用，称期权费或期权价格。

例如，对于要在未来的某一时期借入资金的企业来说，他可以买入一份以某种利率水平作为协定利率的远期利率协定看涨期权，如果到时候市场利率水平高于协定利率，就可以执行期权，按协定利率借入自己所需要的资金，从而避免利率上升而造成借款增加的情况。如果到时市场利率水平低于协定利率，他可以不执行期权而按较低的市场利率借入资金。

4）使用金融互换的方式规避利率与汇率风险

金融互换是两个或两个以上当事人按商定条件，在约定时间内，交换一系列现金流的合约。

利率互换是指双方同意在未来的一定期限内根据同种货币的同样的名义本金交换现金流。双方进行利率互换的主要原因是双方在固定利率和浮动利率市场上具有比较优势。

通过金融互换可在全球各市场之间进行套利，降低筹资者的融资成本或提高投资者的资产收益。同时，利用金融互换，可以管理资产负债组合中的利率风险和汇率风险。

当前，企业在融资中利用金融衍生工具规避风险还处于探索阶段，随着我国市场经济的逐渐成熟，金融衍生工具在我国的发展和应用将越来越广。

6．着眼于资金市场的利率走向，有效施行企业融资计划

在利率处于高水平时期，尽量少融资或只筹急需的短期资金。当利率处于由高向低的过渡时期时，也应尽量少融资，不得不筹的资金，应采用浮动利率的计息方式。当利率处于低水平时，融资较为有利；当利率处于由低向高过渡时期，应积极筹集长期资金，并尽量采用固定利率的计息方式。

7. 充分体现负债的节税效用

企业负债，所产生的利息虽说具有减少企业所得税的作用，但我们必须明白，企业一旦负债，不管经营状况如何，都需要偿还利息。而权益资金融资，在盈利欠佳或没有盈利时，可少发放甚至不发放股利。因此，在经营情况不太乐观的前提下，企业在决定借债时，应权衡比较债务的抵税数额与权益资金少分配的股利后再做决策。如果债务的抵税数额小于权益资金少分配的股利，那么企业则应该考虑多筹集些权益资金；相反，如果债务的抵税数额高于权益资金少分配的股利，则企业应该考虑多筹集些负债资金。

8. 把融资与保险有效地结合起来，使风险得到转移

保险是一种有效的风险转移手段。融资者作为投保者在保险期间向保险公司缴纳一定数量的保险费，一旦在保险期内发生投保范围内的意外损失，保险公司将按规定补偿投保者的经济损失。企业的损失因此转由保险公司承担，降低了企业的经营风险，从而也降低了企业融资的风险。

此外，以下几点也是融资风险出现时的处理方法。

1）实施债务重组

在实际工作中，一旦企业面临风险，所有者和债权人的利益都将面临风险，如果处理不当，双方均会受到损失。因此，在这种情况下，企业应采取积极措施做好债权人的工作，避免其采取不当措施，并使债权人明确企业持续经营是保护其权益的最佳选择，从而动员债权人将企业部分债务转为投资或降低利率，即进行债务重组。适时进行债务重组是降低企业融资风险，避免债权人因企业破产而造成损失的较好对策。

2）制订合理的负债及还款计划

根据企业一定资产数额，按照需要安排适量的负债。同时，还应根据负债的情况制订还款计划。因此，企业必须从加强管理、加速资金周转上下工夫，努力降低资金占用额，尽力缩短生产周期，提高产销率，降低应收账款，增强对风险的防范意识。在制订负债计划的同时须制订还款计划，使其具有一定的还款保证。企业负债后的速动比率应不低于一比一，流动比率保持在二比一左右的安全区域。只有这样，才能最大限度地降低风险，提高企业的盈利水平。同时还要注意，在借入资金中，长短期资金应根据需要合理安排，使其结构趋于合理，并要防止还款期过于集中。

- ❖ 创业绝非易事，没有人可以一蹴而就。在创业前我们需要配备一定的条件，没有本章提及的主观与客观条件，创业无从谈起。其中，创业的客观条件有技术条件、资金条件、国家政策条件、企业发展环境、团队条件等；创业的主观条件包括创

❖ 通过对融资的概述，相信大家都对融资有所了解。如本章描述的一样，融资的渠道有很多，但是创业融资要根据企业所处的阶段，适当地选取自己的融资渠道。其中，初创企业可以选择的融资渠道有自融资、天使融资、小额创业贷款、政府的支持；创业中后期的融资渠道有风险投资、商业银行贷款、上市和兼并收购。并且，我们可以通过一定的创业融资步骤和了解一定的融资问题来化解创业融资的难题。

❖ 在当今经济高速发展时期，企业融资身处更加复杂多变的环境。企业由于支付能力下降而产生支付风险，以及由于负债经营而产生的财务杠杆风险，都是企业在融资管理过程中面临风险的具体体现，然而影响企业融资风险的因素也是较多的。确定最优资金结构，选择最佳融资方案，合理规避融资风险，已成为企业决策的重要组成部分。只有对融资全过程实行动态管理，不断评价融资风险程度，并擅于做好与融资活动有关的工作，才能使企业持续成功经营成为可能。

  融资诈骗产业链已经从"链式协作"升级到"拉网设局"——"群狼围笼"式融资骗局

扫描二维码并阅读案例，思考并回答下列问题：
1．为什么这个诈骗团伙可以如此"成功"地获得大量资本呢？
2．声势浩大的"2009中国国际投融资大会"高明之处在哪里？
3．"羊羔们"是怎样一步步掉进陷阱的？
4．在当今诈骗手段日趋高超的状况下，创业者们要怎样才能保护自己，成就创业计划呢？

  世行集团阴魂不散 融资骗局卷土重来

 本章思考与练习

1．结合你们现在的条件，谈谈你们具备创业条件的哪些素质？
2．当前每个人都想创业，那么，会不会因为这样而降低创业的成功率呢？
3．除了本章提及的创业的融资渠道，你们认为还有哪些融资渠道需要补充？
4．高新创业为什么融资难？尝试去搜索一些高新创业成功人士的故事，领悟他们的成功之道。
5．要想获得创业资金，创业者在融资前需要做什么准备工作？
6．探寻你所在地区有哪些比较适合自己创业的机构或银行，了解他们的融资方案与计划，尝试制定自己的融资方案。
7．尝试自己设计一份商业计划书，并参考本章内容予以改进。

第 6 章 创业过程

1. 掌握一般创业过程的四个划分阶段
2. 熟悉创业者在创业过程不同阶段的任务
3. 了解创业企业的生命周期
4. 掌握创业所需资源
5. 了解创业模型

生活的全部意义在于无穷地探索尚未知道的东西,在于不断地增加更多的知识。

——左拉

 "商人"教师俞敏洪

6.1 理解创业过程

创业活动本身是一个复杂且涉及广泛的社会活动。创业活动涉及科学技术的开发、创业机遇的挖掘和把握、经营管理的产业化、社会资源的有效利用等一系列复杂的商业活动。创业过程是一个动态的过程,创业者是否成功,多多少少与创业者在创业过程中如何探索和解决问题、抓住机遇有关系。因此,创业中涉及的经济现象既重要又不是孤立的,每一位创业者都需要从整体把握创业的过程。

创业管理与一般的营销管理、战略管理等有很大的区别。创业管理涵盖的时间轴更长,涉及的因素和具体问题也更多,因而更加具有挑战性和诱惑性。

创业者在将创业想法付诸实践、投身创业前,必须对创业过程有清晰的认识,只有清楚了解创业过程,才能更加积极地面对创业过程中所遭遇的问题和瓶颈。而对于有创业意向的投资者或实业人员,只有对创业过程的长期性和艰苦性有全面的把握和承受能力,才能更加谨慎、正确地评估投资对象,选择投资战略、融资方式等,直至获得最后的投资成果。所以,无论对于有创业意向的投资者还是实业人员,都应该从整体来理解

创业过程。

创业的过程一般指的是创业者发现和评估创业商机,将创业商机转化为有效商业模式,对新创企业进行运营管理及成长管理的一个循序渐进的过程。在这个过程中,新创企业的组织创建和发展是企业发展运行中的关键因素,新创时期的创业活动是基于企业组织的良好运行进行的,这是理解创业活动的基本出发点。

另外,对于不同类型的新创企业,在创业过程的不同时期,其创业活动的侧重点也各不相同,这取决于创业者对企业发展目标等自身因素的理解和对外部市场环境的衡量把握。

6.2 创业过程的阶段划分

6.2.1 创业过程的四个阶段

完整的创业过程,一般可以按照时间发展顺序划分四个阶段:识别创业机会阶段;创业初探阶段;初创管理阶段;企业成长阶段。在每一个阶段中,新创立的企业会经历不同的环境变化。所以,创业者应该针对性的选择战略去应对每个阶段的不同情况,实施可行的应对措施,推动创立企业的健康发展。

创业的一般过程如图 6-1 所示。

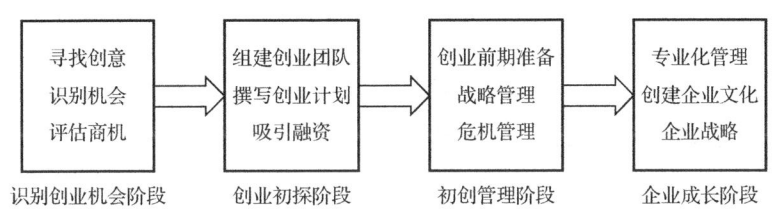

图 6-1 创业的一般过程

1. 识别创业机会阶段

一般创业者的创业动因都是由于发现了商机,但并不是每一个商机都能带来成功创业的结果。所以,当面对那些看似有价值的商机时,需要从中找出真正有商业价值和市场发展潜力的,并且把它转化成有效的商业模式,这才算是奠定了创业成功的一大基础。因而,每位创业者都应该在创业前,找出机会识别的关键因素,对自己所把握的机会进行识别和评估,走好创业的第一步。

1) 寻找创意

创意是创业者进入创业状态的初始点。在未开始正式的创业活动前,创业者可能会有意识地形成创业的初步打算。但并不是每个创意都能为创业者带来成功,因而创意也就成为关注的对象。在实践中,创意无处不在、无奇不有,使得各类型的创意可能会以不同的形式表现在一个创业项目中。

崭新的创意一般具有市场前景不确定性的特点。创业创意与创业机会有很大的差距,创业者通常要花很多时间和精力去实践创意的可行性。特别是独树一帜的创业创意，更加难能可贵，其占有市场的速度远比已在市场上发展成熟的创业项目更有优势。

2）识别机会

很多情况下我们会将机会与创意混淆。其实，机会是创意中的一小部分。机会与创意的最大不同点在于机会是具有市场价值的创意，即顾客需求。这一个区别点，使得创业机会从创业创意中脱颖而出，给创业者带来成功的可能性。

因此，创业者在创业前期要识别商业创意是否具有投资价值和市场发展空间，进而挖掘出创业机会，这是创业者在创业前期实施创业战略的第一步。这一步决定了创业者在创业中所创造的市场价值能否给创业者带来经济回报。

3）评估商机

企业机会经过创业者及其团队的上升和提炼后，进一步转化为适应市场的商业模式。创业机会不能独立存在，它需要依靠一个完善的商业模式。富有市场潜在价值的创业机会要通过完善、成熟的商业模式才能展现自身的价值。缺少完善的商业模式可能会使创业机会不能充分的被利用和产生完全的价值。

为了形成良好的商业模式，需要创业者明确企业通过什么样的方式获取利益。没有清晰的方向或选择了错误的商业模式会埋没商机。所以，商业模式的构建和完善是决定创业者创立的企业能否成功的决定因素之一。创业者如果没有找到准确的商业模式，很可能在创业后期会遇到更多的困难，甚至可能导致整个创业活动的失败。因此，创业者应该及时寻找到明确的方向，抓住市场需求点，适时调整商业模式和战略。

  返利网的商业模式

2．创业初探阶段

在创业者选择好创业机会，并找到了适应创业机会的商业模式后，接下来就要考虑如何利用创业机会。进入了这个阶段才是创业的真正开始。创业者将开始接触到新创立企业所要面临的各种问题，在这个过程中可能需要做很多战略上的调整、无数次烦琐的谈判、人员上的磨合等。创业者需要的是一个能体现其创业机会市场价值的载体，以实现创业的目的和价值。通常，创立新的企业，要经历几个必要的基本步骤，只有掌握了每一个步骤的要领，熟悉每一个步骤的谈判技巧，才能打好创业的基础。

1）组建创业团队

组建一个优秀的创业团队是创业活动必不可少的一个关键因素，"众人拾柴火焰高"，团队成员之间的优势互补，能使决策更加优胜。另外，创业活动的复杂烦琐，决定了创业的种种事务难以让一个人全权包揽，因此需要通过组建团队、分工协作来完成。组建团队需要一个过程来选择团队的成员。创业团队的优劣对于创业能否成功有极大的影响，甚至基本上决定了创业能否成功。所以，我们不可避免地要在组建团队前解决两个层面的问题：一是团队成员在企业中是否能找到适当的角色定位，是否具有基本素质和专业

技能；二是团队成员间能否团结在一起、通力协作、优势互补，这取决于成员之间是否有一个统一的核心价值观、责任感，能否做到合理分配利益。

2）撰写创业计划

成功的创业计划是创业活动的良好开端。因为创业计划的目的不只是说服自己，更是说服投资人投资的重要文件。创业计划书涉及创业环境分析，以及企业的营销、财务、生产、组织、运营等。在撰写创业计划书的过程中，创业者可以很客观理性地看到目标市场的各个影响因素，认识和评价创业项目，也能全面地利用资源整合，使创业者有效把握创业过程，并在市场机会的变化中有所警惕，从而降低进入新领域的各种风险，提高创业成功的可能性。一份有效的创业计划书可以对创业者的行动产生良好的指导作用，避免无谓的资源浪费和损失。

创业计划书的一个重要组成部分就是对企业的核心产品、服务或技术进行详细的阐述，以及对产品采用的盈利模式和市场前景做大致的规划。同时还应该包含对团队的介绍和资源的整合，这是为吸引外部资金的必要材料；另一个重要的内容就是关于新创企业的发展战略和企业在未来发展中可能遇到的问题及应对方案。

3）吸引融资

筹集资金是进行创业活动的首要问题。创业融资不同于一般项目的融资，其价值评估也不同于一般企业。因此，要寻找一些独特的融资方式。

创业企业融资主要分为内部融资和外部融资两种。在不同阶段，创业企业的融资可以采取不同的方式，以达到稳求发展、减少风险的作用。一般在企业发展最初期，创业者会倾向于选择创业团队内部融资。这种融资方式的优点在于渠道简单、成本低、易操控；其缺点是融资数额有限，特别是发展规模大、对技术要求高并需要大量资金支持的企业，内部融资可能无法满足企业发展的资金需要，导致企业资金流不畅、发展滞缓；外部融资可以大大拓宽企业融资的范围和数额。但是，由于创业者必须与企业之外的投资进行谈判和磨合，其中的过程可能会遭遇一些困难，融资的成本也偏高，创业者可能需要放弃企业的某些权益。

  抹茶美妆的创业融资路

3．初创管理阶段

新创立的企业在经历众多困难后，初步建立了起来。但是，这并不代表创业获得了成功。在创业企业发展初期，新创企业会遇到市场的快速变化、财务和资源利用分配等问题。创业者在企业发展初期，通常要审慎把握企业的发展方向。要注意的是，新创立企业的成长管理不同于一般的企业管理，需要结合新创企业的独特问题和企业内部特点。由于外部大环境的变化无常，创业者要以动态的观点来面对企业成长初期遇到的各项管理问题，并选择适宜的解决方案。

1）创业前期准备

在创业计划书撰写完成后，创业者和团队将进行创业前期的一系列准备工作，如营销策划、销售方式与销售渠道、运营模式、核心技术、经营地点的选择、原材料供应商的确定、设备的选购、公司的注册、人员招募与培训等。这些创业前期的准备工作必不可少，而且不容忽视。前期准备工作能让创业者对创业资源有所掌握。准备工作完成的水平也直接影响后期营业的水平。所以，创业者在前期准备工作中要有耐心，不能急功近利，要脚踏实地地做。

2）战略管理

企业的行动纲领就是企业的战略，也是企业发展的方向性定位。因此，对于新创企业来讲，战略显得尤为重要，是企业管理的首要问题。战略有助于凝聚企业内部的士气和调节工作氛围，也有助于企业在发展中的目标定位。因而，企业战略的制定很重要。

企业是选择开发新市场来争取市场份额，或者是选择持续技术开发占据技术前沿，还是选择较同行增加服务价值来赢取市场，这种选择本质上决定了企业发展的方向。新创企业的战略管理重点在于制定适合自身企业的战略定位以便更好地获取战略资源，这对于企业良性成长相当重要。新创企业想在市场的激烈竞争中分一杯羹，必须在市场上找到自己的差异性，并抓住差异性来做文章，形成自己的独特竞争优势，然后在后续发展成为企业的核心竞争力，为企业长足的发展奠定基础。

3）危机管理

商场上危机四伏，新创企业的管理者应具备危机意识。还处于发展状态的新创企业，较一般的企业面临着更多的不确定性，管理者应时刻关注企业发展中出现的市场危机、财务危机、人力资源危机、技术危机等。危机是变幻莫测的，管理者应采用适当的措施，将危及转化成企业发展的机遇。因此，创业者要积极面对企业遇到的每一个危机。

与此同时，也要有危机防范的准备。管理者要时刻关注市场环境的变化，最好能在危机来临之前做好预防工作，减少损失，从而提高企业运转的效率。

  赶集网发展初期的绝处逢生

4. 企业成长阶段

从企业发展的四个生命周期来看，企业发展可以分为初创期、早期成长期、快速成长期和成熟期四个不同阶段。在不同的阶段，企业的工作重心各不相同。因此，创业管理者需要根据企业成长期的不同阶段来采取不同的具体措施，管理和经营整个企业，使企业健康、持续地发展。我们这里讲的主要是企业发展生命周期后三个阶段的管理。

1）专业化管理

企业发展进入了正轨以后，企业管理者会逐渐意识到规范的经营管理制度的重要性，通常在这个时候，企业管理者会让各个部门的负责人将自己部门的工作程序编写出来，管理者通过汇总和筛选，能够很容易分辨出哪些工序或程序是多余的，哪些是可以合并

的，并通过专业的方法，将企业的管理变得更标准、简单、专业。专业化的管理不仅可以节约资源，还可以提高企业的运营效率，能为企业日后的发展壮大做基础。

2）创建企业文化

企业文化在当代企业的发展中越来越重要。企业文化不仅是对消费者产生影响的一种无形力量，同时也是对企业内部员工工作态度带来激励和鼓舞的一种无形力量。一般一个企业的文化可以反映企业的品质、态度和高度。所以，企业管理者要重视企业文化的创建。

3）企业战略

企业战略包括既竞争战略，也包括营销战略、发展战略、品牌战略、融资战略、技术开发战略、人才开发战略、资源开发战略等，是企业各种战略的统称。在企业成长阶段强调企业战略的原因，在于企业战略是企业走路的导航器，是关于企业未来发展的一项重要的因素。企业管理者在应对与市场竞争者、模仿者的市场追逐赛中，要不断思考如何创新，如何找到企业发展的突破口，这决定了企业能否持续发展和保持竞争优势。

  "例外"服装的成长

6.2.2 霍尔特创业过程的四个阶段

霍尔特（Holt）从企业生命周期的角度出发，认为创业过程历经四个阶段，分别是创业前期阶段、创业阶段、早期成长阶段和晚期成长阶段，如图6-2所示。

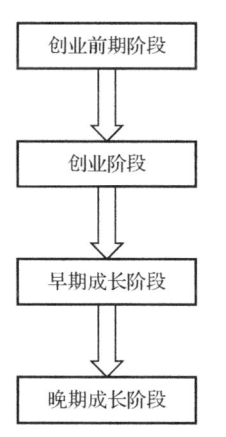

创业前期阶段：这一阶段，创业者要做好创业规划及初步工作，包括获取资源及组织企业

创业阶段：在创业初期，创业者需做好新企业的市场定位，并能弹性应变以确保存活

早期成长阶段：在早期成长阶段，新企业可能会遇到市场或资源使用上的快速变化

晚期成长阶段：当企业发展到一定规模时，将会在市场中遇到竞争对手，这时专业化管理成为胜负的关键因素

图6-2 霍尔特创业过程的四个阶段

6.2.3 奥利夫创业过程的八个关键步骤

奥利夫（Olive）从创业者个人的事业发展角度出发，将创业流程分为八个关键步骤，并主张创业流程管理的重点应在创立新企业的部分，认为只要创业取得一定成本投入的获利回收，就算完成预期目标，至于有关企业的持续发展经营，则不属于创业管理的范畴。奥利夫创业过程的八个关键步骤如图6-3所示。

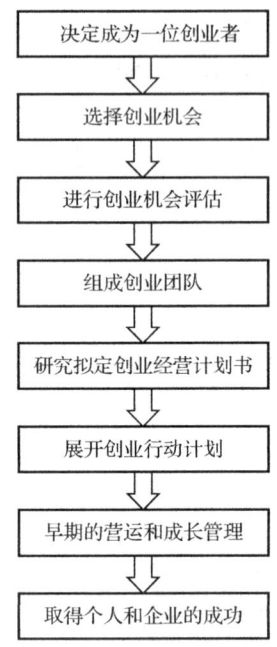

图 6-3 奥利夫创业过程的八个关键步骤

6.3 创业流程

6.3.1 制造业创业流程

对创业四个阶段的描述并不能清晰地展示创业过程的全貌。在这里，我们以制造业为例，简略地展示一个通用性的创业流程，如图 6-4 所示。

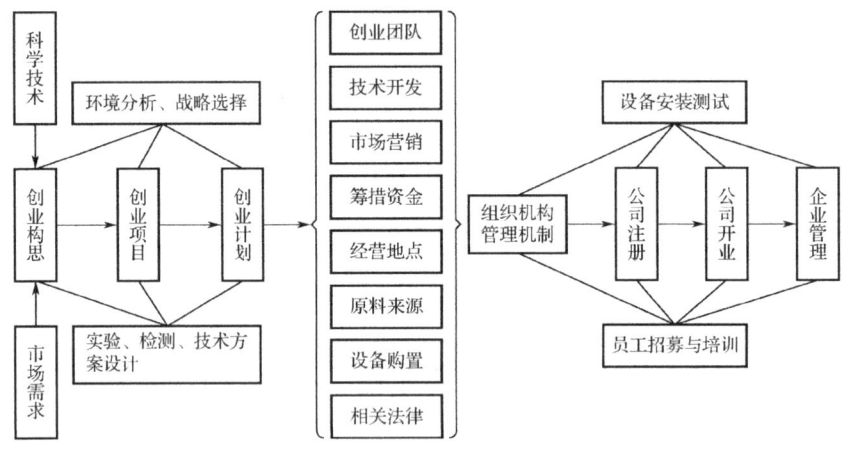

图 6-4 制造业创业流程示意图

由此可见，制造业的创业流程可以描述为：

（1）由科学技术与市场需求两个主要因素来形成创业构思。一般来说，创业构思可能有几个,需要企业管理者进行筛选和分析。

(2)确定了创业构思后,还需要对现有的市场环境进行分析,掌握市场竞争情况、进入壁垒、相关法规政策,并做出战略选择。同时要对掌控的技术进行实验、检测,并进行必要的修改,从而拟定最终工业化技术设计方案。

(3)技术方案完善后,创业企业的创业构思得到实践的可能性已经非常大。这时候,创业者需要进行项目可行性的分析研究,完成创业计划书的撰写。同时,创业者需要通过不同的方式去获取和整合一小笔创业启动资金或公司开办费用。这些资金可以应用在技术的研究与开发、工艺和设备的设计、市场调查与预测、市场营销策划、可行性研究与测试、公共关系策划和广告策划上。

(4)创业计划书撰写完善后,能更有利于企业扩大融资和商业谈判,创业的企业也正式进入创业前的准备阶段了,企业的管理者要确定企业的公司形式、营销策划、选择供应商、选择经营场所、销售渠道、销售方式、核心技术、设备选购和有关法律批文等等,最为重要的是要尽快落实创业资本。

(5)创业准备完善后,需要开始注册公司,领取营业执照、办理税务登记、银行开户等。同时,企业要设立好内部的组织结构和管理机制,确定管理团队和人员分配。

(6)健全了企业的各种规章,创业企业可以开始进行对外招募员工,进行员工培训。同时进行设备的安装和调试。

(7)生产出样品作为检验品,送到各个经销商或客户的手中进行检测和确认,以便签订销售合同。同时,购入原材料,进行计划生产。

(8)开业典礼。

(9)对创业企业的成长管理。

以上只是对一般制造业企业创业过程的描述,顺序并未完全是串联的方式,可以根据企业的需要,适当的在某一些环节上采取并联方式。

6.3.2 知识型企业创业流程

随着网络科技的迅速发展,越来越多具有专业知识的人员投入创业的行列。如美国硅谷地区就是全球知识型创业活动最积极的地方。

知识型企业创业的特征是:首先创业者系统性地寻找、分析创业机会;然后详细研究拟定创业计划,以此为目的筹措创业资金;最后将股票推上市场,并让所有参与创业活动的成员都能得到丰厚的回报。

知识型企业创业过程的十二个流程步骤如下。

步骤一:寻找创意。

步骤二:形成创业的愿景。

步骤三:创业者充分投入有关创业规划。

步骤四:准备离职。

步骤五:撰写经营计划书。

步骤六:组建创业经营团队。

步骤七：募集经营资金。
步骤八：注册成立公司，正式开始运作。
步骤九：新产品上市，占领市场。
步骤十：募集第二轮资金，扩大经营规模。
步骤十一：准备挂牌上市。
步骤十二：上市公司的经营管理。

虽然明确的创业流程有助于提升创业管理的效率和指导创业者的创业过程，但也有一些专家认为创业是没有特定的流程的。因为创业环境差异极大，而且创业过程中会遇到各类无法预知的风险事件和变故。因此，创业者必须学会随机应变。从理论上说，结构化的创业流程有助于创业者对创业管理活动的了解；但在实务上，创业则未必依循一致的流程，而且各项活动步骤也不需要有特定的先后顺序，创业者可视创业情况来决定各项工作的最佳时机。

  京东刘强东的"草莽英雄"创业路

6.4 创业企业的生命周期

企业的生命周期理论认为新创企业是一个有生命的有机体，都会经历从诞生、成长、成熟、衰退直到消亡的过程。人的寿命由于受到自然生理因素的制约，所以生命的期限是有限的。然而，企业组织不受这些因素的影响，因而从理论上说企业的生命期限是可以无限延长的，但是历史上长寿的企业并不多见。世界上最长寿的企业大概是七百年，瑞士的劳力士公司和美国的杜邦公司年龄超过两百岁，美国通用汽车和西方电子公司超过一百岁。然而，更多公司的寿命是很短的。

因此，认识和把握企业的生命周期规律是非常重要的。

从创业者最初的创意诞生到企业最终的死亡的这一过程被称为创业企业的生命周期。如果只研究创业的生命周期，一般分为四个阶段：种子期、初创期、发展期和成熟期。我们通过比较和分析这四个阶段的创业发展特点来为创业者的创业指明方向。创业生命周期如图6-5所示。

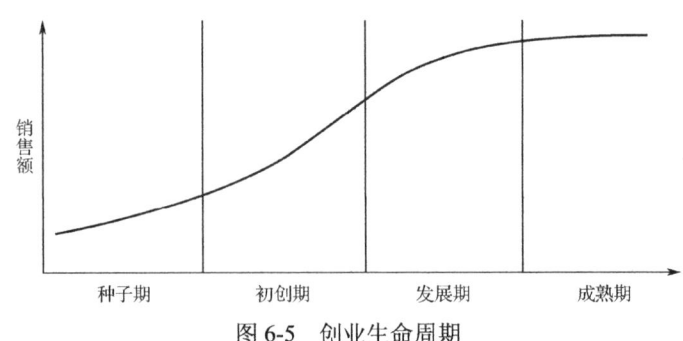

图6-5 创业生命周期

6.4.1 种子期

处于种子期的企业在这一时期并未将创意转换为现实,而是停留在创业的构思中。创业者在这个时期要进行商机评估,构建商业模式的雏形,建设创业团队,以及获取足够的可利用资源。创业者及其团队在进行精准的市场定位和预测后,应对相关技术或产品进行研究开发,撰写商业计划书,寻找投资者并进行洽谈。时机一旦成熟,创业者就可以注册公司,并进行下一步的新创企业管理与发展。

6.4.2 初创期

初创期企业一般生存能力比较差,应对危机的能力也显得比较弱。同时,还要面对市场占有率低、市场同质竞争、管理水平匮乏、市场地位不稳固、创意被剽窃等威胁。创业者要将这些危机处理好,需要进一步加深企业组织结构的建设,这并非是简单的事情。由于新创企业的运营机制没有得到完善,再加上资金匮乏,企业需要足够的顾客以获得企业生存的必须资金流。一旦企业资金链断裂,就将面临破产或出售的危险。所以,这一阶段企业要抓住顾客,顾客就是创造企业价值的基础。

6.4.3 发展期

度过初创期的创业者可能会感觉到稍微地轻松。在发展期阶段,企业初步摆脱了生存的困扰,开始考虑扩大盈利,由最初的小企业向中型或大型企业发展。这一时期的企业可以在比较短的时间内获得快速成长,开始产生经济效益,企业实力增强,市场占有率上升,抵抗市场风险能力也在上升。

但是,对于这一阶段的企业来说,很容易因为经营战略的失误而使企业进入危机,这种例子屡见不鲜。所以创业者不应掉以轻心,需要注意那些不被关注的细节问题,从顾客的角度出发去思考、改进问题。另外一点就是,企业要通过持续创新来应对竞争者,同时,也要强化自己的核心竞争力,在必要之时可以采取相应的法律保护措施来防范无形资产流失的危险。面对层出不穷的问题时,创业者还要不断完善企业的管理制度来提高企业运转效率,提高企业扩张速度。

6.4.4 成熟期

随着企业的发展壮大,企业就会进入成长速度放缓,但利润率提高的成熟期。这时候企业的核心产品已在市场上占有较大的份额。但现实中,能进入成熟期的企业并不多,绝大多数企业在成长过程中就衰退或被市场淘汰了。所以,进入成熟期的一般都是大规模的企业。这种企业市场占有率高、竞争能力强,其市场地位也很难被动摇,因而不需要大量的投入,都可以获取较好的收益。

这一时期,企业往往会出现创新的惰性和障碍,创业者需要考虑如何开展新的业务或开发新的市场,通过这些方法保持企业的竞争力。另外,成熟期的企业一般都要考虑多元化经营的问题。思考如何有效地利用成熟期带来的丰厚利润投入到新的领域、新的技术中去，使企业可持续性发展。

  "生命周期"有尽头

6.5 创业中所需的资源

俗话说，"巧妇难为无米之炊"，想创业就必须要有一定的创业资源。为什么这么说呢？因为在创业的过程中，如果没有一定的创业资源，即便拥有创业良机，创业者也是很难把握这个创业机会的。尽管如此，创业者并不是需要拥有创业过程中的所有资源，他们才能进行创业。在创业的过程中，他们可以继续寻找、发现并整合资源，从而达到更优的资源配置。

也有观点认为，创业就是一直寻找机会，寻找可以成功资源的过程。我们的目标不是非要准备好所有需要的资源才去开始创业，而是在没有足够的资源的情形之下，运用智慧去找到机会，找到需要的资源。比如说，在金融危机来临时，资源是非常缺乏的，但很多人在危机中发现了适合的机会。我们大学生正是处于一个没有足够资源的环境之下，但我们有的是时间、精力和青春，这就是创业的好机会。大学生创业的目标应该放得长远，平日里要多接触社会，积累资源。

对创业者来说，怎么利用好资源一直都是件头痛的事情。需要什么类型的资源，何时何地需要资源，资源的量是多少，以及获取资源的方法等，这些都要清清楚楚。用最少的资源获取最大的效益，从而更好地推动事业的成功。

下面我们将从创业资源的概念、创业资源的分类及作用、创业资源的整合等方面为大家阐述创业者在创业过程中所需要的资源。

6.5.1 创业资源的概念

究竟什么是创业资源。从管理学的角度来说，创业资源就是企业向社会提供产品或服务的过程中，所拥有的或掌控的能够实现公司战略的各种要素的组合。

每一个企业都有需要必备的生产要素与条件，只有将这些要素和条件有效地整合优化，形成可贡献社会的产品或服务，它们才能创造出相应的价值。而创业资源的主要成分就是这些生产要素和条件的组合。所以，无论在什么时候，创业者最关心与重视的问题是创业资源如何利用的问题。

6.5.2 创业资源的分类及作用

按照资源对公司发展的作用及影响，我们将创业资源分为两大类：对于直接参与企业日常生产、经营活动的资源，称要素资源；没有直接参与公司生产的，但可提高公司运营的资源，称环境资源。创业资源的分类如表 6-1 所示。

表 6-1 创业资源的分类

资源分类		具 体 内 容
要素资源	人才	优秀的管理者、高水平专家、高级科级人才,合格的员工
	资金	风险投资与银行贷款,政策性的低息或无息,写字楼或孵化器所提供的便宜的租金
	管理	良好的制度与企业培训,公司目标制定与战略规划,营销策划
	科技	对口高校或研究所的支持,相关的专利发明,进行产品开发时需要的实验平台
	场地	内部基础设施建设,便捷的计算机系统,良好的物业管理和商务中心,周边方便的交通和生活配套设施
	客户	优质的客户,足够的数量,良好的客户关系,提供给客户优质的产品或服务
环境资源	政策	大学生创业各项手续费优惠,提供的绿色通道
	文化	人们创新意识的提升,相互合作与支持的文化氛围,追求卓越的品质
	品牌	大公司的品牌认可与推广,科技园或孵化器的品牌
	法律	健全的法律、法规体系,良好的市场准入机制,健全的保障体系
	信息	良好的销售渠道信息,及时的新产品上市信息,畅通的市场信息

6.5.3 创业资源的整合

企业如果能够获取足够的资源当然是好事。可是,很多时候我们不能拥有充足的资源,所以对资源的整合则显得尤为重要。资源匮乏和市场风险往往是创业者要面对的问题。创业者需要突破资源的限制,运用市场机遇、创意发明、聪明才智及创新商业模式来实现资源在更广阔领域的整合优化和价值创造。"一个巴掌拍不响",任何资源单独的使用都不可能产生作用。只有把资源整合起来,形成有效组合,才能发挥"1+1>2"的效应,才能充分体现资源的价值。

创业活动虽然也关注技术及资源,但更加注重的是利用自身的已有资源获取、掌控并整合更多的资源。创业活动强调"能用就是好的",强调对资源的优化整合。例如,社会资本、网络资源、人才信息等,可以从中借助一部分资源,从而接触并利用更广阔的资源,就像是一个球体,当它外围越大时,接触到的面积也就越大。

此外,创业活动还要将资源引导向市场需求。只有把资源引向最具用途的地方,才能算是真正体现了资源的效用。然而,市场需求却是千变万化的,原来有很大用途的资源,在市场需求变化后,可能会变得没有用;原来没有用途的资源,可能会变得非常有用。

但需要记住的是:如果一个企业或个人在尝试得到更多的资源或追求更多的机遇之前,一定要巩固好已有资源的基础,否则可能会弄巧成拙。那么,究竟如何进行资源的整合呢?下面介绍一些方法。

1)正确评估所需资源

创业者面临的许多危机,往往是因为资源投入不够或过多所致。为此,要正确地评估所需要的资源,这是进行资源整合的基础。

2）有效地整合企业内外部资源

企业资源内外不一，整合好外部资源，抓住企业发展的机遇是关键。整合好内部资源，要协调好企业内部的各种利益，推动企业发展。以人才整合为例，外部整合就是寻找合适的高素质人才；内部整合就是进行内部人力资源规划，建立企业的人才选拔标准，根据需求分析建立完善的人才储备系统模型、招聘模型和人才晋升体系结构模型等，建立高水平的人力资源网络。

3）把握好资源整合的时间和地点

正所谓天时、地利，资源的投入时间和地点也是影响创业是否成功的因素。特别是对大学生而言，一次投入所有的资源是不现实的，逐步投入是一种不错的选择。因此，要分批分阶段地投入资源，并根据竞争者、市场和技术等环境的变化做相应的调整，选择最好的时间与地点。

4）通过资源整合实践积累经验

创业资源的整合能力不是天生就有的，每个人都要经历漫长的学习过程。很多人不止失败一次，但每次失败都是一次极好的学习经历，能够为以后的成功打下坚实的基础。创业者不能为了一时的成败而迷失了自己前进的道路，要从经验中吸取教训。这些经验无法通过传授获得，必须由自己慢慢地积累。有了经验，再进行资源的获取就会容易许多。要特别注意的是，经商的经验不是直接拿过来用的，而是靠自己慢慢地在实践中摸索出来的。也许一些经验在别人身上很好用，在你身上可能一点用都没有。所以，必须自己亲身体验，才能将经验转化为自己的能力。打工是一个非常好的学习经验的机会，但是，我们在打工的过程中要学会转换思维，不能仅仅把自己看成是一个"打工仔"，否则，我们会失去许多积累经验的宝贵机会。在打工的过程中，可以向老板学习先进的管理理念与处世方式，并积累相应的人脉，这样当你以后准备创业的时候就不会毫无资源可用了。经验不是从书本上学来的，而是实实在在一步一个脚印摸索出来的。

6.6 创业模型

创业模型是对创业活动及环境分析后概括出来的、影响创业相对重要的因素及它们之间的逻辑关系。对创业模型的研究，有利于对创业过程中的种种现象与情况做出解释，可以把握创业过程的关键之处，从而推动创业活动。

目前国内对创业模型的研究大都建立在国外对创业模型研究的基础上。目前，有代表性的创业模型主要有克里斯蒂安（Christian）创业模型、威克姆（Wickham）创业模型、萨尔曼（Sahlman）创业模型、蒂蒙斯（Timmons）创业模型、加德纳（Gartner）创业模型及佐拉（Zahra）和乔治亚（George）创业模型等，本书只对萨尔曼创业模型、蒂蒙斯创业模型、加德纳创业模型及佐拉和乔治亚创业模型进行介绍。

6.6.1 萨尔曼创业模型

萨尔曼认为，在创业活动中，为了更好地挖掘潜在的商业机会，促进企业成长，创业人员要特别关注四个关键要素：人、机会、外部环境和交易活动，如图6-6所示。

(1)人。指那些为创业活动提供直接或间接帮助及资源的人,包括员工、政府人员、律师、投资人、供应商等。

(2)机会。指在创业中一切需要进行开发或寻找的活动,包括企业尚未开发的技术、市场、资源等,这些活动需要进行开发以便更好地为企业的发展推波助澜。

(3)外部环境。指不受企业所掌控,但其变化会影响企业的生存发展、企业的未来决策和企业的产出。如相关政策法规、宏观经济形势及行业内的竞争。

(4)交易活动。指创业人员与资源供应商之间的关系与动态。

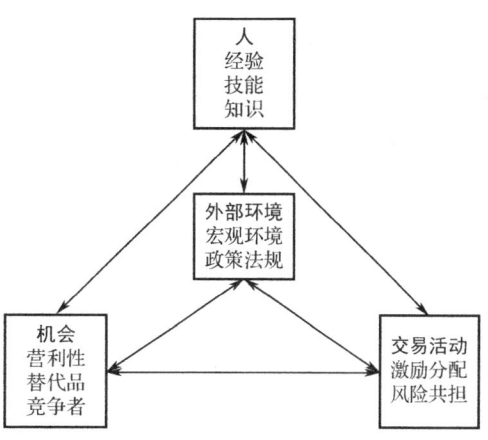

图6-6 萨尔曼创业模型四个关键要素

萨尔曼分析模型的核心思想是要素之间的协调与配合,从而共同促进创业活动的成功。根据这一模型,一个优秀的创业团队需要拥有良好的市场环境与商业模式、有竞争力的产品和稳定的供应商,这些要素的组合使得刚刚建立的企业能够同心协力,向着企业的目标与愿景前进。

6.6.2 蒂蒙斯创业模型

蒂蒙斯模型是他在1999年提出的一个创业管理模式,即蒂蒙斯创业过程模型。

他认为,只有将机会、资源和创业团队三者做出最适当的搭配,并且随着企业未来的发展而做出适应性的改变,这样的创业活动才可能成功。三个要素的存在与成长,决定了创业活动的发展方向。蒂蒙斯创业模型如图6-7所示。

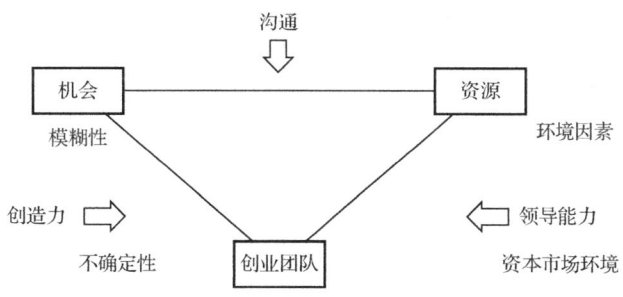

图6-7 蒂蒙斯创业模型

第一,创业活动最根本的动力是机会。创业活动的主导者是创始人或创业团队,而创业成功的保证则是资源。在创业活动的开展过程中,这三个要素的平衡与配合关系所创企业的质量及其未来的发展。在创业过程中,资源与机会要经历从配合到不配合再到配合的动态过程,而这之间的不配合情形就要看创业者们如何去发现并平衡。

第二,无论在哪个阶段,创业活动都是创业团队、资源与机会的平衡与配合。而创业者是处于最基层的推动者,使整个创业活动结合资源与机遇不断前进。创业者必须做的是对资源的合理利用与配置,提高对机会的把握能力,以及对团队的认知与领导。

第三,这三个要素的完全平衡是不存在的,企业要在不确定性的环境中追求动态的平衡,不断降低企业面临风险的可能性,尽可能排除企业可能面临的风险。创业者必须思考目前的团队适应情况是否能满足公司未来的成长,以及现有的资源数量与质量能否促进企业的快速发展,有没有发展瓶颈。这些问题在不同的阶段会以不同的情形出现,关系企业能否持久发展。

蒂蒙斯的模型呈一个倒立的三角形,创业团队位于最底端。创业者需要不断地探索更大的机会,并配合资源进行合理运作,使企业稳定的发展。在创业活动的过程中,这三个要素不断变化、调整,最终实现动态平衡。

6.6.3 加德纳创业模型

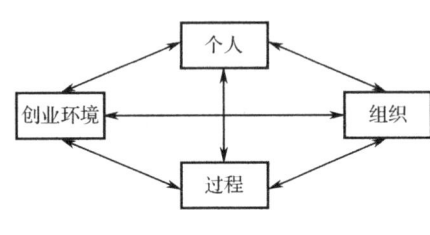

图 6-8 加德纳创业模型

加德纳于 1985 年提出了新企业创建的概念性框架,进而发展为一种新的创业模型,如图 6-8 所示。

加德纳认为,建立一个新企业或一个新组织,要把个人、组织、过程、创业环境这四个相互独立的要素组成合理的序列才可以产生有利的结果,新企业的创立都是这四个要素互相配合的结果。其中,创业环境包括政策法规、市场准入机制、技术、地理位置、商圈等因素;组织包括组织结构、组织文化、组织制度等;个人指创业者自身的素质、理念、激情、善于冒险等特质;过程包括发现商机、组织人手、利用资源、商业计划、产品开发、生产、销售等环节。对于上述四个要素,只有不断深入研究各个要素的内涵及与其他要素的相关性,才能更好地了解创业活动的方方面面。

加德纳的模型给新企业创立提供了一种可以选择的发展模型,因为这个模型是动态的。

6.6.4 佐拉和乔治亚创业模型

佐拉和乔治亚提出了创业综合模型,如图 6-9 所示。这一模型把国际创业研究分为程度、速度和范围三个方面。国际创业受环境、组织和战略三大因素影响,这些因素始终影响国际创业的方方面面。创业研究者们一致认为外部环境对企业的生存发展及战略的选择而言有着极其重要的地位,接着他们又探究企业外部环境及企业竞争对创业的作用和影响。

这一模型具有全面性的指导意义,不仅探究了内部组织因素及这些因素对企业目标和战略决策的作用,也研究了企业外部环境的特征。这一模型在国际创业模型框架研究中有非常重要的地位,为国际创业学的发展做出了突出贡献。

第6章 创业过程

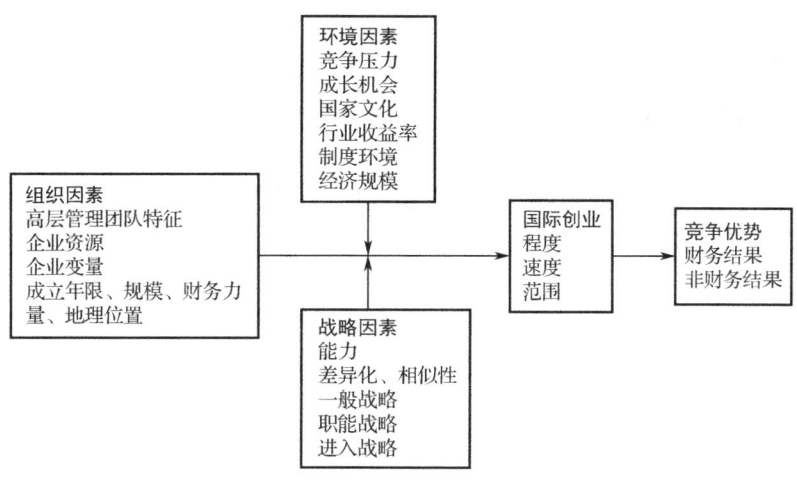

图 6-9 佐拉和乔治亚创业模型

6.6.5 四个模型的比较

按照机会、资源和环境三个方面,把上述四个模型放在同一个表格中进行对比,有助于我们对创业活动的理解,加深我们对创业活动的认识。四个创业模型的比较如表 6-2 所示。

表 6-2 四个创业模型的比较

	萨尔曼模型	蒂蒙斯模型	加德纳模型	佐拉和乔治亚模型
机会	机会需要良好的开发,进而推动企业成长	创业源于对机会的识别,机会是创业过程中的关键因素	无	无
资源	直接或间接对企业的发展成长起影响或作用,如政府、团队等	资源的整合源于团队的形成和团队对机会的把握,由团队实现机会和资源之间的互动	资源主要是人力资源,创业者在创业过程中整合的内外部资源	强调组织资源的整体性,尤其是高层管理团队的独特特征
环境	关注企业外部环境,强调宏观环境及政策法规	强调环境的不确定性,这是实现模型动态变化的前提,关注资本市场环境对领导力的影响	这里的环境主要是指商务环境,而并非环境特性	从六个方面深化环境的内涵,扩充环境的外延,以国际视角审视企业的国际化行为
比较分析	核心思想是要素之间的协调与配合,从而共同促进创业活动的成功。根据这一模型,一个优秀的创业团队需要拥有良好的市场环境与商业模式、具有竞争力的产品、稳定的供应商,这些要素的组合使得刚刚建立的企业能够同心协力	强调弹性与动态平衡,认为创业活动随时空变迁,机会、团队、资源三个要素会因发生变化而产生失衡的现象。三个要素随时空的变迁而实现动态的平衡是此模型的核心	创业者要协调模型中的四个要素,各个要素相互影响,构成了网状结构,阐释了企业创建的基本过程	从程度、速度和范围三个维度研究组织、环境和战略三个因素对企业绩效的影响,是国际创业领域较为完整的模型,并成为后续研究的基础

 **本章小结**

- 创业的一般过程指的是创业者发现和评估创业商机，将创业商机转化为有效商业模式，并且付诸实践，对新创企业的管理运营及之后进行成长管理的一个循序渐进的过程。
- 创业企业的生命周期一般分为四个阶段：种子期、初创期、发展期和成熟期。
- 从管理学的角度讲，资源就是企业向社会提供产品或服务的过程中，所拥有的或能够掌控的能够实现公司战略的各种要素与要素组合。在创业的时候，各种的生产要素与必备的条件是刚刚建立的企业所需要的，只有将这些要素和条件有效地整合优化，形成可贡献社会的产品或服务，才能创造出相应的价值。
- 创业模型是对创业活动及环境进行分析后概括出来的影响创业的相对重要的因素及其间的逻辑关系。本书选取了萨尔曼创业模型、蒂蒙斯创业学型、加德纳创业模型以及佐拉和乔治亚创业模型进行了介绍。

 **案例研读**  **姜贵琴的创业过程**

扫描二维码并阅读案例，思考并回答下列问题：
1. 如何理解创业过程？
2. 姜贵琴的创业过程是如何发展的？对我们有什么启示？
3. 姜贵琴利用了哪些资源？这些资源对她的创业之路起到了什么样的作用？

 **本章思考与练习**

1. 在创业过程中，创业者最重要的资源是什么？
2. 在大学生创业中，他们的优势与劣势分别有哪些？有哪些解决的方法？
3. 设想自己将来是一名创业者，列出可能遇到的机遇与挑战，并在课堂上进行讨论。
4. 选择一个自己感兴趣的行业，了解这个行业创业过程中所需要的资源。
5. 采访一位创业者，了解其创业经历。

第 7 章　商业计划

1. 学会撰写商业计划书
2. 理解商业计划对创业者的意义
3. 掌握商业计划的关键要素
4. 了解商业计划的主要内容
5. 掌握开发商业计划的能力

与其让别人掌控你的命运，不如你自己来主宰。

——杰克·韦尔奇

  商业计划书

7.1　初步了解商业计划

7.1.1　什么是商业计划

商业计划又称商务计划，主要是对企业活动进行详尽的、全方位的筹划，从企业内部人员、制度、管理及企业的产品、营销和市场等各个方面展开分析。本章所说的商业计划是狭义概念，专指创业的商业计划。它是创业者或企业为了实现未来增长战略所制订的详细计划，主要用于向投资方和创业投资者说明公司未来发展战略与实施计划，展示自己实现战略和为投资者带来回报的能力，从而取得投资方或创业投资者的资金支持。

7.1.2　为什么要有商业计划

商业计划具有计划和营销两大功能。计划可以为即将进行的创业活动提供行动指南，

而营销则可以从不同的受众那里获得必要的支持,尤其是创业融资的支持。根据商业计划书读者的不同,商业计划书的撰写也应有所侧重。商业计划书的作用主要有以下几点:

(1) 认识自己。商业计划能帮助创业团队厘清业务概念、近期目标和战略,编制时要细化到商业计划的各个部分的优势和劣势。

(2) 创业融资。商业计划是外部投资者(尤其是风险投资者)了解某一创业项目的第一途径,编制者可将重点放在财务和金融方面,以好的财务规划和客观的价值评估来吸引投资商。

(3) 战略思考。撰写商业计划书能迫使创业者系统思考新企业的各个要素。梳理思路,商业计划书的编制只有以详尽的分析为基础,才能使企业的创业旅程稳步前进。

(4) 创建和凝聚团队。编制时要方便员工了解企业的经营发展状况,以激励他们为个人和共同的目标而努力。

(5) 取得政府和相关机构的支持。国内以前常常用可行性报告和项目论证书代替这一作用。编制此类商业计划书要基于产品分析,把握行业市场现状和发展趋势,综合研究国家法律法规、宏观政策、产业中长期规划、产业政策及地方政策、项目团队优势等基本内容,深度透析项目的竞争优势、盈利能力、生存能力、发展潜力等,最大限度地体现项目的价值。

7.1.3 商业计划的类型

世界上并不存在所谓的最完美的商业计划。虽然商业计划的写作要遵循一定的规范,但没有哪种商业计划能适用于所有的创业项目。创业者需要根据环境、受众、行业、创业阶段等种种因素的不同来制订有效的商业计划书。例如,根据商业计划不同的受众,可将其分为三种类型:

(1) 吸引风险投资商的商业计划;
(2) 吸引合伙人的商业计划;
(3) 获取政府或公共部门支持的商业计划。

此外,还有针对创业企业的其他合作伙伴(如供应商、承销商等)的商业计划。

7.2 如何编写商业计划书

7.2.1 商业计划书的编写原则

1. 一开始就吸引人

投资者往往老道而富有远见,经验丰富,通常能迅速做出决策。因此,计划书要在一开始就抓住投资者的眼球。从某种程度上来说,概要是商业计划书最重要的组成部分,概要中必须睿智地阐明市场机会、企业优势及将为企业创造竞争优势的独特资源,既要体现创业者高涨的创业热情,又要充分表现新企业创意的可行性和合理性。

2. 强调管理团队和市场机会

调查表明，管理团队及市场机会是两项关键的投资要素。有时，投资人会由于管理团队和市场机会中存在的明显问题，而在评价产品或服务本身之前就否定了商业计划。市场机会就是新创意，如果创意本身并无太大价值，创业者也就没有必要继续下去。管理团队就是整合创意的人，创业团队的能力应当与创意的开发相匹配。

3. 切合实际

创业计划要体现真实性，即使创业活动面临着很大的不确定性，商业计划书中的信息也应当是相对真实性的，市场预测必须以对目标市场进行的全面分析为基础。商业计划书的真实性主要体现在顾客分析、市场分析、竞争分析和收入计划四个方面。

7.2.2 商业计划书的六大要素

一般情况下，投资者首先会从商业模式、市场、产品或服务、竞争、管理团队和行动六个方面审视企业的商业计划。因此，这六点就成为商业计划书的基本要素。

1. 商业模式

商业模式的通俗解释是，描述企业如何通过运作来实现生存与发展的"故事"。价值创造、价值获取和价值传递是商业模式涉及的三个基本问题。创业团队需要通过一个商业模式来描绘企业实现愿景的途径。此外，创业者还能通过对商业模式的提炼，对企业运作中的各种要素、业务板块展开周密的考虑，并使它们构成一个相互支持和促进的有机整体。

商业模式决定了企业的运作，决定了企业的生存与发展战略。通过阐明商业模式，投资者能迅速了解企业是如何赚钱的，并判断此种商业模式是否有利可图、是否能随企业自身条件和市场的变化灵活创新。因此，商业模式的设计要具有合理性，具体可从商业模式细分出的九个关键要素着手，即价值主张、客户细分、客户关系、渠道通路、核心资源、关键业务、收入来源、重要伙伴和成本结构。

2. 市场

投资人最关心的就是产品或服务是否有市场，以及市场容量的大小。因此，投资人需要创业者向其提供全面而深入的市场分析。创业团队需要通过向投资人阐明经济、文化、心理和地域等因素是如何影响消费者行为的，并对消费者的购买行为进行详细的分析，使投资者相信企业的产品或服务的市场前景广阔。

3. 产品或服务

创业者需要在商业计划书中为投资者提供企业产品或服务的所有相关细节及相关调查数据结果，说明产品或服务的独特之处、所处的发展阶段、目标顾客群、生产成本、销售价格、企业的营销策略等，力争让投资者确信，企业的产品或服务能够在市场上占据一席之地，甚至能产生革命性的影响。

4. 竞争

创业者必须在商业计划书中就竞争对手清晰地阐述如下几个重要问题：
- 潜在和现有的竞争对手有哪些？
- 竞争对手的产品或服务与企业的产品或服务之间存在哪些相同点和不同点？
- 竞争对手采取何种营销策略？
- 竞争对手的销售业绩和市场份额如何？
- 相对于竞争对手，企业目前有哪些优势？
- 如何体现产品价值？
- 如何应对竞争对手带来的挑战？

总的来说，创业者必须使投资者确信，企业能够应对即将面临的战争并成为行业中有力的竞争者。

5. 管理团队

很多时候，创业者往往由于过于关注产品或服务而忽视了管理团队的建设。要知道，要把一个绝佳的商机转化为一个成功的企业，强有力的管理团队是必不可少的。创业者应在商业计划书中整体介绍管理团队及其职责，然后再分别描述每一位管理人员能为企业做出的贡献，最终阐明企业的组织结构和管理目标，使投资者相信企业已经拥有了一支高质量的管理队伍。

6. 行动

再好的创意，没有行动也只能是纸上谈兵，俗话说："细节决定成败。"一份优秀的商业计划书应具备切实可行的企业设计、生产、营销和财务计划。具体要回答如下几个问题：
- 如何设计生产线？
- 需要哪些原材料？
- 如何组装产品？
- 如何将产品推向市场？
- 如何给产品定价？

诸如此类今后在运营过程中会碰到的具体问题，创业者在商业计划书中回答得越清楚详尽越好，这样投资者便能看到创业者的深谋远虑。

7.2.3 编写商业计划书的步骤

准备创业方案是一个展望项目前景、细致探索其中的合理思路、确认实施项目所需的各种必要资源、再寻求所需支持的过程。制订一份优秀的商业计划书是一项漫长而复杂的工作,需要创业团队花费大量的时间进行研究、思考、写作和编辑。因此,创业者必须保证团队成员能够全身心投入。制订商业计划书主要有以下几个步骤:

(1) 细化商业计划构想。首先进行总体的规划,确定企业的盈利模式、竞争对手、目标客户及技术等主要内容。

(2) 市场调研。细致准确的调研能为商业计划的下一步工作奠定良好的基础。所以,必须就企业所处行业的内外部环境、政策背景开展调研,尤其需要对竞争对手和目标客户进行深入而细致的研究。

(3) 商业计划书写作。在前面几个步骤的基础上,根据企业构想和具体的市场状况,创业团队可以明确制定企业的发展目标、锁定目标市场及竞争策略,并具体拟定战略实施的详细措施,阐述创业团队的执行能力,为企业详细制定一份未来几年的财务分析报告,确定商业计划书的基本框架后再着手对具体内容进行写作。

(4) 检查与调整商业计划书。创业团队可以通过模拟辩论发现商业计划书中存在的问题,还可以咨询融资顾问,使商业计划书能够清楚地解决投资者的相关疑问,并就商业计划对投资者所关心的问题做出明确的说明。

(5) 模拟答辩。此时,可靠的市场数据和简洁有力的市场分析能有效地帮助创业团队推销商业计划,团队成员要做好充分的准备,以应对投资者可能提出的问题。

7.2.4 编写商业计划书的技巧

创业者为使创业计划得到投资人的青睐并最终获得投资,应做到以下三点:确保新产品或服务的价值,并拥有高素质的管理团队;对商业计划书以商务格式进行适当的编排;拥有简洁的执行摘要和展现充分的创业热情。商业计划书的编写技巧具体表现在以下两个方面。

1. 结构体例方面

由于商业计划书的编写基础是特定的市场调研数据,其编写结构已经相对固定下来了,创业者最好不要为了标新立异而偏离一般格式。

体例方面,最好给人讲究的印象,不要过多地使用文字处理效果,尽量使用透明的封面和封底,给人一种严谨的专业感。另外,一些小细节上也要格外用心,如果企业有设计精美的标志,应放在商业计划书的封面和每一页的页眉上,可加深阅读者的印象,最终还要对商业计划书进行逐项检查,不能出现任何错误或遗漏。有时,一些看似不起眼的小疏漏,会使投资人对创业者的责任感产生怀疑,进而影响其投资决策。

2. 内容设计与组织方面

商业计划书的编写首先要遵循真实性原则,其基础应当是通过市场调研或其他间接方式获得的真实数据。因此,目标客户群和市场分析这一部分可以先行编写,产品或服务信息、企业发展目标、财务计划等信息可以稍后编写。创业者切不可忽略市场调研信息而花费大量篇幅描述财务计划等信息。

商业计划书的编写是一个漫长的动态过程，随着时间的推移和编写工作的深入，创业者获取的相关信息越来越多、越来越具体。此时，应对商业计划书进行不断的修改和完善，以应对不断变化的内外部环境。

最终的商业计划书应规避一切不应有的错误。因为无论其他部分写得多么好，只要犯了一个错误，就会使精明的投资者给予投资的可能性降低。常见的不应有的错误主要有以下几种：

- 结构形式上的错误；
- 概要冗长松散、不知所云；
- 未清晰回答产品所处阶段；
- 目标市场过于宽泛；
- 未能清楚解释消费者的购买动机；
- 认为没有竞争者的威胁；
- 过于乐观的财务预期；
- 未能详细陈述管理团队的能力；
- 回避风险问题。

  **什么样的商业计划书讨人嫌**

7.2.5 编写商业计划书的主要形式及内容

一个杰出的创业者，不仅要具备创业所拥有的良好品行，更重要的是要拥有创业所需要的各种条件，如资金、市场、人脉等，而一份完整的商业计划书，则是决定你能否拥有这些条件的基础。商业计划书的主要形式及内容主要包含以下内容：

（1）商业计划书的格式与结构；
（2）商业计划书摘要；
（3）公司概述；
（4）产品或服务；
（5）行业和市场；
（6）行销计划；
（7）研究和开发；
（8）管理方法和团队组织；
（9）生产计划；
（10）财务计划与分析；
（11）融资说明；
（12）机会与风险因素的分析；
（13）退出机制。

接下来,我们将探讨如何编写一份完整的商业计划书。

创业者编写一份完整、详细、深入的商业计划书,首先必须拥有一个具有良好市场前景的产品或服务,并在此基础上围绕它展开,接下来描述如何在市场中赢得并发展此创业机会,同时提出详细和完整的行动建议。

1. **商业计划书的格式与结构**

不同的商业计划书会有不同的格式与结构,但是,商业计划书中的基本内容却是大致相同的。因为,商业计划书在写作上是有一定的规范性。当然,不同的企业会选择不同的方式"表达"商业计划,不需要拘泥于固定的格式与结构。通常情况下,商业计划需要包括以下部分:

(1)封面;
(2)内容索引和目录;
(3)摘要;
(4)公司概述;
(5)产品或服务;
(6)行业和市场;
(7)行销计划;
(8)研究和开发;
(9)管理方法和团队组织;
(10)生产计划;
(11)财务计划与分析;
(12)融资说明;
(13)机会与风险因素分析;
(14)退出机制。

这些方面,企业在编写商业计划书时可以有所侧重。本章将在后面的内容中择其要点来阐述如何编写商业计划书。

2. **商业计划书摘要**

当投资者拿到一份商业计划书时,摘要将成为投资者首先阅读的内容。只有摘要写得精彩,并能够立刻引起投资者的兴趣,投资者才会仔细阅读后面的内容。投资者判断创业企业究竟是否值得投资,很大程度上取决于商业计划书中摘要的内容。所以,整个商业计划书的精华及核心就是摘要。摘要甚至可以反映整个商业计划书的全貌。如何能让投资者在阅读摘要之后,能够立刻引起投资兴趣,这是融资过程中的第一步。

1)摘要的内容

摘要,首先要体现商业计划的基本观点,让投资者马上理解并迅速掌握其体现的商业计划的重点,然后考虑是否继续了解这份商业计划书的所有内容。引起投资者的阅读兴趣是摘要的主要目的。如果创业者所制订的商业计划书,可以给投资者带来一种新鲜感,并让投资者阅读摘要之后产生一种爱不释手、相见恨晚的阅读渴望,那么这样的摘要才可以说是一份成功的摘要。所以,写作摘要时,创业者首先要对自己充满信心,内心要怀有激情。只有这样,才能向投资者充分全面地展示自己的企业所具有的正面价值和具体优势,让投资者充分相信创业者的能力和价值。

摘要部分应该着重向投资者展示五个方面:

(1) 创业企业的价值理念是正面的,提供的产品、技术或服务具有独特性,明显区别于其他竞争对手;

(2) 创业企业的商业机会和发展战略是有严谨、充分的科学依据和经过详细、周密的深层考虑之后得出的;

(3) 创业企业拥有一个强大的管理团队和执行队伍;

(4) 创业企业对进入市场的最佳契机已经进行具体、深入的调查,并且清楚地知道何时进入市场,以及在何时适当地退出市场;

(5) 确保创业企业的财务计划与分析是切实可行的,不会让投资者将钱打了水漂。

只有将这五个方面的内容简洁明了地阐述,投资者才会更有兴趣地读完整篇商业计划书,进而把钱投入到企业中。

2)摘要的注意事项

想要写好一个摘要并不是件简单的事情。需要对以下的事情倍加注意:

(1) 如果可以,请选择将商业计划书的摘要部分作为整个商业计划书的最后一个部分完成。只有这样做,才可在动笔写下摘要之前,对整个商业计划有更加正确和清晰的认识。当完成对整个商业计划书的主要内容的阐述后,反复阅读并研究主体部分内容,从中提炼整个计划书的核心及精华,最后再动笔写摘要部分。写完摘要后,需要让融资顾问检查,并对摘要提出修改建议。根据其他阅读人员的反映考虑如何再次加工,直至达到能够让人读过摘要就对下面的内容产生浓厚阅读兴趣的效果为止。

(2) 摘要部分需要具有一定的针对性。在写摘要的过程中,要时常用"谁会对我的计划感兴趣?"这一问题来不断寻问自己。通常来说,投资者大多具有不同的背景和兴趣,这使得他们对商业计划书的关注点也会有所区别。一个商业计划书的阅读者可能来自不同的岗位,如雇员、投资者、风投公司、供应商、银行家、投资顾问及顾客。所以,在撰写摘要时,要先调查研究投资者最感兴趣的内容,并在摘要部分着重突出这些方面。一般来说,一项投资会由多人共同商定,所以,不仅要调查投资者的情况,也要对整个投资机构有一个较为整体的感知,特别是要对具有决策能力的投资者格外关注。

(3) 注意运用具有强调内容的语言。语言生动、主题开门见山的文字,会让人眼前一亮,并立即抓住重点,这也是撰写商业计划书的摘要部分所需要注意的事项。一般情况下,摘要不要过于冗长,语言也不要过于晦涩难懂,一两页清晰明了的摘要就可以达到效果。

(4) 反复检查撰写好的摘要也是必不可少的重要环节。写作完成之后,应反复检查直到准确无误为止,万万不可因为个别失误而导致不可挽回的后果。

3. 公司概述

投资者进行投资前,会对创业公司进行初步了解。在计划书中将创业公司的简单情况进行概述,包括创业公司的成立和经历、公司创意的诞生和商业前景、公司的定位和战略目标等,尽可能全面具体、简明扼要地向投资者介绍公司情况,让投资者尽可能多地了解公司及所在行业的各种信息。总而言之,公司的发展进程、现状及未来的公司规划,都应在公司概述中呈现。具体来说,可以从以下几个方面加以描述。

1) 一般性描述

一般性描述主要包括创业公司的名称、地址、联系方式和公司的简要情况等一般内容。

2) 公司业务性质

对公司所从事的主要业务和相应的产品或服务也需要简要地进行介绍,这能使投资者了解创业公司的产品或服务。

3) 公司组织架构

简单阐述企业的所有制性质和附属关系等基本信息,并简要介绍公司的内部组织架构。

4) 公司业务发展历史

这一部分主要介绍创业公司曾经历过哪些重要阶段,如公司创意的产生,开始生产产品或提供服务的具体时间,开始销售产品或服务的具体时间,如今公司发展到哪个阶段,等等。同样,这一部分也只是需要简短描述,不宜过长,具体内容可在同投资者面对面交流过程中详细阐述。

5) 公司未来业务发展计划

创业公司的未来业务发展计划需要通过时间顺序来进行阐述,并指出哪一阶段为关键性阶段。但同时,仍要用简洁明了的语言来让投资者在有限的篇幅中读出公司的未来价值。

6) 商标与专利

公司概述中要对公司所持有或将要申请的商标和专利进行阐述,可以体现公司的独特性,给投资者眼前一亮的感觉。同时,公司的商标清单和专利也可以在这一部分列出,投资人可以通过这些来自行判断公司的独特性。另外,要注意对商业秘密的保护,不宜毫无保留地展示在商业计划中。

7) 供应商

这一部分主要是让投资者知道公司业务的合作供应商的名称。投资者通常会同这些供应商进行电话确认其真实性。一般情况下,供应商为生产所需原材料及必要零部件供应商,用表格列出3~4家最大供应商及其为创业公司所供应的材料或零部件名称即可,而其他的供应商则根据投资者的具体要求进行阐述。

4. 产品或服务

商业计划书的主要内容就是向投资者介绍公司的产品或服务创意。如何能够让投资者对创业公司产生浓厚的兴趣,并产生想要投资的念头,商业策划书中的产品或服务介绍将至关重要。在投资者评估投资项目时,创业公司应让投资者知道创业公司生产和出售的是什么。与此同时,投资者会根据创业公司提供的有关内容,对公司的产品或服务做出评估,以判断它是否能够适应市场。这些结果都将影响投资者对该项投资的决策。投资者期望创业公司可以向其展示的内容包括产品的名称、特征及用途;产品的研究开发计划和过程;产品目前在何种生命周期阶段;产品拥有什么样的市场前景及产品的竞争力如何。

1)一般性介绍

一般性介绍要对产品或服务的名称、特征及其功能进行简单的描述,同时还要简要写出替代的产品或服务,以及竞争对手提供的产品或服务等。但是,有时创业公司可能提供的不止一种产品或服务,这时需要着重描述最重要的,其他产品或服务只需进行大体上的介绍。

2)产品或服务的价格

价格定位也是投资者重要评估内容之一。这一部分需要介绍产品或服务的价格及价格形成的基础,同时还要描述预估毛利和利润总额等。创业公司对产品或服务的最终定价必须要在逻辑上是合理的。产品或服务的价格需要体现两个方面:一方面,产品或服务是市场所接受的,有较强的市场竞争力;另一方面,投资者如果投资该项产品或服务,将会获取巨大的利益,这一方面是投资者关注的重点内容之一。对于价格定位投资者会产生一系列的疑问,因此,产品或服务定价的介绍一定要充分考虑所有影响因素,这样才能够解答投资者所产生的疑问。同样,如果创业公司拥有多项产品或服务,介绍时需要分开单独进行描述。

3)产品或服务的独特性

投资者绝不会投资没有独特性的产品或服务。产品或服务的独特性在很多方面都可以表现,如产品或服务的技术,进行产品或服务开发的管理团队,产品或服务本身的特点等。事实上,有些创业者会专门在商业计划书的摘要部分或商业计划书中的一节里对独特性进行阐述。

对产品或服务的独特性进行突出介绍,需要证明产品或服务确实具有创新性,并指出从这种创新中投资者可以获得的优势和价值,让投资者对创业公司充满信心。这需要创业公司在这一部分内容中不仅为投资者描述自己公司产品或服务的独特性,还需要与竞争对手的产品或服务进行比较,同市场上的替代产品做对比,然后阐述公司的产品或服务具有的优势,产品或服务功能是否可以通过创新给顾客带来额外的价值,能否通过技术的更新降低产品或服务的生产成本。

4)消费群体

这一部分需要向投资者详细说明产品或服务的消费群体。例如,使用该产品或服务的是哪些群体,他们的年龄区间和收入水平是怎样的;使用该产品或服务的目的是什么;为何会购买公司的产品或服务。由于这一部分的数据过多,可以用直观的图表将消费群体的构成和分布展示出来。

5. 行业和市场

编制商业计划书的依据主要是行业和市场。这一部分编写内容需要建立在充分的调查和研究的基础上。行业和市场是大环境,所以,对整个产业及其竞争状况需要进行充分详细的分析研究,并在此大环境中形成对公司目标市场的认识,从而才可以为企业制定战略目标。商业计划书不仅仅是一个"计划"书,它还具有"营销"的功能。"计划"与"营销"都需要以行业和市场分析为主要导向。投资者十分看重行业和市场的分析内容。因此,在描述这一部分内容时,一定要仔细思考。否则,商业计划书很容易被投资者否定,也不会经得起市场的检验。在这一部分,商业计划书的内容包括企业在行业中的地位和对行业发展方向的预测、对市场的细分和对目标市场的预测、创业公司的目标群体和竞争态势。

1)产业分析

投资者是不会仅凭摘要的吸引度和企业的独特性就进行投资的。所以,创业公司必须对可能影响需求、行业和市场的因素进行充分的分析,以确保投资者能够通过商业计划书的展示来判断公司的目标是否具有可行性,以及投资者究竟承担什么样的风险。产业分析主要是从行业和市场两方面向投资者进行介绍的。

(1)从行业或市场的发展情况向投资者展示公司的发展前景。这其中包括行业发展历史及程度、现在发展状态和未来趋势、如今该行业的总销售额和总收入、经济发展和政府是否影响该行业及影响程度、进入该行业是否有障碍、障碍是什么、如何克服等。

(2)整个市场的状况需要用具体的数据进行说明。这其中包括对市场的细分依据是什么、目标客户群体有哪些、想要拥有多大的市场及目标市场份额是多少、营销策略有哪些、市场的销售量是多少、未来五年的生产计划是什么样的、销售量和利润的预期是多少、市场的总收入和对未来五年总收入是多少、对回报率和年平均回报率的预期等。这些数据并不一定都来自实际调研,有很多数据可以通过二手资料获取,但务必保证其真实性和可信度。

2)目标群体

公司的产品或服务"卖给谁"和"以后谁也会来买",这就是产品或服务的现在顾客群体和潜在顾客群体。投资者需要清楚地知道目标市场的定位,因为这也是制订营销计划的依据。

(1)细分市场是企业进入市场的首要条件。由于市场细分的方法并不是本章的主要知识点,读者可从有关市场营销方面的教辅材料中得到解答。

(2)市场定位的准确性。产品或服务的特性和公司的情况将决定市场细分后会出现一个或几个适合的目标市场,选择哪种市场定位要结合公司的目标、产品或服务、优劣势、竞争者的战略、顾客的购买意愿等因素来考虑。

(3)公司目标市场的大小及走势需要通过数据来向投资者展示,但前提是需要结合目标市场的每一个细分市场。值得注意的是,细分市场太小,产品或服务市场的前景会让投资者产生疑虑。当然,如果公司有可以证明自己市场前景的材料,可以直接展示给投资者,如已经掌握的订单或合作意向书。

3)竞争分析

公司战略中竞争战略也是必不可少的。对竞争对手和产品进行描述和分析,并提出自己的特有优势,也是让投资者对投资增加兴趣的关键部分。

(1) 列出所有现有和潜在的竞争对手，同时描述竞争对手所占的市场份额、销售金额和年销售量。当然，如果创业公司没有竞争对手，也要说明为何不存在竞争对手。但是，要对潜在的竞争对手或潜在的替代产品进行预期。

(2) 对竞争对手进行调查，熟悉竞争对手的优势和劣势。这其中包括竞争对手的市场策略是什么、有可能会出现什么新的发展、我们的产品从质量和价格及性能各方面与市场上的其他产品进行比较、在竞争中我们的市场和定位的优劣势、能否承受竞争中的压力等。

(3) 缩小竞争范围。将主要竞争对手锁定为 1~3 个，并进行详细的比较。这样才可以充分掌握自身的优势和劣势，并改进劣势，然后不断提升优势。这是要让投资者充分确信，创业公司的竞争战略是具有合理性的，并且有足够的竞争优势来面对市场的强烈竞争。

6. 行销计划

如何让投资者有信心相信公司具有盈利能力，并为公司的行销活动进行指导，这都要在行销计划中展现。要使公司的未来价值可以实现，商业计划中的行销计划是必不可少的组成部分。公司用于同竞争者进行的各种战略是在竞争分析的基础上进行的。这其中包括了市场定位战略、产品战略、定价战略、渠道战略、促销战略。若要确定采取怎样的措施实施这些战略，需要在结合行业和市场分析的情况下确立公司的销售目标。

1）市场定位战略

市场定位战略是总体行销的部分。这里需要向投资者阐述的并不是具体的行销战略，而是向投资者展示一种行销理念。一方面，要突出公司的自身特色，结合竞争战略中的公司定位来确立公司的独特性；另一方面，运用在市场营销中"4P"理论的具体战略来展示创业公司的自身特色。"4P"理论中的"4P"指的是产品（Product）、价格（Price）、地点（Place）、促销（Promotion）；最后，在这两方面的基础上，对市场定位战略进行补充说明，如提出"4P"理论中未有的其他内容来补充说明创业公司的独特的市场定位。

2）产品战略

如今是知识经济时代，人们的生活水平日益提高，这使得人们对产品的要求也越来越高。创业公司要想更好地适应市场，增强竞争力，就应从满足顾客需求、创造新的顾客需求、完善顾客需求入手，并融合生产和服务，以达到公司目标。产品也是市场营销中"4P"理论的第一要素，公司获取利润的主要方式也是通过产品或服务来满足顾客的需要。整个行销战略的基础就是产品战略。这里的产品战略，重点关注的是"行销"方面，同"产品或服务"中的内容特性是有所区分的。产品战略作为创业公司在行销计划中的重要战略，需要做好以下方面：

(1) 要树立产品的整体概念和产品的五个层次。产品的五个层次是：第一，核心产品层次是产品构成的核心，它确保了产品的本质内涵，可以提供顾客最基本的效用和利益；第二，形式产品层次则是确定了产品的差异，通过质量、特征、款式、商标和包装将被用来提供给顾客；第三，期望产品层次为顾客提供其所购买的是期望得到的与产品相关的条件；第四，延伸产品层次给顾客带来的是附加利益；第五，潜在产品层次则是指可能的发展前景,在未来可能发展的最终产品的潜在状态。

(2) 对产品的生命周期进行分析。产品生命周期一般分为四个阶段:引入期、成长期、成熟期和衰退期。创业公司需要向投资者说明此时产品处在哪个阶段,企业在不同阶段会采取哪种战略。在引入期,需要确保产品或服务的市场占有率,缩短引入期,为进入成长期打下坚实的基础,一般会采用高价高促销战略、低价高促销战略、高价低促销战略和低价低促销战略;在成长期,由于这是公司产品销售的黄金时段,需要迅速扩大生产能力,获取最大的经济效益,这时需要对原有产品或服务进行改进和完善,将广告宣传的目标进行转移,进一步开展市场细分,巩固原有分销渠道,开辟新的销售渠道;到了成长期,这时的产品或服务已经保持了较高的稳定性,所以为了留住原有顾客群体并提高销售量,应建立新的战略,例如,进行产品改革、发现市场中的潜在客户需求、寻找新的销售市场、改变营销组合来刺激销售、开发新式产品;而到了衰退期来临之前,企业应提前做好退出准备,可以采取放弃市场、收缩市场和对产品或服务进行重新定位。

(3) 开展产品组合战略。公司要将生产或经营的产品类别、产品线的数量、产品线内的各组产品项目、某一具体的产品项目、产品的功能、产品的生产、产品的销售及产品组合的关联度等,逐一向投资者展示并说明。这主要是使开展产品组合战略在符合公司自身的利益的基础上,让投资者能够确信公司的产品满足市场上的多种需求。

(4) 简要说明产品的品牌战略。整个产品概念的重要组成部分就是品牌,这也是公司制定行销战略中不能忽视的一点。品牌作为一场销售竞争中的有力武器,它在行销活动中具有独特的魅力。创业公司在向投资者说明前,要仔细考虑究竟要不要使用品牌战略,以及使用品牌战略要用哪种战略,是个别品牌战略、统一品牌战略、多品牌战略,还是品牌延伸或其他战略。

(5) 产品的包装也是需要在计划书内进行阐述的。包装不仅可以保护产品、方便使用和美观,还可以增加销售和盈利,同时能提升公司和品牌的形象。创业公司可以根据产品的不同销售方式采取不同的包装方式。常见的包装方式有:配套包装方式,即将多种有关联的产品组合在一起包装,如化妆盒、洗浴用品包装等产品;附赠品包装方式,如儿童玩具、美容杂志附赠化妆品试用装;分类包装方式,如购买的商品赠送给朋友就用精美包装,如果是自己使用就用普通包装;统一包装方式,该方式尤其适用新产品上市时采用。

3) 定价战略

公司行销和管理中的致胜环节是定价战略。产品的价格定位可以影响其在市场上的销售业绩、经济效益和竞争地位。创业公司的商业计划在阐述定价战略时,应注意以下几个方面:

(1) 要全面考虑影响定价的因素之后确定产品的定价。这些因素包括产品的成本、市场的需求、竞争的状况及政策法规。创业公司的主要目标之一就是让投资者向创业公司进行投资。所以,让投资者获得满意的收益是可以通过产品的定价来确保的。

(2) 根据影响定价的不同因素选取适合的定价方法。一般来说,定价方法分为三种:第一种是成本导向定价法,是指在考虑收回成本的基础上实现利润获益;第二种是需求导向定价法,是指以现实市场中消费者可以接受的价格来确定产品价格;第三种是竞争导向定价法,是指以竞争对手的价格为参照的定价法。

(3)向投资者说明公司采用哪种具体的定价战略,具体的定价方法包括心理定价法、折扣定价法及阶段定价法。选择合适的定价方法,并将选择的依据向投资者展示出来,让投资者判断是否应该投资。

4)渠道战略

渠道在这里是指营销渠道,是由实物流、付款流、促销流、信息流和所有权流构成的。公司要在行销中取得成功,除了要选择适销对路的产品外,还要了解客观环境、分析影响营销渠道的各种因素,选择适当的营销渠道战略。而营销渠道的战略制定,需要创业者研究批发、零售、代理等重要环节,并选择合适的中间商。

5)促销战略

随着经济的发展和人们生活水平的提高,对创业公司而言,不仅要根据顾客的需求,制定有吸引力的价格战略,还要开展行之有效的促销模式,从而吸引消费者的眼球。公司作为信息的制造者,要如何才能够让产品和顾客之间产生交流呢?其实,促销就可以达到这一目的,促销的本质就是交流。

为了达到预定的销售水平,创业公司需要采用各种促销手段或促销工具的组合。一般来说,人员推销、广告、营业推广和公共关系这四种是主要的促销工具。

当然,具体选择何种促销组合是要依据公司情况而定的。如果采用人员促销,需要明确是求助于推销员,还是让营销机构执行;如果采用广告方式,是用何种方式做广告;如果采用营业推广,是要通过新闻发布会还是展览会。

7. 研究和开发

并不是每一个商业计划书中都必须包括研究和开发这一内容,是否包括主要取决于创业公司的业务性质。一般来说,高新技术创业企业对研究和开发是十分看重的,这时就需要在计划书中着重体现这一部分。当投资者主要关心的是利润问题时,则需要着重说明研究和开发的结果转化为市场产品的过程可以获取的利润是多少。以下将从四个方面对研究和开发展开阐述。

(1)研究的资金投入。创业企业要向投资者说明为了推出产品或服务,需要进行的研究计划,这其中包括研究成本预算、研究时间进度、产品的改进和更新及其成本预算。计算内容应尽可能详尽,以便投资者了解需要的投资金额及在未来获得利润是多少。

(2)公司研究人员的情况和研发力量。向投资者展示公司研发队伍的实力,需要列出研发团队中骨干成员的专业背景、实操经历及创业公司已经获得的实际研发成果等,彰显公司技术团队的雄厚实力,让投资者确信公司具有对未来竞争能力的抗压性。

(3)研究产品的技术先进程度及发展趋势。简明地指出现有市场存在的产品具有哪些不足点,以及自身研究产品的先进之处,并展现未来市场上的产品发展趋势和需要的技术突破与改进方法。

（4）保护知识产权。对于创业公司来说，知识产权的保护是至关重要的。产品或服务的独特性如果不加以保护，那么创业公司的产品在市场上的独特性很快就会消失。

8. 管理方法和团队组织

创业公司如何才能拥有强大的管理资源和有效的组织结构，在于创业公司的管理方法和团队组织。管理方法的成效和团队组织的素质将会成为是否能够成功获得创业融资的关键。在商业计划书中，创业公司需要对管理方法和团队组织进行特别的关注。

（1）展示创业公司中的关键团队角色和担任这些角色的成员情况，列出关键团队成员的名单和基本信息，并说明这些成员之间的责任划分。通过简历的形式列出团队成员中的业绩和成功案例，同时还要展示团队成员的职业道德和优秀品质。当然，在阐述团队成员的优势时，也要适当提及一些弱势。就如同没有一个完美的人一样，公司中也不会有一个完美的团队，过分对团队成员夸夸其谈，会造成公司不诚信的形象。提及一些弱势，反而会让投资者感觉创业公司是一个诚实可靠的公司。

（2）展示拥有良好信誉的关键性顾问。信誉顾问也是创业公司中不可或缺的人员。向投资者罗列这些具有良好口碑的顾问，列明他们基本信息及他们在公司中所提供的支持和服务，让投资者对创业公司的信誉有良好的认知。

（3）展示创业公司所采取的激励约束机制。如对员工的薪酬分配、升迁调配、奖惩制度和企业文化等方面所采取的激励约束机制进行展示。这会让投资者相信创业公司能够确保对公司进行有效的管理，以达到预期目标。

（4）用图表的形式展示创业公司的组织结构图，让投资者可以清晰地了解创业公司的组织架构，并研究其合理性和持续性。

9. 生产计划

创业公司新产品的生产制造及经营过程都需要在生产计划中进行阐述。生产计划是后文将要提到的财务计划与分析的基础之一，同样是商业计划书中不能够缺少的一部分。这一部分需要向投资者阐述生产产品的原材料如何进行采购，供应商的相关情况，劳动力和雇用人员的相关情况，生产资金如何安排，以及生产基地的基本情况、生产的经营过程等。生产计划将成为投资者进行投资项目评估的重要依据。

1）生产资源

产品的原材料、厂房、生产设备、生产技术、生产团队和基础设施都是生产资源，这些资源都需要向投资者进行展示。当然，这些并不是全部的生产资源，创业公司的生产资源需求计划也是生产资源的一部分。这些计划包括原材料采购计划、劳动力和雇用人员的招聘计划、生产厂房和土地计划、生产设备和基础设施购置、维修与改进计划及生产资源总资金需求计划。

2）生产流程

生产流程的展示最好通过生产流程图来进行说明，并阐述生产的特征和影响生产的关键因素，还要解决生产工艺的复杂程度、技术的成熟度，以及控制关键环节和产品的实际附加值等问题。与此同时，要让投资者了解生产中的不确定因素，并对此进行详尽的描述。这些说明务必要让投资者对生产流程一目了然。

3）生产产品的经济分析

生产首先要考虑产量。产量是根据之前创业公司对市场和行业的预测及公司实际情况进行确定的。创业公司的实际能力将决定产品的产量，而销售能力又决定产品的销量，所以生产产品的经济分析需要综合多种因素进行，包括生产产品存货的控制和管理、产品成本的结构，以及如何减少生产成本等问题。

10．财务计划与分析

"商人重利"这是无可厚非的，创办企业的重要目标就是盈利。所以，财务计划与分析也常常被称为商业计划书的灵魂。如何让投资者看到一个创业公司将自己的创意转化为盈利数据，只有财务计划与分析才能做到。一份商业计划书中最需要花费时间与精力编写的部分就是财务计划与分析。财务计划与分析在商业计划书中有两个作用：一个是通过财务分析进行财务预测，向投资者提出融资需求；另一个是通过财务计划与分析，指出创业公司在未来的财务状况和盈利能力。财务计划与分析，需要相当的专业知识，通常创业公司会选择委托会计事务所来完成。

1）财务预测

创业公司需要向投资者提供一套财务报表，包括资产负债表、损益表和现金流量表。

（1）资产负债表。资产负债表既提供了创业公司的资产结构，包括现金、应收账款、存货、土地等信息，还提供了资产流动性、资金来源状况、负债水平及负债结构等财务信息。这些信息将会让投资者了解创业公司的偿债、营运等财务能力。

（2）损益表，也称利润表。损益表可以成为创业公司利润计划完成情况的考核标准，通过分析创业公司的盈利能力及利润增减变化的原因，可以对公司利润的发展趋势进行预测。

（3）现金流量表。现金流量表是创业公司对外报送的一张重要财务报表，主要用于记录创业公司的经营、投资和筹资活动等产生的现金流量，并根据现金流量表来预测未来的现金流量。

如果创业公司已经经营了一段时间，创业公司也需要将过去经营阶段内的财务状况在资产负债表、损益表和现金流量表中表明，投资者也会将其作为重要的参考依据。创业公司需要根据生产计划的经营情况、行销计划的分析及预测，加上对市场和行业的分析及公司的财务环境，做出一套在未来3~5年的财务报表，其中包括创业公司预计资产负债表、预计损益表和预计现金流量表。财务报表的设定并不需要一定要以年份为基础。我们建议创业公司制定的损益表以月度为基础，而资产负债表和现金流量表可以以季度为基础。

2）财务预算

准确的财务预算是编制财务报表的必须部分，也是整个财务计划与分析的基础。原因有以下两个方面：

一方面，便于对资金需求情况的准确预期，包括资金额、条件和需求的时间。而最直接和简单的方法就是做财务预算。这其中包括短期资产预算、长期资产预算、短期债务资本预算、长期债务资本预算及股权资本预算。最后汇总成财务状况预算。

另一方面,可以预期创业公司未来的盈利状况。创业公司需要预算营业利润、利润总额和税后利润。这其中包括营业收入预算、产品成本预算、销售费用预算、管理费用预算、财务费用预算、资本预算等。

而在编制财务预算过程中,撰写人要能够保持清晰、准确、缜密的逻辑思维和有根据地进行财务计划与分析。这是一个成功财务计划与分析的决胜条件,进而为创业公司赢得投资者的青睐。

11. 融资说明

融资说明具有很大的弹性,因为投资者在自己心中会对投资项目有一个大致的资金评估。融资说明是在资金需求的基础上发展的,很多具体的内容是需要同投资者经过反复协商才可以完全确定的。

融资说明中需要向投资者阐述如下几个比较重要的问题:

(1)此投资项目的预计资金是多少?这是投资者较为关注的问题之一,此处的预计资金并不一定完全由投资者提供。所以,还需要表明的问题是,创业公司需要投资者投资多少资金?

(2)具体的融资方式是什么?有没有规定的具体细节性问题?

(3)创业公司的未来资本结构将如何发展?创业者同投资者的所有权比例是如何分配的?

(4)资金的使用方式是什么?如何做到有效、公开的资金流向说明?投资者如何知道资金的走向和财务报告?

(5)如何制定财务报表的编制种类及周期?

(6)投资后产生的收益要如何分配?

(7)投资者如何参与到创业公司的管理活动中?具有哪些权利?

提供这样的融资说明,既可以使投资者准确分析所需要的融资数额和收益的关系,为正确进行投资提供参考,也能够保证创业者和投资者之间的有效合作。

12. 机会与风险因素的分析

创业具有高机会性和高风险性,所以创业者要在展示商业计划书给投资者之前,尽可能地弄清创业公司可能面临的各种风险,以及风险的程度和如何降低或防范风险等。创业者完善机会与风险因素的分析,可以成功减轻甚至消除投资者的疑虑,更易获得投资者的投资兴趣。

1)风险来源

不同的创业公司会面对不同的风险,这些风险的来源也不相同。风险大致可以分为机会风险、技术风险、资金风险、管理风险、生产风险、市场风险和环境风险。在创业阶段,几乎每一个阶段都会遇到风险。具体风险来源有以下几个方面:

(1)市场风险。市场环境一直是一个不稳定的因素。政策的变动、需求的变动、竞争者的新战略等问题都是在不断变化的。

（2）资源不足。创业公司建立初期，并不一定会获得充分资源支持，这可能导致创业公司缺乏足够资源来维持其长远发展。

（3）经营时间短。创业公司的创立和经营时间短，意味着创业公司具有较少的业内经验，这已成为要与投资者重点探讨的风险问题。

（4）生产风险。生产中的技术、研究及开发等，也是不确定的风险因素。

（5）财务风险。财务风险是对财务计划与分析的补充说明。如何规避财务风险，需要创业公司对财务风险进行细致准确的分析。例如，财务状况是否脆弱？公司各项财务指标是否正常？现金流能否支持创业的发展和延续等。

（6）缺乏管理经验。由于创业团队的成员大多很年轻，普遍对行业缺少足够和深入的了解。

（7）团队对核心人员的依赖性。很多创业公司都存在以一人为核心的领导和管理模式。如果核心人员离开，将会对创业公司带来什么影响，以及谁可以替代核心人物，也是现今创业公司所面临的问题之一。

当然，风险来源并不仅仅只有这些，创业者需要尽可能地将各方面风险来源都考虑到，不要隐瞒任何风险因素。投资者十分看重风险对创业公司的冲击。

2）风险控制

创业者要根据不同的风险来源制定相应的风险控制策略，以确保自己的创业公司不会因为这些风险的出现，导致公司的失败，让自己和投资者有重大损失。常见风险控制的方法有以下四种：

（1）回避风险。最消极的风险处理办法就是对风险的简单回避，因为在创业者放弃风险行为时，也意味着放弃了目标收益，从而影响企业经营目标的实现。

（2）控制风险。控制风险的意思是创业者要制订计划和采取相应措施来降低风险可能带来的损失。真正完全的控制风险是不可能实现的。

（3）转移风险。风险是可以通过契约形式进行转移的。一般转移风险的形式有两种，即通过签订合同将部分或全部风险转移给其他参与者，或者通过保险转移风险。通过保险转移风险也是在风险转移方面最被广泛采用的方式。

（4）承担风险。创业公司在风险产生时，要运用当时可利用的资金自行承担。承担风险的情况有三种：一是当损失金额较小，可在损失发生时用公司的收益承担；二是为承担发生频率高、强度大的损失时，创业公司需要建立意外损失基金，当损失发生时，可以用基金承担；三是当创业公司的规模已经完善和成熟时，创业公司为了更好地承担风险，应建立专业的风险承担公司。

13．退出机制

创业投资的退出机制也是投资者十分关注的一点。虽然创业者都是希望自己的创业公司能够抵挡住大时代的洪流，成为成功的公司，但是在商业计划书中，撰写退出机制也是必不可少的。

公开上市、兼并收购和回购等是常见的退出机制。创业者要对这三种退出机制进行可行性分析。

第 7 章 商业计划

（1）公开上市。上市后的公司会面对公众买卖公司股份，这样投资者所持有的股份也会被卖出。

（2）兼并收购。如果市场上有其他企业家对创业公司感兴趣，则可选择将公司出售。但是，在兼并收购的过程中，公司之间会产生营运风险、融资风险和被反购的风险等。

（3）回购。将本公司发行在外的股份进行回购，投资者将会要求公司根据预定的条件来回购。但是，不恰当的股份回购有可能造成股票交易的不公正性和损害股东及债权人的利益。

  商业计划书模板

 本章小结

- ❖ 商业计划书既是对创业者的指引，也是对创业机会的识别和开发的再度论证。它是一种书面文件，阐述了创业者的愿景，以及将愿景转变为一个可盈利的成功企业的可行性方案。
- ❖ 对于创业者来说，融资和计划是最需要斟酌的地方，而商业计划则在这两方面上具有重要的作用。
- ❖ 商业计划的正文部分应包括摘要、公司概述、产品或服务、行业和市场、行销计划、研究和开发、管理方法和团队组织、生产计划、财务计划与分析、融资说明、机会与风险因素分析、退出机制等内容，力求向读者阐述商业计划的全貌。
- ❖ 创业者应了解创业项目的融资分析和行动计划，这是商业计划的目标。
- ❖ 在建立融资分析和行动计划之前，创业者需要对自己进行分析，同时也要关注创业商业计划书的读者——投资者。

  绿色餐饮店创业计划书

扫描二维码并阅读案例，思考并回答下列问题：
1. 通过本章的学习，你认为这份商业计划书有何亮点，为什么？
2. 你认为这份商业计划书还有什么不足之处？应该在哪些方面进行修改？
3. 如果你是投资人，在看过这份商业计划书后你会投资该项目吗？

  东盛步行街招商计划书

 **本章思考与练习**

1. 为什么创业者要撰写商业计划书？如果没有商业计划书，直接创业又会如何呢？
2. 学习完本章后，你认为商业计划书中至关重要的部分是什么？请阐述原因。
3. 商业计划书的首要目标是什么？
4. 创业者在撰写商业计划书的时候，是否应该向投资者全盘展示创业过程的潜在风险因素？
5. 结合本章的内容，设计一份商业计划书，并寻找一位或多位同学扮演投资者，阅读商业计划书，并指出计划书中的问题。

第 8 章　创业企业的经营管理

1. 了解创业企业吸引人才的条件及途径
2. 学习创业企业的营销方式
3. 了解创业企业日常涉及的财务问题
4. 学习并掌握如何融资
5. 学习如何有效维持客户关系

自始至终把人放在第一位，尊重员工是成功的关键。

——IBM 创始人托马斯·沃森

 只有想不到，没有做不到

8.1　人的管理

在社会生活中，人与人的交往密不可分，工作、学习、家庭生活都离不开人际交往。对于创业初期的企业而言，在资金匮乏、技术与设备简陋的双重束缚下，领导者要保持与员工的良好关系，提升员工忠诚度，并尽可能地发掘员工潜质。

8.1.1　创业企业招聘的人才应具备的条件

管理大师彼得·德鲁克在其名著《管理实践》（*The Practice of Management*）中提出人力资源的概念，即企业的人力资源是所有企业资源中最富有生产力的资源，同时也是最丰富的资源。

根据这个定义，结合创业企业的特殊性，我们归纳出创业企业雇用人才应具备的几个条件：

（1）智谋与胆略。有智无勇与有勇无谋都是不可取的。前者前思后想，顾虑太多，

遇到小风险就容易产生退缩的想法；后者只凭满腔热情敢闯敢干，没有经过深思熟虑与调研，往往会落得血本无归。

（2）敢于创新。企业发展的根基在于创新，创业企业对于创新的特质尤为看重。而创新的根本在于人，因此，创业企业内部需要有勇于提出自己新颖想法、勇于创新与探索的人才。

（3）灵活多变。创业企业往往会面临各种问题，因此需要思维灵活的人才根据企业实际情况解决问题，尽最大可能保证企业的利益和声誉，并且切忌墨守成规。

（4）顽强拼搏。创业在通往成功的同时也伴随着巨大的风险。因此，不怕挫折、越战越勇、对困难与失败有良好接受能力的人更能在创业的道路上越走越远。

（5）有大局观念。明白自己在企业中所处的位置，明确自己的目标和意愿，有强烈的主体意识，能够独当一面，并且对企业全局有基本的概念与设想的人才是创业企业迫切需要的。

8.1.2　创业企业吸引优秀人才的凭据

择业者在面临就业方向时会考虑诸多因素，例如，薪酬设计、发展前景、工作舒适度等。相较于成熟企业的人员饱和，创业企业往往有更多升职机会，在人才招聘时应利用这种优势。以下是创业企业吸引优秀人才的形式。

（1）创业企业的价值回报。通过授予股权等方式，让优秀人才看到未来企业成功后应得的报酬。以这种方式留住人才，能促使人才尽自己最大的努力实现企业利益最大化。

（2）发展前景。一个企业的发展前景对于择业者是十分重要的。企业应有自己的长期目标与短期目标，让择业者对企业规划有比较清晰的了解。同时，对于择业者个人而言，自身的发展前景也是选择企业的重要标准。结合企业发展为每一个加入企业的员工做一份职业生涯规划，既能让员工更有热情地去工作，又是企业留住人才的重要举措。

（3）人才激励制度。人才激励制度是保证员工在为企业建立和发展做出贡献后获得奖励的最直接有效的制度。因此，在创业前就应该建立人才激励制度，以保证不会在招聘过程中失去先机。

（4）创业者的个人魅力。企业文化是一个企业的灵魂，在创业企业中，企业文化还没有形成。因此，创业者的个人魅力就起着举足轻重的作用。

  新东方创始人俞敏洪创业的个人魅力

8.1.3　创业企业的招聘渠道

通用电气前 CEO 杰克·韦尔奇曾说："如果没有做好人的工作，我们就会失败。对于企业来说，这是最重要的事情。"不论企业类型与大小，招聘员工都是一个企业的重中之重。因此，要秉承着下面这一原则：有德有才破格重用，有德无才培养使用，有才无德限制录用，无才无德绝不使用。从某种程度上来说，一个人的品德要比才华更重要。

才华可以培养,而品德则是自小养成,很难改变。

对于创业企业,要吸收有用的人才,可以从以下几个方面着手。

1. 内部招聘

(1)员工推荐。企业内的员工根据企业需求推荐专业人才。这种方式成本低、可靠性高、人员离职率低,但容易形成企业小团体,或者被推荐应聘的人员较少,没有选择的空间。

(2)内部选拔。适用于企业内部的部门经理选拔。一般面向业务熟练并且熟悉员工的业务突出者,采取内部选拔方式有利于提高员工的工作积极性。

通过内部选拔,不仅仅可以选拔优秀员工,更重要的是可以对企业现状进行全面盘点和认真梳理。同时,可以发现并储备一大批优秀人才,以备企业扩张和业务拓展的人才需要。

2. 外部招聘

(1)校园招聘。学校是企业招聘初级岗位的重要来源。在职业学校可以招聘初级操作型员工或办事员;在大学里可以招聘潜在的专业人员、管理人员、技术人员。

(2)竞争者和其他企业。对于要求具有工作经验的岗位,如优秀的销售员和市场营销人员,需要到竞争者或同行业其他企业进行寻觅与挖掘。

(3)人才交流中心。各大城市都建立了人才交流服务中心,这些机构常年服务于各个用人单位。在招聘会上,用人单位可以直接与应聘者进行交流,节约企业的时间,增加选择范围。

(4)传统媒体。在传统媒体刊登广告,既能招聘人才,又能扩大企业的影响力,但费用高、时效短,创业企业往往没有足够的财力支撑。

(5)网络媒体。通过网络媒体招聘是现代社会较为流行的一种招聘方式,具有费用低、覆盖面广、时间周期长、联系方便等优点。创业企业可根据实际情况选择使用。

(6)人才猎取。对于高精尖人才,需要付出较高的代价委托猎头公司代为收集人才信息。创业企业不建议选择该种人才招聘方式。

内部招聘与外部招聘各有优劣,其利弊分析如表8-1所示。

表8-1 两种招聘渠道的利弊分析

招聘渠道	优 势	劣 势
内部招聘	● 有利于提高员工的士气和发展期望; ● 对组织工作的程序、企业文化、领导方式比较熟悉,能够迅速地展开工作; ● 对企业目标认同感强,辞职可能性小,有利于个人和企业的长期发展; ● 风险小,对员工的工作绩效、能力和人品有基本了解,可靠性高; ● 节约时间和费用	● 容易引起同时间的过度竞争,发生内耗; ● 竞争失利者感到心理不平衡,难以安抚,容易降低士气; ● 新上任者面对旧同事,难以建立领导声望; ● 容易出现小团体问题,思想、观念因循守旧,思考范围狭窄,缺乏创新与活力

续表

招聘渠道	优　势	劣　势
外部招聘	● 为企业注入新鲜"血液"，能够给企业带来活力； ● 避免企业内部相互竞争所造成的紧张气氛； ● 给企业内部人员以压力，激发他们的工作动力； ● 选择范围比较广，可以招聘到优秀的人才	● 对内部人员是一个打击，感到晋升无望，会影响工作热情； ● 外部人员对企业情况不了解，需要较长时间来适应； ● 对内部人员不是很了解，不容易做出客观评价，可靠性比较差； ● 外部人员不一定认同企业的价值观和企业文化，会给企业的稳定性造成影响

  中国移动完成内部高管选拔：平均年龄 39 岁　 腾讯 2013 年校园招聘超千人

8.1.4　创业企业的薪酬设计

一个运营良好的企业，必定会有合理的人才激励制度，其基础便是员工的薪酬设计。创业之前，创业者应当了解同行业其他企业的薪酬制度，以确保本企业的薪酬水平不低于其他企业，并且将本企业的薪酬制度通过书面形式严谨地呈现出来。

1．薪酬内容

薪酬是指企业为认可员工的工作与服务而支付给员工的经济收入，包括直接收入和间接收入。在一般企业中，员工的薪酬应与以下几个方面相关。

（1）职位价值。即员工所处职位应得的基本工资，是其所在职位的价值表现。该职位价值可能会与教育程度、语言水平、工作经验等有关。

（2）划定工资级别体系。在进行职位价值评估后，管理者应将类似的职位归入同一工资等级。除国家规定的职业级别以外，各个企业应自行规定职位级别及工资级别。

（3）确定等级额度。同一级别中的职位工资也是有一定区别的。一般情况下，本级别中最低职位工资不得低于下一级别中最高职位的工资。

（4）调整极差。管理者可根据劳动力市场的具体情况，或者根据企业的自身情况，调整某些职位的薪酬，以确保人才选择。例如，技术型产业对于技术型员工的需求量较高。因此，可适当提高技术型员工的工资。

（5）经济性报酬。包括基本工资、绩效工资、加班费、奖金、业务收入提成、现金补贴（交通费、通信费等）和福利（五险一金）；

  五险一金

（6）非经济报酬。包括工作环境和工作特征。工作环境包括软硬件设施、人际关系、

工作场所的便利性、企业的制度等；工作特征包括工作的重要性、学习性、趣味性、晋升机会、发展潜力等。

2. 薪酬设计需考虑的因素

创业企业的薪酬设计应遵循高工资、低福利，简明实用的原则。

1）不同部门应该有所区别

企业内部可以分为技术型部门、服务型部门，不同类型的部门工薪制度应该有所区别。

（1）技术型部门。企业对于高技术人才具有较强的依赖性，在薪酬设计上，必须考虑企业的长远发展和人才稳定性。因此，可在基本工资的基础上分给高技术人才少量股份，按年给予分红或采取高薪加高福利的政策。管理型人才也是如此。例如，美国石油巨子保罗·盖帝聘用乔治·米勒管理一些油田，米勒是优秀的管理人才，但由于米勒缺乏经验，导致油田费用上升，利润减少。后来，盖帝把那片油田交给米勒，不再付薪水，改用油田利润百分比支付报酬。两个月后，油田的费用减少，产量与利润大增。

（2）服务型部门。因为服务型人才的人才市场比较大。因此，服务型部门应采用等级工薪制度。企业应将岗位与薪水联系在一起，让员工为了能够升职加薪而努力工作。

2）薪酬设计的注意事项

（1）可适当增加优秀员工与普遍员工之间的薪酬差异，这样有助于激励优秀员工继续努力工作。差异较小，则易引起优秀员工的不满。同等级员工之间的薪酬差异应尽量缩小，这样才不会造成员工的不满。

（2）企业应避免将工薪制度与激励制度混淆。对于创业企业，更要注意此问题。否则，会导致基本工薪制度与激励制度的混乱，打击员工的工作热情。

（3）薪酬的内容多种多样，但企业中身处不同位置的员工对薪酬内容的关注方向并不相同。因此，在设计薪酬制度时应充分考虑这一点。企业各类人员关注的问题如表8-2所示。

表8-2 企业各类人员关注的问题

排 序	管 理 者	专 业 人 员	事 务 人 员	钟 点 工
1	报酬	晋升	报酬	报酬
2	晋升	报酬	晋升	稳定
3	权威	挑战性	管理	尊重
4	成就	新技能	尊重	管理
5	挑战性	管理	稳定	晋升

从表8-2中可以看出，所有的员工都很注重报酬。因此，在设计薪酬时企业应尤其注意与同行业保持相当水平。与此同时，专业人员也比较注重晋升，因此要保证有较好的升职空间。管理者侧重于权威、成就、挑战性等工作特征；专业人员侧重挑战性、能否获取新技能等工作特征；普通事务人员和钟点工注重工作环境及是否被尊重这类问题。

8.1.5　创业企业的人员架构

企业在创业之初可能只有两个或三个合伙人。他们之间的关系非常亲密且非正式，互相之间没有严格要求。但随着企业的逐渐发展，初创公司的总人数不断增加，就需要改变小作坊式的管理方式，转变为专业的管理团队。要从小作坊转变为正规的企业，选择管理班底并不是一件简单的事，必须不断地挖掘，把真才实学的人选进公司并且留住。许多公司在向专业化管理转变的过程中消亡了，原因在于没有建立起一个专业、高效的管理班底。搭建这个班底需要遵循以下几个原则：

（1）聘请有经验的人员；
（2）选择素质较高的人员；
（3）尽量寻找共同共事过的朋友；
（4）选择认同本公司文化的人员；
（5）管理层的人数要尽量少；
（6）树立共同的目标。

管理班底搭建的过程会非常艰辛，创业企业在从为生存而努力挣扎的小作坊组织发展成更为成熟的企业时，不可避免将要同一群不认识、不了解的人相处，这些人会经常更换，直到形成最满意的群体。创业企业可以采用"顾问"体系来形成管理班子，即聘请一些企业退休或在业务关系中有经验的人，担当年轻管理人员的顾问，指导工作。长此以往，公司的管理班底会随着业务的增长而逐渐成熟。

  马云首度披露阿里合伙人制度：已有 28 位合伙人

8.1.6　创业企业的人员管理制度设计

创业企业的管理工作主要是抓好人事和财务两个方面的管理工作。人事方面主要体现在管理制度设计上，设计应注意把握以下几个方面的问题：

（1）制定规章制度。制定并遵守既定的规章制度。制度一旦制定，就需要人人遵守，不允许出现特权，而且一旦制定，不能随便更改。

（2）股东之间的信任度。由于创业企业规模小，许多问题都可以直接沟通，应该采用实事求是的处事风格，以减少企业内部人心不团结的情况，把优秀的人才结合在一起，向着同一个目标去努力。

  真功夫股权内乱风波

（3）明确分工职责。企业管理制度的制定应明确每个人的责任分工和上下级关系，减少出现问题相互推诿的现象和员工工作定位混乱的问题，否则将严重阻碍企业的发展。

（4）明确战略核心。企业每一阶段都有不同的战略核心，作为创业企业应优先将战略核心定位于业务上，明确客户需求，积极开拓市场，扩大市场占有率，这是提高企业管理的有效途径。

（5）权力下放。对于创业企业的管理者，要学会将自己手中的权力下放，考虑所处职位应该考虑的问题，尽量减少对于日常无关紧要或下属即可做决定的工作。但权力下放并不意味着放任不管，而是在必须加以控制的方面和员工发挥自主性之间找到一个平衡点，当下属犹豫不决或出现重大问题的时候，管理者需要及时做出决定。权力下放有利于提高下属的积极性，并且可以培养得力助手。

（6）避免社会关系对工作关系的干扰。创业企业的员工多半与创业者有学业、亲属或地域之间的关系。这些关系会在一定程度上影响企业内部正常的工作关系，导致管理者不容易按规范行使企业管理权。因此，在企业创立之初就应当明确一条：坚持制度管理，绝不感情用事。

8.2 营销管理

创业企业必须在产品生产之前就构思出整套营销体系，并加之以丰富的创造力和想象力，这样才能在激烈的市场环境中得到最大范围的瞩目，同时迸发出顽强的生命力，从而稳占市场先机。

创业企业的营销从各方面来说有别于既有企业的营销，主要有以下几点原因：

（1）创业企业的资金有限。低成本的营销活动在初创企业的经营管理中占有一个至关重要的地位，一系列的企业运营活动会消耗大部分的企业资金，此时，创业者不得不追求低成本、高效率、传播范围大的营销策略，这无疑增加了营销活动的难度。

（2）拥有的市场资源有限。大多数新创企业市场份额很少或基本没有市场份额，加之有限的市场地域分布，在很大程度上缩小了企业发展的宽度，使之难以形成任何规模经济效益。

（3）信息资源的局限。面对严峻的市场挑战，没有及时而可靠的信息源，如同在黑夜中航行，摸不着边际的时候，急于求成的决策往往被强硬的个人主义和偏见所影响。

在透彻了解自身有限的资源条件的前提下，我们关注新进企业面临的迫切需要解决的营销问题，首要的是探讨如何进行市场定位（STP 营销），确立方向后，再对如何开展 4P 营销活动进行分析。

8.2.1 市场定位

在当今信息化飞速发展、产品日新月异的市场中，来自各层面的信息涌现在广大消费者眼前，同质化的产品更是铺天盖地而来。如何令自己的产品从海量的信息中脱颖而出，市场定位是一个不可忽视的关键性因素。如何准确地掌握市场定位的主动权，正是创业者最首要遵循的三个步骤：市场细分、选择目标市场、创新性的产品定位，简称 STP 营销。

1. 市场细分

市场细分，作为整套营销体系中的奠基之石，却经常被创业者所忽视。这导致了企业在初创道路上走了不少弯路，甚至错失企业把握新产品或服务的潜在市场机会，在此后的经营过程中想要收复失地就是难上加难了。

市场细分的基础是客观存在的需求差异性，具体产品决定细分标准、细分的重要特征，然后逐步描绘细分市场的外形，最后结合使用人群的特征及其独特消费模式完善细分市场的定义。

我们必须从全面的角度来分析市场细分的适用问题。"物极而必反"这句话希望能敲醒那些一味服务于细分客户的创业者。市场细分并非灵丹妙药，不是对所有企业都能奏效。根据各种行业特点的不同，只有在必要的情况下才进行市场细分，而不是盲目地划分出更加细小的市场，为自己堵住了出路。同时，要避免大家共同争夺同一个顾客群体的情况，单纯着眼于易进入和容量大的市场，这也意味着资源的浪费和无休止的挣扎求存。适当实施"反细分策略"，通过省略或整合某些细分市场减少其数目，能扩大产品的适销范围，增加销售量。

2. 选择目标市场

选择目标市场是在比较不同细分市场的吸引力的基础上，结合自身的目标、资源与该细分市场的情况一起考虑，最后选择具有一定规模和发展前景的细分市场作为目标市场。创业者通常会遇到以下四种情况：

（1）吸引力较大，但不符合创业者长远目标的细分市场，因而不得不放弃。

（2）不明确自己是否完全具备在该细分市场稳操胜券的技术和资源，贸然地选择，如同在创业道路盖上一层薄雾，既看不清前路，更缩小了视线范围，忽视了四面八方而来的竞争者。

（3）具有潜在的发展空间，但不能推动创业者完成自身目标的细分市场，有可能导致企业的精力分散，使其创业道路愈加漫长而艰辛。

（4）吸引力大而前景辽阔的细分市场，是众多创业者容易踏入的"陷阱"。如果在某个细分市场的某方面缺乏必要的能力，并且无法获取该能力时，那么创业者必须放弃这个细分市场，"量力而行"适用于每一位创业活动的参与者。

"选择"方面，创业者应全面分析细分市场的特征，同时衡量自身是否具备在该领域取得优势的能力，以便压倒竞争对手。如果不具备占据优势的能力，创业者就不应贸然加入该竞争中。在清楚自身优势与资源的前提下，我们可以通过五种模式选择目标市场，即产品市场集中化、产品专业化、市场专业化、选择性专业化和整体市场。

此外，两大注意事项始终贯穿整个选择目标市场的过程：第一，企业要持续地检测目标市场的吸引力，以适时地调整自身可提供的产品或服务，迎合该市场的需求，为企业时刻注入活力；第二，关注社会偏好的变化，因为目标市场的吸引力有可能随着社会的偏好而变化，甚至完全流失，尽管企业做好了一切工作，也可能在此前功尽弃。

3. 创新性的产品定位

市场定位并不是纯粹地对一件产品的创新性设计或者改造，更多的是在客户心目中的形象塑造与产品功能的导入。总结一下市场定位的必要性，主要是创造差异、有助于形成竞争优势、为制定各种营销策略提供前提和依据等。而这些必要性的体现都来源于产品，使本企业的产品与其他产品区分开来，创新性的产品定位能迅速地在顾客心目中留下明显的差别化印象，从而占据到特殊的位置。例如，美汁源的广告语"你给我阳光，两百天阳光，两百天阳光和健康都给你"，这么一句朗朗上口的歌词，就轻易地把美汁源的果汁与其他同类产品区分开来，暗示它并非浓缩果汁兑水而成，而是实实在在的水果精华。

在创新性的产品定位中不得不提到的一个定位工具——价值曲线。这个概念是指企业把主要精力投放在创造顾客与自身价值的提升上，以此创造出完全属于自己的一片无人竞争之地，用产品实力摆脱对手。

8.2.2 创业企业的4P营销组合

经过谨慎而灵活的市场定位后，一系列的营销组合的计划工作紧接而来。企业一旦确立了市场的定位，必须借助一组可控的战术性的营销工具来夯实企业在目标市场上的基础，并达到预期的市场反馈，我们称该工具为营销组合，其中运用最广泛的是4P，4P包含括产品（Product）、价格（Price）、促销（Promotion）和渠道（Place）。

1. 产品

大至一辆汽车，小至一根线，人们需要这些产品无非是看中它们能帮助自己增加价值。创业企业除了致力于满足顾客的价值需求，还必须提供明显性相对较强的差异化产品。

创业企业由于经验不足，在很多方面都是依靠学习既有企业的经营模式，从而一步一步地探究自己的生存之道。许多企业的成功建立和发展都是基于新产品的创建，可见实现顾客未得到满足的需求，带动的不单单是消费，而是整个企业的腾飞。随着全球化和信息化的发展，产品更新换代的速度将不断加快，市场竞争态势愈演愈烈，企业者所要承受的压力越来越大。不管是创业还是守业，想要维持获利的市场地位，必须依靠持续不断的新产品开发。

新产品的设计完成后，首次推广对该产品的销售同样起着关键作用。推广方案的设计中必须考虑潜在的传播范围，正确地选择参考客户和产品展示方式显得至关重要。其一，参考客户是企业产品的早期使用者，他们有意愿向身边人传播自己使用产品的体验和感受，同时传递产品信息，促进产品的推广，在该类人群的选择上，除依据新产品面向的目标客户以外，建议可尝试对目标客户相关的人群进行传播。例如，男士的保暖用品，可选择30岁以上女性做参考客户；其二，为吸引参考客户并换取他们试用产品的反馈和感受，新企业必须向最初的尝试者提供低价或免费的产品或服务等，值得注意的是该活动必须在公正公开的平台上进行，并承诺不收取任何间接费用。一些消费者不太愿意尝试新产品，如果企业采用鼓励性和推动性的展示方式，加之以低价的诱惑，可以很大程度上排除顾客心中的忧虑，从而决定尝试新事物。

2．价格

产品的价值是产品定价的基础。合理的定价，有利于新企业形象的提升。过高的定价，加上产品是新品牌，容易让价格敏感性较强的顾客产生抵触心理，进一步降低了顾客的尝试意愿；过低的定价，受到消费者长期形成"便宜没好货"的观点所影响，在顾客心目中形成低劣的企业形象，在日后的企业发展中是难以改变的。许多商家经过实战后，明白的一个道理是"降价容易，升价难"，说明了新企业初次定价的重要性。

根据企业不同时期的需要，灵活地对产品实施价格调整，以下四种定价方法可供企业管理者选择：成本导向定价法、需求导向定价法、竞争导向定价法和认知价值定价法。大部分创业者选择成本导向定价法和竞争导向定价法。事实上，这两种方法较适合既有企业的定价。既有企业的经营状况较稳定，适合选择成本导向定价法，而新企业在一开始的产品成本投入方面可能会出现过高的现象，进而影响定价。而竞争导向定价法，容易让新企业陷入"严重财政赤字"的困境。因此，创业者一定要抵制降低价格以提高市场占有率的诱惑，去考虑其他力争上游的办法。

到底哪种才是新企业最优的定价法呢？大部分专家推荐认知价值定价法，这是一种根据消费者对产品价值的认识程度来确定产品价格的方法。随着市场形势的变化，新企业不仅要考虑自身的成本，还必须注重顾客对所需产品的价值认知程度。

3．促销

促销实质是一种信息沟通，企业作为信息发送者，推送具有一定吸引能力的产品或服务，加之以相关信息，通过多种多样的途径到达目标客户，从而对其购买意愿与行为进行影响。我们可以参考相关市场营销教材知识，选择以下三种促销策略：推式策略、拉式策略和组合策略，即通过推销人员把产品推向市场、利用各种形式宣传产品以拉拢客户和两种方式的组合运用。

对于新企业，有效的促销能迅速加快企业发展的进程，带动企业市场份额的瞬间扩大。但从长远来看，想要达到良好而长效的促销效果，必须依靠一系列创新性强、充满生机活力的营销活动。

  病毒式营销与游击营销

4．渠道

营销渠道的建立，就是思考生产出来的产品往哪里卖。比较直接销售和间接销售方式，哪种有助于企业达到预期目标。直接销售与间接销售的优缺点如表8-3所示。

表 8-3 直接销售与间接销售的优缺点

销售形式	直接销售	间接销售
优势	● 产品从企业到最终客户的整个转移过程受到企业的全方位控制,不需要依赖第三方; ● 随着信息化的发展和网购的兴起,为直接销售创造了新方向,依靠网络平台能节省庞大的渠道建立支出; ● 减少流通环节,降低业务费用和分销成本,体现直接销售的快捷性; ● 企业拥有一套完整直接销售体系是企业实力的表现,有利于树立和维护企业的良好形象	● 拓展市场,扩大销售渠道,对企业市场占有率的提高起到显著的作用; ● 有利于企业进行专业化的生产。企业可以专心致力于改进生产,强化技术实力,提高经营效率; ● 有利于企业的风险分散,为新企业成长创造一个平稳的销售环境
劣势	● 由于企业自身销售能力有限,单纯地采用直接销售不利于销售市场的扩大; ● 直接销售体系的建立必然扩大企业机构人数和资金的投入,一系列成本开支,加重了新企业的财务负担; ● 企业独自承担全部风险,如销售困难,利润减低等,不利于风险转移	● 采用传统而缓慢的间接销售方式,有可能存在一段较长的滞留时间,不利于新企业资金的回收和对市场需求做出快速的反应; ● 不便于直接沟通信息,产品信息容易被拦截或误解; ● 增加了销售环节,加重消费者负担

选择直接销售方式的新企业,关键是要在处理好企业财政管理的基础上积极地寻找顾客,同时也可尝试网络销售的方式,进一步扩张企业销售体系。而选择间接销售的新企业,关键在于尽可能地减少销售环节,找到合适的中间商并对其进行定期的管理,时刻关注产品的走向。创业者不仅要仔细衡量两种销售方式利弊,还必须认真了解渠道,增加对行业内渠道行为的认识,以制定适合而高效率的渠道战略。

8.3 财务管理

创立任何一个新企业、新公司首先需要创业资本。创业资本是创业者所拥有或能够使用的一切资源,既包括自己拥有的资金及各种实物,也包括从他人那里借来的钱财、物品。当创业资本不足时,企业需要通过融资来获取足够的资金。

8.3.1 创业企业的融资管理

创业企业不同时期的融资管理如下:

(1)种子期。种子期是指技术的酝酿与发明阶段。这一时期的资金需求量很少,创业者个人的积蓄、家庭财产、朋友借款、申请国家创业基金等都是可以满足种子期的基本需要,但也可以寻求专业的创业资本家或创业投资者。

要获得创业投资者的支持,相较于获得亲友资助会困难很多,创业者需要站在投资者的立场思考需要准备哪些材料,才能说服投资者进行投资。投资者的最终目的是盈利,因此,创业者必须对产品的市场销售情况和利润情况进行详细的调查、科学的分析和预测,形成一份可行的策划书,提供给创业投资者。若投资者考察合格,创业者将会获得资金、固定资产或产品订单等支持。对于创业投资家而言,创业企业收益具有不确定性且不易评测,企业投资回报期越长,创业投资者所要求的投资回报率就越高。因此在制定融资策划书时,创业者必须考虑投资回报期、投资回报率等关键性因素。

(2)导入期。导入期是指技术创新和产品试销阶段,这一阶段的经费投入明显增加。这一阶段的企业要减少产品生产,因为产品创新需要测试使用,以便排除使用风险,同时少量投入市场进行试销,根据市场反应决定产品生产数量。

这个阶段主要资金来源是创业投资者增加的资本投入,又称导入资本。创业者可以将创新产品提供给创业投资者试用,并提供营销策划书。

(3)成长期。成长期对应企业发展中的成长阶段和扩张阶段,是技术发展和生产扩大阶段。成长期是创业企业的主要阶段,此阶段面临的主要风险是市场风险和管理风险。技术风险已经在前两个阶段奠定了基础。当新技术已趋于成熟,市场反应不错的时候,竞争者也会纷纷效仿。因此,如何保持技术先进并且能争取市场份额成为企业的重要任务。同时,企业规模的扩大会带来新的管理问题,原先少数人的管理模式不一定适合现在的企业发展。

这一阶段的资金被称为成长资本或扩展资本。由于创业企业的特殊性,企业资金的主要来源是原有创业投资者的追加投入和新的创业资本的投入。

(4)成熟期。成熟期是指技术成熟和产品进入规模化大生产阶段。该阶段企业的资金需求量大,但是由于在这一阶段企业的市场占有率已趋于稳定,企业产品的销售可以带来大量的现金提供企业运转,利润已接近行业的平均利润率,因此不再需要创业资本的投入。这一阶段的资金被称为成熟资本。

  创业企业的一般融资途径

8.3.2 现金流管理

"现金为王"的观念,已经渗透到企业运营的每一个环节,可见现金流量成为影响企业价值的直接因素。如果不想在起步期就被财务问题所绊倒,就必须及早关注企业内现金的流动情况。利润良好但没有或呈负现金流的企业,也有可能陷入无法支付的危机;而现金流呈正向且良好的企业,即使利润情况不理想,却无生存之虞。

现金流有三种不同的类型,即运营现金流、投资现金流和筹资现金流。

(1)运营现金流。按照现金流定义,运营现金流等于运营现金收入减去运营现金支出。在企业初创期通常会大量地消耗资金,即运营现金的大量支出。相应地,企业在这个时期几乎没有运营现金收入,这就导致了很多新企业在最初的几年里相继倒闭。

(2)投资现金流。根据投资的来源分为企业内部投资现金流和企业外部投资现金流,但一般新企业在起步阶段并不考虑对外引入较大的投资,所以本小节主要讨论新企业的内部投资现金流,包括初始现金投资在固定资产上的资金,以及垫支的流动资金如材料存货、其他投资费用等。因为初始现金流量有限,新企业对投资现金的分配上必须更加细致谨慎。

（3）筹资现金流。是指企业从外部筹集现金的净值，包括初始现金收入、新债、还旧债、支付股东红利等。很多新企业容易把流动负债中的短期借款和负债利息计入筹资现金流中，其实它们应当计入运营现金流才符合我国财政部规定。

1．现金流风险分析

创业企业往往侧重于市场的开拓和企业的成长，而忽视了财务管理的重要性，从而累积了大量的财务风险。因此，一套适合自身企业的财务危机预警系统，有利于企业及早发现风险并加以防范。通过对企业的现金偿还债务能力、获取现金能力和收益质量进行分析并设计预警指标，从而得到企业现金流风险的预测结果。

现金偿还债务分析依据是现金流量与当期债务比（经营活动现金净流量/流动负债）和现金债务保障率（经营现金净流量/债务总额）。新企业要在适度衡量两大比率后再做借贷或再投资计划。

获取现金能力分析依据是每元销售现金净流入（经营现金净流量/销售收入净额）、每股经营现金流量［（经营活动现金净流量-优先股股利）/发行在外的普通股股数］、全部资产现金回收率（经营活动现金净流量/全部资产）。

收益质量分析依据是现金营运指数，即经营活动现金净流量/（经营净收益+经营非付现费用）。

2．现金流的规划与优化

预计现金流量表是现金流量规划的基础性工具，能帮助企业掌握资金流转状况和提高企业经营能力，使企业有效调度资金，保证现金流量的正常循环。

现金流量优化就是使企业的现金流转顺畅，并在满足企业需要的同时，实现效益最大化，通过对经营、投资与筹资活动的现金流量优化来平衡资金收支、加快资金周转及提高资金使用效率。

在经营活动中，新企业可以选择提高产品销量和控制成本开支进行现金流量的优化。有的企业则选择通过提高售价实现产品利润率的提高。事实上，这种方法只适用于个别实力雄厚的企业，不宜成为新企业优化现金流量的方法。

在投资活动中，确定合理的投资数量对于新企业尤为重要。这里的"投资"仅指创业企业的内部投资。随着企业的稳步成长，选择适当的对外投资方式进行合理投资，同样有助于企业现金流量的增加。

在筹资活动中，新企业要选择合理的筹资方式。新企业在初创阶段的财务风险承受能力较低，甚至近乎零，在追求效益和效率的同时，必须坚持适度风险原则，来进行筹资方式和筹资数量的选择。

8.3.3 创业企业财务预算

财务预算是一系列反映企业未来一定预算期内财务状况和经营成果，以及现金收支等各种价值指标的预算总称，具体包括现金预算、财务费用预算、预计利润表和预计资产负债表等内容。由于初始投资金额有限,创业企业的投资项目类别需要根据企业定位而慎重选择,本节重点介绍融资需求预测、销售预算、销售及管理费用预算,以及预计财务报表的编制。

1. 融资需求预测

融资需求预测是指估计企业未来的融资需求量。融资需求预测虽然不能准确地预测所需的资金量,但是它可以展现未来的各种可能的前景,促使创业者对未来进行认知和思考,制订应急计划,提高企业对不确定因素的反应能力,从而趋利避害。对于创业企业,融资大多指从外部筹集的资金,因为创业企业最初没有利润,无法利用利润进行再生产或支持研发。因此,针对创业企业,我们主要介绍外部融资需求预测。

外部融资需求预测主要采用销售百分比法,即根据能够反映企业生产经营规模的销售因素与能够反映企业资金占用的资产因素的数量比例关系来预计企业融资需求量的方法。需要假设资产、负债、收入、成本与销售额构成成正比,但这往往与实际情况相悖。销售百分比法的优点是,使用成本低,便于了解主要变量之间的关系。

外部融资需求量=经营资产销售百分比×销售变动额-经营负债销售百分比×销售变动额-销售净利率×计划销售额×留存收益比率

经营资产销售百分比=随销售变化的资产/基期销售额

经营负债销售百分比=随销售变化的负债/基期销售额

留存收益比率=留存收益/净利润

该公式的假设条件:可以动用的金融资产为0。

例如,宏途公司2019年销售收入为10 000万元,现在还有剩余生产能力,增加收入不需要进行固定资产方面的投资。假定销售净利率为10%,如果2020年的销售收入提高到12 000万元,那么需要从外界融通多少资金?宏途公司2019年12月31日的简要资产负债表如表8-4所示,销售百分率表如表8-5所示。

表8-4 宏途公司简要资产负债表

2019年12月31日　　　　　　　　　　　　　　　　　　　　　　　　单位:万元

资　产		负债与所有者权益	
现金	500	应付账款	1 000
应收账款	1 500	应付费用	500
存货	3 000	短期借款	2 500
固定资产净值	—	公司债券	1 000
—	—	实收资本	2 000
—	—	留存收益	1 000
资产合计	8 000	负债与所有者权益	8 000

资产部分除固定资产净值外都随着销售量增加而增加,负债与所有者权益部分,应付账款和应付费用也会随销售量的增加而增加。

表8-5 宏途公司销售百分率表

资　　产	占销售收入（%）	负债与所有者权益	占销售收入（%）
现金	5	应付账款	10
应收账款	15	应付费用	5
存货	30	短期借款	不变
固定资产净值	不变	公司债券	不变
—	—	实收资本	不变
—	—	留存收益	不变
合计	50	—	15

以应收账款为例计算经营负债百分比为：1 500/10 000 = 15%

外部融资需求量=50%×（12 000-10 000）-15%×（12 000-10 000）-10%×12 000×40%
=220（万元）

2．销售预算

销售预算是指为规划一定预算期内因组织销售活动引起的销售收入而编制的一种日常业务预算。销售预算计算程序如下：

1）计算产品预计销售收入

产品预计销售收入=该种产品预计单价×该产品预计销售量

2）预计销售收入总额

预计销售收入总额=Σ产品预计销售收入

3）预计在预算期发生的与销售收入相关的增值税销项税

某期增值税销项税额=该项预计销售收入总额×该期适用的增值税率

4）预计预算期含税销售收入

含税销售收入=该期预计销售收入+该期预计销项税额

5）本期实际收到的销售收入与收回前期的应收账款

某期经营现金收入=当期含税销售收入×当期预计现销率+上期末收到的款项

例如，某公司编制的2019年分季度销售预算如表8-6所示。

表8-6 销售预算

季　　度	一	二	三	四	全　年
销售数量（件）	100	150	200	180	630
销售单价（元/件）	200	200	200	200	200
销售收入（元）	20 000	30 000	40 000	36 000	126 000

根据表8-6可以得出预计现金流入如表8-7所示。

表 8-7 预计现金流入

单位：元

上年应收账款	6 200				6 200
第一季度	12 000	8 000			20 000
第二季度		18 000	12 000		30 000
第三季度			24 000	16 000	40 000
第四季度				21 600	21 600
现金流入合计	18 200	26 000	36 000	37 600	117 000

3．销售及管理费用预算

销售费用预算是指为规划一定预算期内企业在销售阶段组织销售活动发生各项费用水平而编制的一种日常业务预算。以销售预算为基础，要分析销售收入、销售利润和销售利润和销售费用的关系，实现销售费用的最大利用率。

例如，某公司编制销售费用和管理费用预算如表 8-8 所示。

表 8-8 销售费用和管理费用预算

单位：元

项　　目	金　　额
销售费用	
销售人员工资	2 000
广告费	5 500
包装、运输费	3 000
保管费用	2 700
管理费用	
管理人员薪酬	4 000
福利费	800
保险费	600
办公费	1 400
合计	20 000
每季度支付现金（20 000/4）	5 000

4．预计财务报表的编制

预计财务报表包括预计资产负债表和预计利润表。

预计资产负债表编制是用于总括反映企业预算期末财务状况的一种财务预算表格。例如，某公司简化的资产负债表预算如表 8-9 示。

表 8-9 资产负债表预算

单位：元

流动资产		流动负债	
库存现金	45 000	应付账款	6 000
应收账款	18 000	长期负债	
存货	11 520	负债合计	6 000
合计	74 520		
固定资产		所有者权益	
土地	60 000	实收资本	20 000
房屋及设备	240 000	盈余公积	128 520
减：折旧	400 000	所有者权益合计	328 520
合计	260 000		
资产总计	334 520	负债及所有者权益合计	334 520

预计利润表是指以货币形式综合反映预算期内企业经营活动成果计划水平的一种财务预算表格。

例如，某公司编制的简化利润预算如表 8-10 所示。

表 8-10 利润预算

单位：元

销售收入	126 000
减：销货成本	56 700
销售毛利	69 300
减：销售及管理费用	20 000
营业净利润	49 300
减：利息费用	4 000
税前利润	45 300
减：所得税	11 325
净利润	33 975

8.3.4 财务分析

财务分析是以企业的财务报告等会计资料为基础，对企业的财务状况、经营成果和现金流量进行分析和评价的一种方法。

1. 财务分析目的

不同的主体对财务分析信息有着各自不同的要求。例如，股权投资者更看重的是企业利润表的数据，这是基于不同的利益考虑所决定的。企业债权人出于对其贷款的安全性考虑，会着重关注财务分析报告；企业股权投资者为进行有效的投资决策，必须关注企业的盈利能力和风险状况，以便对企业价值或股票价值进行评估；企业所有者是企业的另一个"分身"，与企业利益共存，他们主要关心企业的投资风险、资本盈利能力和企业经营前景；企业管理者通过财务分析所提供的信息来监控企业的经营活动和财务状况的变化，以便尽早发现问题，并提前采取应对措施。

2. 财务分析内容

1）偿债能力分析

偿债能力分析指对企业短期和长期偿债能力的分析。其中短期偿债能力的分析指标包括：

① 流动比率；
② 速动比率；
③ 现金比率；
④ 现金流量比率。

长期偿债能力的分析指标包括：

① 资产负债率；
② 股东权益比率；
③ 有形净值债务比率；
④ 已获利息倍数；
⑤ 到期债务本息偿还比率。

2）营运能力分析

该类别指标用于衡量企业组织、管理和营运特定资产的能力和效率。其中包括：

① 应收账款周转率；
② 存货周转率；
③ 流动资产周转率；
④ 固定资产周转率；
⑤ 总资产周转率。

3）盈利能力分析

获取利润是企业的主要经营目标之一，它反映了企业的综合素质。获利能力强可以提高企业偿还债务能力，提升企业信誉。对于新企业来说，良好的盈利能力，能为企业的生存提供保障。评价企业盈利能力的财务指标有：

① 营业利润率；
② 成本费用利润率；
③ 总资产报酬率；
④ 净资产收益率；
⑤ 每股收益；
⑥ 每股股利；
⑦ 市盈率；

⑧ 每股净资产。

4）发展能力分析

企业发展能力是一个关系到企业管理者、投资者、债权人切身利益的能力。因此，涉及发展能力的各种指标同样得到极度的关注。其中包括：

① 营业收入增长率；

② 资本积累率；

③ 总资产增长率；

④ 营业收入三年平均增长率；

⑤ 资本三年平均增长率。对于新企业者，第④、⑤项指标值最值得注意，因为一般新企业在起步之初的3～5年里均会出现不同程度的亏损，亏损情况有可能越来越严重，呈现负增长属正常状态。此时，企业所有者对企业的去留应该结合多方面的因素和指标进行考虑，从而做出合理的判断。

5）财务趋势分析

该项分析是指通过分析比较资产负债表、利润表及其他财务报表，通过比较财务比率或利用图解法，分析企业财务状况变化的趋势，从而预测企业未来的财务状况和发展前景。

6）财务综合分析

综合企业风险、收益、成本和现金流量等各方面的财务状况进行分析、判断及评价，进而提高企业财务管理水平。

以上六种财务分析，均可采用比率分析法和比较分析法。

3．财务分析程序

新企业应采用科学的财务分析程序对企业的各方面财务指标进行判断与评估，避免在财务分析过程中出现混乱而降低分析的效益和效率。财务分析的程序如下：

（1）确定财务分析范围，收集有关的经济资料；

（2）选择适当的分析方法，确定分析指标；

（3）进行因素分析，抓住主要矛盾；

（4）为做出经济决策提供各种建议。

8.3.5 税务管理

依法履行纳税义务是每一个合法公民的光荣任务。作为市场的新进入者，必须更关注我国税法的变化，了解企业相关税务的缴纳事项，避免法律纠纷等问题阻碍新企业的成长与发展。

1．相关税种的了解

相关税种主要包括企业所得税、个人所得税、营业税和增值税。此外，如果企业建立的区域是城市，还需要缴纳教育费附加和城市维护建设税。从事或涉及进出口业务的企业，还必须缴纳关税。

1）企业所得税

企业所得税是对我国内资企业和经营单位的生产经营所得和其他所得征收的一种税。其中，企业是指按国家规定注册、登记的企业，这是每一个新企业首要遵循的法律程序。1994年工商税制改革后，实现了税制的简化和高效，为进一步统一内外资企业所得税打下了良好的基础。如果创业者所创办的企业为个人独资企业或合伙企业就不适用本法，这两类企业征收个人所得税即可。其中，"生产经营所得和其他所得"这方面，因为绝大多数创业企业在一般情况下"纯利润"并未实现，所以企业没有缴纳这项税收的必要。

2）个人所得税

个人所得税是以自然人取得的各类应税所得为征税对象而征收的一种所得税，在企业所得税中说到，个体工商户的纯利收入不需缴纳企业所得税，但仍必须缴纳个人所得税。

3）营业税

营业税属于流转税制中的一个主要税种，是对在我国境内提供应税劳务、转让无形资产或销售不动产的单位和个人，就其所取得的营业额征收的一种税。具有征税范围广、税源普遍等特点，但各行业在营业税的缴纳上有所不同，新企业必须了解清楚自己所在行业是否被纳入该税务的缴纳范围内。

4）增值税

增值税是以生产经营者销售货物、提供应税劳务和进口货物的增值额为对象所征收的一种流转税。增值额=销售额-外购商品或劳务的金额，应纳增值税额=增值额×税率=（销售额-外购价）×税率。增值税的特点是按经营规模大小及会计核算健全与否划分为一般纳税人和小规模纳税人。多数新企业在初创阶段都属于小规模纳税人，即年销售额在规定的标准以下如果新企业日渐成熟，能够准确核算销项、进项税额，也可办理一般纳税人认定手续。

创业企业要明确自身企业所适用的税种和税率，响应国家征税义务，避免不必要的错漏与违法行为的发生。了解税务的征收范围与办法，从而对企业做出相应的税费计算和充分的缴纳准备，这样有助于企业经营中财务的管理。

2．报税及缴税程序

报税，作为每个企业的法定义务，主要包括两项申报内容：其一，纳税申报表，或者代扣代缴、代收代缴报告表；其二，按照国家规定备齐与纳税申报有关的资料或证件，按期安排财务人员向国家税务机关报税。

缴税，企业必须在税务机关规定的期限内缴纳流转税。

企业可以聘请公司会计完成报税或缴税的具体工作，而新企业建议委托会计公司完成这项工作。

8.4 客户管理

客户的支持和数量是企业的存亡关键，本小节主要介绍客户开发管理、客户促销管理、客户关系管理。

8.4.1 客户开发管理

客户开发管理包含如何进行客户访问、相关合作客户的管理，对客户代表的要求规定这三个重要方面。

1．如何进行客户访问

进行客户访问的一般步骤如下：

1）确定客户访问目的

企业根据自身需要来确定客户访问的目的，包括客户意见的收集、通过访问联络感情、判断客户的信用状况、考察客户个人品质和经营风格、传达样品资料等信息。

2）订立客户访问要点

确定对不同客户的访问计划并编制预定访问表。

3）拟定具体计划

确定销售重点，合理分配时间，增加实际洽谈时间，从而提高访问效率。

4）接近客户

消除客户的抵触情绪与戒备心理，让客户感受到企业的真诚，进而逐步接近客户。

5）业务洽谈

新企业在业务洽谈上，"单刀直入"式的开篇不仅显示洽谈人员欠缺商谈经验、鲁莽行事的缺点，同时暴露企业不成熟的一面。在谈话的开篇阶段，可以先主动向客户问好并寒暄几句，然后进行自我介绍，建立企业的友好形象后，再通过闲聊，相互了解，以寻找合作的契机，顺理成章地转入业务洽谈，最后向客户表达展望下次合作的意愿，以结束本次洽谈。

在进行以上五大步骤期间，新企业还必须注意客户开发人员的行为活动细则，包括大方得体的仪表、诚恳的言辞和稳重端庄的动作。

2．相关合作客户的管理

1）经销商管理

采用间接销售或复合销售的企业，必须做好经销商的管理工作以克服其销售模式的劣势。制订拜访计划→确定拜访目的（新产品的介绍或试销、推行促销方案、了解产品销售情况等）→接近经销商→查看库存并规范产品陈列→听取客户和经销商的异议反馈→表明本次拜访目的→提出企业建议→约定下次拜访→回公司后缴款、填写订单、通知发货。

2）直销管理

直销管理程序大致与经销商管理相同，但必须更加注重销售异议的及时处理。

3. 对客户代表的要求规定

具有优秀素质、高效的业务处理能力的客户代表，是客户管理体系中乃至整个企业成功的关键要素。

（1）素质要求：勤奋、有勇气和进取心，具有创造力，真诚守信，对企业忠诚，充满工作热情等。

（2）业务处理要求：对订货和货款的处理必须谨慎而及时；关注客户信用状况的变化、竞争对手的动态、市场供求走势、价格变动状况等，并及时向上级有关部门进行汇报；合理安排外勤和内勤时间，实现制定访问路线及次序，提高访问效率；访谈内容事先的准备工作必须充足，并进行二次检查，避免因为内容的遗漏而增加工作量，从而降低访问效率。

（3）能力要求：在符合以上要求的前提下，企业应坚持鼓励性原则，根据客户代表的绩效做出奖励。此外，向客户代表推荐或提供一些相应的培训课程，有助于其职业技能的提升。例如，提高他们发现潜在客户的能力，介绍不同行业的客户，直接访问技巧，老客户的介绍技巧等为企业发掘新客户；建立友好的客户关系，为产品的成功推销打下基础；增强客户代表的销售竞争力，利用自身优势，为客户提供更多的服务，以帮助企业扩大产品的市场占有率。

8.4.2 客户促销管理

1. 客户促销计划管理

结合创业企业所处的经营阶段特点进行分析，并制订以下促销计划的管理办法：

（1）选择适用的促销手段。对于大多数新企业来说，在并没有太多促销预算的情况下，可运用病毒式营销和游击式营销知识，制订有效的促销计划。

（2）关注产品销路，进行销售督促。例如，每月月底举行整体的销售会议，利用此会检查上个月的计划与实际情况，对下一个月的销售额及收款做出预估，并督促和鼓励各销售负责部门努力完成销售目标。

（3）对交易客户设立交易奖励制度，以此促进购买。根据客户价值制定相应的奖励办法，实施时，先以特定地点为主，接着再依顺序逐渐对外扩大。

（4）对于业务人员应依据新市场开拓和销售额提高幅度等绩效加以区分，并给予奖金，以示鼓励。

（5）提供促销培训。制定对外销售的各种处理标准，依据此标准指导各相关销售人员进行演练培训。必要时可以聘请专业销售技术人员进行指导。

（6）商品计划。重点推广企业生产独特、优良的新产品，塑造良好的企业形象，为企业日后的产品促销工作铺平道路。

(7) 对抗竞争者的策略。作为市场的新进入者，应避免降低价格以博取市场份额的做法，理性地分析自身优势和对手的实力，制定对抗策略。

2. 客户促销实施管理

企业仅依靠精妙的促销计划，始终停留在"纸上谈兵"的层面。要将计划进一步地落实到销售市场上，就必须结合高效的实施管理，并与之相得益彰。接下来，介绍企业如何对广告和对外宣传的实施进行管理。

1）广告宣传管理

企业在初创阶段的工作重点是在招揽投资者的同时进行产品形象宣传，进而制定推广战略、传播理念。虽说高成本的广告更适合新企业，但只要在选择广告的手段与内容上，做到灵活而富有创意，低成本广告也有着与高投资广告相同的成效。为控制成本，必须事先对广告宣传的各项可能的开支进行预算，再根据企业广告预算考虑采用的广告媒体和方式。广告宣传必须是有计划地进行，分为定期广告和临时广告两种，前者有利于加深客户对企业的认知和拓宽客户群，后者则需要根据销售情况而具体确定。销售收入和定期的市场调查结果，一定程度上反映了广告的成效，但最终的成效还必须经过多方面测评得出。

2）对外宣传管理

企业对外宣传实质是一种公关行为，即广义的广告，其目的是为了促销。不同的是，企业广为宣传其生产经营情况，希望得到更多方面客户群的了解、注意和理解。由于新企业的生产经营情况并未达到成熟阶段，在对外宣传素材的选择上，应着重体现企业的发展前景。当生产经营趋于成熟时，结合企业产品特性也可表现其公益性、环保性等，以增加客户对其产品乃至企业整体的信心。在宣传活动中应注重实事求是、符合社会的价值判断和讲求实效。

8.4.3 客户关系管理

客户关系管理（Customer Relationship Management，CRM），是一个不断加强与顾客交流，不断了解顾客需求，利用信息技术和互联网技术对客户实现整合营销，并不断对产品及服务进行改进和提高以满足顾客的需求的连续过程。企业的生存发展需要客户的支持。因此，客户管理注重的是与客户的交流，企业的经营是以客户为中心，而不是传统的以产品或市场为中心。为方便与客户的沟通，客户管理可以为客户提供多种交流的渠道。

1. 日常关系管理

在日常交往中，由于销售人员直接接触客户，因此，他们应当在主管的监督指导下，与同事相互协作，维持工作部门的秩序，维护企业形象。

在达成交易前，应对对方的经营状况、付款能力进行事前调查，并衡量本企业的生产能力是否满足对方生产需求，再决定是否受理订货。否则出现纰漏，轻则产品无销路，重则影响企业声誉。在受理订货时，除了应遵循企业规定的售价及交货期间，还需注意以下五项规定：

（1）品名、数量、规格及合同金额；

（2）具体的付款条件，如付款日期、付款地点、收款方式等；

（3）交货地点、运送方式等交货条件；

（4）安装及修理等所需的技术派遣费及保修时限；

（5）另立规定责任归属条款，一旦发生问题，明确责任方及应对措施。

在签订订单时，应有销售主管在场或得到销售主管认同方可签订。订货受理报告书连同订购单及契约书等证明、订货事实的资料需交给主管保管。并且在订货受理报告书中标注是否为老客户。若是老客户，是否存在未付款项的情况。管理部门应针对订货受理及交货等状况加以分析、调查，并负责督促交货事宜。

当发生订单取消及退货时，应将对方的凭证资料提交给主管，待管理部门做出决策通知后，才能更改订单或按通知要求处理订货。因不得已的理由而必须接受退货时，如果事情的责任归属该负责人，则需从该负责人的薪金中扣除必要的费用，作为对公司损失的赔偿。

受理订货者对货款回收事宜负责。由于受理订货者对订单内容了解详细，并且与对方已经有过接触，相较于其他人员会令订货方有一定的熟悉程度和好感。交货完毕应立即开出清款单，在付款日亲自前往收款，或寄出缴费委托函给对方，在此之前应该经常与订货者保持密切联系，设法使对方如期付款。

2. 客户关系维护

1）售后服务

产品销售后，企业应与客户保持密切联系，进行客户关系维护，以便下一次合同的达成。售后服务通常包含以下几种：

（1）有偿服务。买卖合同规定的保修期外的保养或修护。

（2）免费服务。买卖合同规定的保修期内的保养或修护。

（3）合同服务。另有合同规定的商品保养合同书，向顾客收取服务费用。

（4）一般行政服务工作。凡与服务有关之内部行政工作，如工作检查、零件管理、设备工具维护、短期在职训练等。

如果售后服务涉及收费项目，技术人员应当在事前向顾客予以说明，得到允许后再进行维修，并开具发票，方便顾客对自己消费的了解。客户报修完成修理后，定期做回访，了解客户的意见。

买卖合同中的保修期或另立的保养合同期满前1个月，服务中心应当通过电话或信函的方式通知客户，并争取续约。

2）客户拜访

企业人员在外出拜访的过程中，应当注意仪容仪表，按照企业规定着装，体现干净、整洁、健康、稳重和精干的形象。业务经理承担终端客户的寻访和维护工作，应按公司目标和客户等级，制定具体拜访时间、客户巡访路线、频率、工作目标和解决问题的方案。客户维护应遵循以下内容：

（1）业务经理应对经销商的经营情况进行了解，检查其是否执行最低零售限价。对各市场情况进行调查，监督是否有窜货现象的发生。

（2）要加强与经销商的感情沟通，及时传达企业的政策信息和经营策略，帮助经销商提出改进建议，解决销路不畅等实际困难。

（3）关心经销商的产品销售情况，帮助其看清形势与市场，帮助制定销售目标，包括长中短期目标，了解消费者需求和意见，协助促销方案策划，组织促销实施及信息反馈。为经销商提供经营建议，改善样品展示效果，提高店内营业员的导购能力与技巧，加以培训。

（4）建立安全库存，降低资金占用，加速资金周转。

（5）加强对工程客户的支持力度，必要时协助经销商与买方沟通，对于重大客户，企业可直接派出专业人员进行产品介绍和接洽安排。

（6）在维护企业根本利益的前提下，帮助经销商处理非常事件，并及时向企业请示汇报。

3．服务管理

客户投诉是企业运行过程中一定会碰到的问题，为保证企业对投诉案件有统一的处理办法，企业应在创立之初拟定应对措施并形成标准。公司各类人员在面对投诉案件的时候，应当坚持礼貌恭敬、迅速周到的原则处理。

当本企业产品出现质量上有缺陷，产品规格、等级、数量等与合同规定或与货物清单不符，产品技术误差大，因包装问题引起的变质、损坏，产品在运输途中受到损坏等情况时，应当按照合同进行赔偿或撤销合同给予顾客补偿。

对于己方责任的投诉，应当记录在案，负有责任的部门应受到处分并加以改进。对于大客户的投诉，企业应以书面形式答复客户，内容应包括事故原因和解决方案，防止因为一次失误失去一个大客户的情况发生。企业应每月设定一日进行投诉资料整合与研究，用于提升企业自身的服务水平与市场竞争力。

本章小结

- ❖ 企业要通过企业本身的价值回报、企业及员工未来发展前景、人才激励制度和创业者的个人魅力来吸引敢于创新、有勇有谋、灵活应变、有大局观念的员工。吸引员工的渠道有员工推荐、内部选拔、校园招聘、从其他企业挖掘优秀人才、传统人才交流中心、传统媒体、网络媒体和人才猎取等方法。
- ❖ 招聘员工前应当制定合理的人才激励制度，其基础是员工的薪酬设计。薪酬设计是应遵循高工资低福利、简明实用的工作原则。管理制度方面应当制定规章制度，增强股东之间的信任度，明确每个人的分工职责，明确战略核心，适时做到权力下放。
- ❖ 企业在产品研发前，首先应确定市场定位，选择目标市场，之后根据"4P"理论，即产品、价格、促销和渠道四个方面进行营销组合,以达到市场预期。
- ❖ 财务方面,企业不同时期需要不同的融资方式,通过财务分析和融资需求预测给予风险投资人一个相对完整的企业财务状况和未来企业融资需求量。获得融资后,需要管理好现金流,保持现金流呈正向良好状态。即使利润情况不理想,企业也无生存之虞。
- ❖ 客户方面,应当积极开发新客户,维系老客户的关系。不仅仅将目光局限于最终消费者,还应当与供货商、经销商进行更多的沟通联络。

  毕业生开馒头连锁店 2 年赚百万

扫描二维码并阅读案例,思考并回答下列问题:
1. 结合案例材料,谈谈宋程鹏是如何识别和把握创业机会的?
2. 你认为"公馆馒头"目前面对的主要问题是什么?有什么建议和对策?
3. 你对"公馆馒头"的未来之路有什么评价和构想?

 牛!给 ATM 机"洗澡"的女孩大赚千万

 本章思考与练习

1. 创业企业招聘人员前应考虑哪些要素,如何说服优秀人才加入企业?
2. 创业企业如何从小作坊式管理转变为专业的管理班底?
3. 对于创业企业,哪一种融资途径更加适合?
4. 签订新的合同时有哪些注意事项?
5. 产品的创新、销售方式的创新在营销各环节中的重要性是什么?
6. 市场细分不适应于哪些行业?
7. 忽视现金流量的控制,将导致企业哪些危机的出现?
8. 哪项企业财务分析指标对企业的能力评估最为重要?
9. 实地考察:以小组为单位,查找学校所在城市对大学生创业扶植的相关政策及银行贷款利率的相关数据,并选择另一城市进行对比。

第9章 创业企业的危机管理

1. 掌握危机管理的基本知识
2. 了解新创企业发展规律
3. 理解并掌握不同创业阶段的危机管理
4. 识别创业风险的类别
5. 了解创业风险的管理流程和方法
6. 掌握主要创业风险的管理策略

危机不仅带来麻烦,也蕴藏着无限商机。

——美国大陆航空公司总裁格雷格·布伦尼曼

  从"3·15"麦当劳危机公关看企业形象的维护

9.1 危机管理概述

9.1.1 危机

什么是危机?顾名思义,危机就是"危险与机遇"。许多学者从不同角度对危机进行了定义,例如,赫尔曼(Hermann)认为,危机是指一种情境状态,在这种形势中,其决策主体的根本目标受到威胁且做出决策的反应时间很有限,其发生也出乎决策主体的意料之外;福斯特(Forster)认为,危机具有四个显著特征,即急需快速做出决策、严重缺乏必要的训练有素的员工、相关物资资料紧缺、处理时间有限;罗森塔尔和皮恩伯格(Rosterhal and Pijnenburg)认为,危机对一个社会系统的基本价值和行为架构产生严重威胁,在时间性和不确定性很强的情况下,必须对其做出关键性决策的事件。

本书采用我国著名危机公关专家游昌乔对危机的定义:一种使企业遭受严重损失或面临严重损失威胁的突发事件。这种突发事件在很短时间内波及很广的社会层面,对企业或品牌会产生恶劣影响。而且,这种突发的紧急事件由于其不确定的前景造成高度的紧张和压力。为使企业在危机中生存,并将危机所造成的损害降至最低限度,决策者必须在有限的时间限制内,做出关键性决策和具体的危机应对措施。

9.1.2 危机管理

什么是危机管理?危机管理是指企业通过危机监测、危机预警、危机决策和危机处理,达到避免、减少危机产生的危害,总结危机发生、发展的规律,对危机处理科学化、系统化的一种新型管理体系。

1. 危机监测

危机管理首先要对危机进行监测,在企业顺利发展时期,企业就应该居安思危,有强烈的危机意识和危机应变的心理准备,建立危机监测机制,对危机进行监测。黎明之前最黑暗,所以越是风平浪静的时刻,企业越应该重视危机监测。

2. 危机预警

危机在爆发之前通常都会出现一些征兆,企业可以建立危机预警系统对这些征兆进行分析,从而达到降低风险的目的。

3. 危机决策

企业在制定正确的危机决策之前进行调查是必不可少的。根据分析危机产生的原因,对几种可行方案进行比较优缺点后,选择出最佳方案,做出决策。方案定位要准、推行要迅速。

4. 危机处理

企业首先要确认危机。确认危机包括:第一,收集危机信息并归类,根据危机相关信息确认危机程度及找出危机产生的原因,判断危机影响的范围和影响的程度及后果;第二,控制危机,需要根据确认某种危机后遏止危机的扩散,使其不影响其他事物,危机控制如同救火刻不容缓;第三,处理危机,在处理危机时,关键是速度。企业能够及时、有效地将危机决策运用到实际中化解危机,可以避免危机给企业造成的损失。

  农夫山泉标准门事件阐述

9.2 创业风险的特征与分类

在通常意义上,风险是指导致各种损失事件发生的可能性或不确定性。创业风险则特指在创业过程中,由于创业环境的复杂性和不确定性、创业机会的模糊性、创业企业

管理的复杂性、创业者和创业团队能力与实力的有限性，而导致创业活动偏离预期目标，给创业者或创业企业的财产和潜在获利机会带来损失的可能性。

9.2.1 创业风险的特征

1．客观性

在创业的过程中，由于内外部事物发展的不确定性、不平衡性，创业风险必然出现，这是一种不以人的意志为转移的客观存在。有关创业统计研究均表明，创业是一种高风险的活动，以三年为限，创业企业的成活率不足30%。然而，即使是能够顺利生存和发展的创业企业，也需要面对各种各样的风险。创业风险的客观性要求我们采取客观的、正确的态度正视风险，并积极地对待风险。

2．不确定性

不确定性是指创业风险的发生是不确定的，风险何时发生、在什么地方发生、风险的程度有多大均是不确定的。由于对客观世界的认识受到各种条件的限制，人们不可能准确预测风险的发生。在创业过程中，创业者面临着各种各样的不确定性，如新技术难以产业化，创业资金筹集不足，市场需求预测过分乐观，竞争对手采取狙击行动，政府政策出现调整等，这些不确定因素均可能导致创业的失败。

3．可测量性

尽管创业风险具有不确定性，但是任何事物的发生都不是偶然的，而是有规律可循的。随着科技进步和现代创业者自身素质的不断提高，加之创业研究的不断深入和人们对创业活动的认知提升，创业风险的规律性是可以被认识和掌握的。创业者可以通过定性或定量的方法对创业风险进行评估和测量，为创业风险管理提供可靠的依据。

4．相对性

创业风险是相对的、变化的，不同的对象有不同的风险，而且随着时间、空间的改变，创业风险也会发生变化。不同的创业主体，面对同一风险事件会产生不同的风险体验和风险结果，因为他们对风险的认知是有差异的，风险承受能力各不相同，所拥有的创业资源的数量、质量、结构也不一样，所采取风险管理决策也不尽一致。

5．双重性

与自然灾害、意外事故等带来的风险只会产生损失不同，创业活动所面临的主要风险是和创业的潜在收益共生的。对创业者而言，为了获得潜在的创业收益，必然需要承担相应的创业风险。同样，如果很好地防范和化解了创业风险，就会使创业收益有很大程度的增加，即风险是收益的代价，收益是风险的报酬。

9.2.2 创业风险的分类

要对创业风险进行有效的管理，首先需要对创业风险按照多个标准进行分类，以便对其有全面的了解。创业风险的分类如图9-1所示。

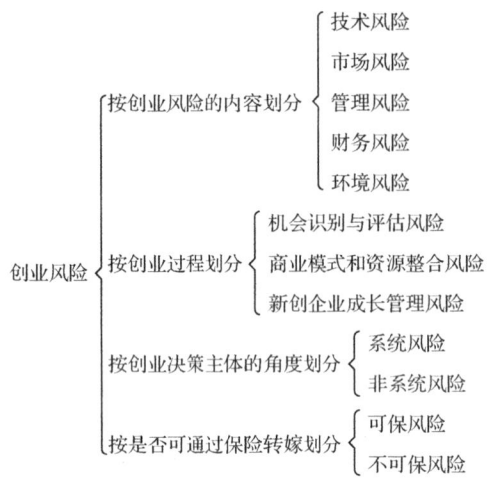

图 9-1 创业风险的分类

1. 按创业风险的内容划分

1）技术风险

技术风险是指由于拟采用技术的不确定性，以及技术与经济互动过程的不确定性，导致创业活动达不到预期目标的风险。技术的不确定性既包括企业现在拥有的技术本身功能与成长的不确定性，如新技术本身不成功、技术无法向新产品有效转化、新技术的市场前景不明等，也包括与之相关的配套技术和替代技术变动所带来的不确定性。特别是对于高新技术创业企业而言，技术之间的竞争往往很激烈，技术替代周期越来越短，现有的技术很容易被更新的技术替代。

2）市场风险

市场风险是指由于市场情况的不确定性导致创业者或创业企业收益与损失的不确定性。市场风险包括市场对新产品的接受时间与接受能力的不确定性，产品扩散速度的不确定性，产品售后服务的不确定性，新企业市场竞争能力的不确定性等。

3）管理风险

管理风险是指在创业过程中因管理不善而导致创业失败所带来的风险。创业者并不一定是出色的企业家，不一定具备出色的管理才能。创业企业的管理风险主要包括人力资源管理风险、营销管理风险、管理制度风险等。其中，人力资源管理风险主要包括创业团队分裂、员工招募不当、关键员工流失、人员配置不科学、员工激烈不足等；营销管理风险包括新产品市场定位不准、营销策略失误、营销人员管理松懈、营销执行力度不足等；管理制度风险包括管理制度缺失、制度制定不科学、制度执行不力等。当创业企业发展到一定程度，原来松散的管理方式很容易导致风险事件的发生。

4）财务风险

财务风险是指由于企业财务结构不合理、融资不当，使企业丧失偿债能力而导致投资收益下降或破产的风险。创业企业的财务风险主要包括筹资风险、投资风险、现金流量风险。其中，筹资风险是指筹资不足、筹资形式不当、筹资结构不合理、筹资时机选择不当等风险；投资风险是指投资项目不能达到预期收益，影响企业盈利水平和资金回收的风险；现金流量风险是由于现金流入不确定所造成的风险，由于权责发生制原则，确定的收益并不能够带来确定的现金流。

5）环境风险

除了前面所述的风险，创业还面临外部的自然、社会、政治、法律、政策等条件变化所带来的风险，如汇率风险、政策风险等。

2. 按创业过程划分

一个完整的创业过程，按时间顺序，通常分为机会识别、新企业创立、新创企业成长管理三个阶段。在不同的阶段，创业者要经历不同的环境，有着不同的工作重点，也面临着不同的创业风险。

1）机会识别与评估风险

机会识别与评估风险是指，在创业机会的识别与评估过程中，由于各种主客观的因素，如信息获取不足、逻辑推理偏误、项目评估不科学、高估商机的可行性、低估风险与难度等，导致错误地选择创业项目，或错误地放弃原本有价值的创业项目，使创业面临一开始就出现方向错误的风险。

2）商业模式和资源整合风险

在新企业创立阶段，创业者主要面临商业模式设计和获取并整合创业资源的风险。商业机会不能脱离必要的商业模式支撑而独立存在，当创业者选择某一商业机会后，就需要进一步构建与之相适应的商业模式。商业模式不清晰或出现方向错误，对创业者而言就是失败的前兆。确立商业模式之后，创业者就要进行创业资源的获取和整合，如创业团队的组建、创业融资等。这时就面临着创业团队组建是否到位、团队是否有足够的稳定性、创业资金是否充足、资金筹集是否及时、社会关系资源链接是否充分等风险。资源获取不足或资源整合不足，往往给创业活动带来巨大的挑战。

3）新创企业成长管理风险

新企业的建立，还远不能说创业获得成功，而是进入一个更加持久、更加艰辛的新创企业成长管理的阶段。与一般的企业管理不同，以"生存"和"发展"为主题的新创企业成长管理有自身的特点，需要以动态的观点看待新创企业成长过程中所遇到的各项管理问题，并根据企业的发展阶段实时地制定适宜的管理方案。在这个阶段，创业者既要面临人力资源、财务、市场、技术、竞争等各个方面的风险，还要面临新创企业发展战略的制定、组织制度的选择、企业文化的创建等方面的风险。

3. 按创业决策主体的角度划分

1）系统风险

系统风险（Systematic Risk）源于企业之外，是微观决策主体无法左右、无法影响的，并与宏观的政治、经济、社会等方面相联系的风险。系统风险由共同的宏观因素引发，一旦发生，通常对所有的行为主体均产生影响，因此又称不可分散风险。政治方面，如政权更迭、战争冲突等；经济方面，如利率上升、汇率调整、通货膨胀、能源危机、宏观经济政策与货币政策等；社会方面，如体制变革、所有制改造等。需要指出的是，虽然微观决策主体无法左右系统风险性风险的发生，但我们仍然可以采取各种各样的措施来防范、规避、转移和化解各种系统风险给创业企业带来的损失。

2）非系统风险

非系统风险（Unsystematic Risk）则源自企业内部，是微观决策主体本身的商业活动和财务活动所引发的风险。非系统风险跟外部宏观环境无关，只由某一企业自身的特殊因素引发，也往往只对个体企业产生影响。创业企业的非系统风险包括创业团队风险、创业融资风险、投资风险、技术风险、市场风险、新创企业管理风险等。

4．按是否通过保险转嫁划分

1）可保风险

可保风险是指可以通过购买保单、支付保险费向保险公司进行转嫁的风险，如员工医疗保险、养老保险、失业保险、工伤保险、生育保险，交通车辆的第三者责任险，建筑物的火灾保险等。可保风险是建立在大数法则和统计规律的基础上，当具有众多同类的标的处于相同的风险之中时，保险公司就可以通过收取保险费的方式使风险在众多标的之间进行分摊，一旦有某一个保险对象发生危险事故，就可以从保险公司获得补偿，以减少风险事故的损失。

2）不可保风险

不可保风险是指由于风险发生的概率不确定，或者处于相同风险中的标的数量不够多，导致相应的保险品种缺失而不能使风险在风险标的之间进行分摊。可保风险与不可保风险的分类为创业企业提供了一种基本的风险管理方法：对于可保风险，创业企业应该向保险公司转嫁；对于不可保风险，创业企业应采取防范、避免、自留、抑制等方式减轻风险事故引发的危害。

  大学生创业的七大风险

9.3 新创企业成长规律与危机管理

9.3.1 新创企业成长阶段及其特征

1．新型创业企业的成长阶段

企业就像一个生命一样，从产生到终结会经历不同的发展阶段。美国学者伊查克·爱迪思在 1988 年出版的《企业管理周期》中指出，"由于企业生命周期各阶段的循环往复是可以预测的，所以只要弄清企业所处于生命周期的哪一阶段，管理人员就能对未来的问题尽早采取积极的预防性措施，甚至能够完全避免这些问题。"企业生命周期的发展过程就是解决问题、出现问题、再解决问题的不断循环的过程。

企业的生命周期会经历初创期—成长期—成熟期—转型期（再生和衰退）四个阶段。评判企业这四个阶段生命周期的两个维度是企业的灵活度和控制力。随着企业不断成熟，企业灵活度会不断下降，而控制力先是随着企业管理的完善上升，但当出现创新意识下

降,组织开始僵硬时,可控性也就随着下降。只有当两者交汇时,企业才会处于最优发展阶段。在转型期有的企业,居安思危转型成功实现了管理的螺旋式上升,使得企业蜕变再发展,有的企业则因为故步自封最终走向了破产的边缘。企业生命周期示意图如图 9-2 所示。

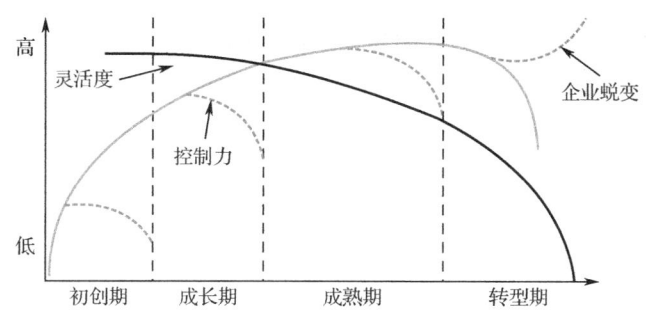

评判企业生命周期的两个维度:灵活度和控制力

图 9-2　企业生命周期示意图

2．新型创业企业不同成长阶段特征

新创企业自成立开始,能够用产品或服务来满足消费者的需求,业务得到初步发展;进入成长期,企业度过"危险期"开始考虑如何盈利,利用各种资源实现企业的快速发展;发展到一定程度后进入成熟期,此时,企业不再单纯依靠增加人力、物力、财力来应对发展的需求,而是开展各种形式的组织建设工作,从而使新创企业能够更好地应对环境的变化,实现更好地发展;随着市场的变化,企业原有的产品可能会失去核心竞争力,此时便可能进入衰退期。企业萌芽期、成长期、成熟期、衰退期的主要特征如表 9-1 所示。

表 9-1　企业萌芽期、成长期、成熟期、衰退期的主要特征

区别要素	萌 芽 期	成 长 期	成 熟 期	衰 退 期
利润	次要目标	积极追求利润,但利润仍不是主要目标	以利润为主要目标	以利润为目标,同时注重企业的长远发展
计划	不规范	开始重视计划,逐步规范	规范、系统地计划	清算或转型
组织	职位混乱、责任不明	组织分工逐渐明确、专业	职位规范、明确、专业	组织老化、需要进行改革
控制	局部非正式的控制,很少使用规范的评估	开始关注对业务单元整体绩效的评估和控制	规范的、有计划地组织控制系统,包括明确的目标、目的、措施、评估和奖励	系统控制力强,但企业投入对体制和产品改革可能会分散控制力度
培训	非正式的培训,主要是在岗培训	开展多种培训,以应对企业的发展	有计划的培训,建立完善的培训体系	多元化培训,形式内容更加丰富多样

9.3.2　萌芽期的危机管理：调查市场危机

1. 市场危机

市场危机是创业者在萌芽期遇到的最大危机。市场现状如何？发展前景如何？还有什么市场空隙？如何进行市场定位？选择什么样的商业模式？这些都是创业者需要了解的问题。但是很多创业者并没有认真"预习功课"，这样就为今后的创业埋下了危机。常见的危机如下：

1）"管中窥豹"

只看到市场现状，或者只对市场前景做简单的估算，没有用发展的眼光和长远的眼光看待问题。只重视眼前利益，忽视长远利益。

2）"浑水摸鱼"

没有明确的市场目标，不细分市场，想要"放之四海而皆准"，这无疑就如浑水摸鱼，成功的可能性微乎其微。

3）"始终如一"

惠普公司首席执行官卢·普拉特说过："经营中的一个最大问题是，保持你从前的成功的企业模式不变。"市场是不断发展变化的，有些企业一开始取得了一些成就就妄图一直采用这种模式，一成不变、一劳永逸的结果就是短命。

4）"昙花一现"

从惊艳出现到落寞退场都是那么始料未及。广告铺天盖地，各种媒体大力宣传，风风火火闯入消费者的视野，却如流星般迅速陨落。

当前很多企业仍在追求市场份额和数量增长，这使得中国很难出现可口可乐这样的百年大企业。随着中国劳动力成本的不断上升，以廉价劳动力作为优势的企业必将面临很多危机。

品牌的建设是至关重要的，这应该作为创业者的立业之本，不是"管中窥豹"，不要"昙花一现"，而要抱着创百年老店的心态去经营自己的事业。

2. 影响市场危机的因素

影响市场危机的因素既包含宏观环境的内容，如宏观经济环境、政治和法律环境，也包含微观环境的内容，如消费者需求特点、细分市场状况、竞争状况、供应商等。

1）宏观环境

经济环境是影响市场危机的主要宏观环境因素，它包括收入因素、消费支出、产业结构、经济增长率、货币供应量、银行利率、政府支出等因素，其中收入因素、消费结构对企业活动影响较大。

政治和法律环境是影响市场危机的重要宏观环境因素。政治与法律相互联系，共同对市场产生影响和发挥作用。

社会文化环境是指在一种社会形态下已经形成价值观念、宗教信仰、风俗习惯、道德规范等的总和。任何企业都处于一定的社会文化环境中，必然受到所在社会文化环境的影响和制约。

自然环境是指自然界提供给人类各种形式的物质资料，如阳光、空气、水、森林、土地等。工业化的发展一方面创造了丰富的物质财富，满足了人们日益增长的需求，另一方面造成了资源短缺、环境污染等问题。从20世纪60年代起，世界各国开始关注经济发展对自然环境的影响，成立了许多环境保护组织，促使国家政府加强环境保护的立法。这些问题引发了新的市场危机，企业不得不增加成本来降低环境污染。对企业来说，应该关注自然环境变化的趋势，并从中分析企业的机会和威胁，制定相应的对策。

2）微观环境

迈克尔·波特的五力分析模型对企业战略制定产生全球性的深远影响，用于竞争战略的分析，可以有效地分析客户的竞争环境。

（1）供应商议价能力。供应商主要通过提高投入要素价格与降低单位价值质量的能力，来影响行业中现有企业的盈利能力与产品竞争力。供应商力量的强弱主要取决于他们所提供给买主的是什么投入要素，当供应商所提供的投入要素价值构成了买主产品总成本的较大比例、对买主产品生产过程非常重要或严重影响买主产品的质量时，供应商对于买主的潜在讨价还价力量就大大增强。一般来说，满足如下条件的供应商会具有比较强大的讨价还价力量：

① 供应商所在行业为一些具有比较稳固市场地位而不受市场剧烈竞争困扰的企业所控制，其产品的买主很多，以至于每一单个买主都不可能成为供方的重要客户；

② 供应商各企业的产品各具有一定特色，以至于买主难以转换或转换成本太高，或者很难找到可与供应商企业产品相竞争的替代品；

③ 供应商能够方便地实行前向联合或一体化，而买主难以进行后向联合或一体化。

（2）购买者议价能力。购买者主要通过压价与要求提供较高的产品或服务质量的能力，来影响行业中现有企业的盈利能力。一般来说，满足如下条件的购买者可能具有较强的讨价还价力量：

① 购买者的总数较少，而每个购买者的购买量较大，占了卖方销售量的很大比例；

② 卖方行业由大量相对来说规模较小的企业组成；

③ 购买者所购买的基本上是一种标准化产品，同时向多个卖主购买产品在经济上也完全可行；

④ 购买者有能力实现后向一体化，而卖主不可能前向一体化。

（3）新进入者威胁。新进入者在给行业带来新生产能力、新资源的同时，也希望在已被现有企业瓜分完毕的市场中赢得一席之地，这就有可能会与现有企业发生原材料与市场份额的竞争，最终导致行业中现有企业盈利水平降低，严重的话还有可能危及这些企业的生存。竞争性进入威胁的严重程度取决于两方面的因素，分别是进入新领域的障碍大小与预期现有企业对于进入者的反应情况。

进入障碍主要包括规模经济、产品差异、资本需要、转换成本、销售渠道开拓、政府行为与政策（如国家综合平衡统一建设的石化企业）、不受规模支配的成本劣势（如商业秘密、产供销关系、学习与经验曲线效应等）、自然资源（如冶金业对矿产的拥有）、地理环境（如造船厂只能建在海滨城市）等方面，这其中有些障碍是很难借助复制或仿造的方式来突破的。新企业进入一个行业的可能性大小，取决于进入者主观估计进入所能带来的潜在利益、所需花费的代价与所要承担的风险这三者的相对大小情况。规模经济形成的进入障碍包括：

① 表现为企业的某项或几项职能上，如在生产、研究与开发、采购、市场营销等职能上的规模经济，都可能是进入的主要障碍。

② 表现为某种或某几种经营业务和活动上。

③ 表现为联合成本，即企业在生产主导产品的同时并能生产副产品，使主导产品成本降低，这就迫使新加入者也必须能生产副产品，不然就会处于不利地位。如钢铁联合生产中，炼焦可产生可利用的煤气，高炉产生的高炉煤气及炉渣都可以利用。

④ 表现为纵向联合经营如从矿山开采、烧结直至轧制成各种钢纵向一体化钢铁生产。这就迫使加入者必须联合进入（这有时是难以做到的）。若不联合进入，势必在价格上难以承受。

（4）行业竞争者的竞争。大部分行业中的企业，相互之间的利益都是紧密联系在一起的。作为企业整体战略一部分的各企业竞争战略，目标在于使得自己的企业获得相对于竞争对手的优势。所以，在实施中就必然会产生冲突与对抗现象，这些冲突与对抗就构成了现有企业之间的竞争。现有企业之间的竞争常常表现在价格、广告、产品介绍、售后服务等方面，其竞争强度与许多因素有关。

一般来说，出现下述情况意味着行业中现有企业之间竞争的加剧：行业进入障碍较低，势均力敌竞争对手较多，竞争参与者范围广泛；市场趋于成熟，产品需求增长缓慢；竞争者企图采用降价等手段促销；竞争者提供几乎相同的产品或服务，用户转换成本很低；一个战略行动如果取得成功，其收入相当可观；行业外部实力强大的公司在接收行业中实力薄弱企业后，发起进攻性行动，结果使得刚被接收的企业成为市场的主要竞争者；退出障碍较高，即退出竞争要比继续参与竞争代价更高。在这里，退出障碍主要受经济、战略、感情及社会政治关系等方面考虑的影响，具体包括资产的专用性、退出的固定费用、战略上的相互牵制、情绪上的难以接受、政府和社会的各种限制等。

行业中的每一个企业需或多或少应付以上各种力量构成的威胁。与此同时，客户面对的是行业中的每一个竞争者的举动。除非认为正面交锋有必要而且有益处，例如，要求得到很大的市场份额，否则客户可以通过设置进入壁垒，包括差异化和转换成本来保护自己。当一个客户确定了其优势和劣势时，客户必须进行定位，以便因势利导，而不是被预料到的环境因素变化所损害，如产品生命周期、行业增长速度等，然后保护自己并做好准备，以便有效地对其他企业的举动做出反应。

（5）替代品的威胁。两个处于不同行业中的企业，可能会由于所生产的产品是互为替代品，从而产生相互竞争行为，这种源于替代品的竞争会以各种形式影响行业中现有企业的竞争战略。第一，现有企业产品售价及获利潜力的提高，将由于存在着能被用户方便接受的替代品而受到限制；第二，由于替代品生产者的侵入，使得现有企业必须提高产品质量，或者通过降低成本来降低售价，或者使其产品具有特色，否则其销量与利润增长的目标就有可能受挫；第三，源自替代品生产者的竞争强度，受产品买主转换成本高低的影响。总之，替代品价格越低、质量越好、用户转换成本越低，其所能产生的竞争压力就强。而这种来自替代品生产者的竞争压力的强度，可以具体通过考察替代品销售增长率、替代品厂家生产能力与盈利扩张情况来加以描述。

3．市场危机的解决办法

1）市场调查与预测

市场调查与预测是以市场为调查对象的，以科学的方法来收集相关资料和数据，对市场的发展趋势等做出判断的活动。

市场调查方法其具体可分为：

① 收集二手数据。收集二手数据有既方便又省时省力，一般二手数据可以解决的问题不用再收集原始数据，所以这种方法在市场调查中得到广泛应用。

② 问卷调查法。问卷法应用最为广泛，但是问卷一定要设计的科学，在此我们不做详细讲解。

③ 实验调查法。实验调查法是通过实验收集数据的方法，通过变量和实验程序的控制，实验者可以更有把握地进行变量之间因果关系的判断。

市场预测方法具体可分为：

① 定性预测法。预测者凭借自己的知识经验，运用自己的逻辑能力、推理能力和判断能力等，对事物的运动变化和发展趋势做出预测。

② 定量预测。根据调查数据或者历史数据，运用数学方法、工具和统计工具，对事物的发展变化进行量化推断的预测方法。

2）细分目标市场

市场细分是基于市场上消费者对商品或服务的需求与欲望的不同，以及消费者的购买习惯与购买行为的不同，对整体市场需求差异进行识别。所谓"对症下药"，市场细分得越好，发展前景也就越好。

3）准确进行市场定位

科特勒对定位是这样理解的：定位是指公司设计出自己的产品和形象，从而在目标顾客心中确定与众不同的有价值的定位，定位要求公司能确定目标顾客推销的差别数目及具体差别。

市场定位的核心是与众不同，即差异化，所以市场定位战略可以理解为差异化战略，差异化可表现为许多方面。

（1）产品差别化。具体可做如下分类。

① 价格差别化。与竞争对手保持不一样的价格。名牌产品一般走高价路子，也有走中价或低价路子的。

② 质量差别化。企业生产高品质的产品，如奔驰车、金利来产品、雅戈尔西服、意大利老人头皮鞋、海尔电器等，产品的品质比同类产品质量普遍要好。

③ 款式差别化。采用独具特色的款式，如服装、家具、手机等产品，很注重款式的差别。

④ 功能差别化。与竞争对手保持不同的产品功能，或者功能更为优化。一些技术含

量高、发展快的产品,很注重功能差别化。

⑤ 顾客群体差别化。如劳力士手表定位于事业有成的高薪人士;法国名牌香水定位于豪华贵妇、时髦女郎、影视明星、青春少女等。

⑥ 使用场合差别化。某些产品特别强调在某种特殊场合下使用。如江小白酒。

⑦ 分销渠道差别化。建立本企业独特的分销渠道体系,如我国生产空调的企业,海尔、格力、奥克斯、志高等品牌,分销渠道有很大的不同。

⑧ 广告等促销方式的差别化。同类产品,采用与众不同独具特色的广告形式和其他促销方式。

(2) 服务差别化。服务差别化是企业向目标市场提供与竞争对手不同的优质服务。现代企业的竞争,既是产品的竞争,同时又是服务的竞争。特别是技术复杂的产品,很强调服务。以家庭用品来说,电冰箱、电视机、音响、空调、手机、微波炉等产品,消费者特别重视厂家及商家提供的相应服务。如果一个企业提供的服务不理想,很可能影响消费者的再一次购买,消费者还可能会将这种不满意传播给其他的消费者,影响其他顾客的购买。

企业打造服务差异化,可以从及时准确的传递产品各方面信息、订货的方便性、交货及时与方便性,帮助顾客安装调试、为客户提供培训、客户咨询、维修等方面考虑。

(3) 企业形象差别化。企业形象是一个十分广泛的概念,泛指企业的厂容厂貌、建筑、设备、产品、员工、经营理念、价值观念、广告等。企业的形象在消费者的心目中是一个总体的印象,消费者购买了企业形象好的产品,买后感到放心。企业要树立良好的企业形象和形成良好的企业文化。

4) 勇于改革创新

创新是企业的灵魂,作为新时代的创业者要勇于开拓创新,随着时代的发展不断调整企业的发展目标。

  向苹果学习创新

9.3.3 成长期的危机管理:现金流向危机

1. 成长期易犯的错误

1) 短期融资多,缺乏长期融资

一般来说,企业会按照商业计划进行短期融资,融资成功后就会投入资金、人员等进行市场开发。但是,如果没有组织人员对市场环境进行跟进研究,研发过程结束后,市场开发可能并不能像预期想象的那样。如果投资得不到回报,企业就可能失去最初的融资来源,这样就很容易引起资金链的断裂。

有的企业在第一轮融资中,仅仅考虑一定时期的需要来筹集资金,没有考虑长远的融资需求,这样会影响企业的健康发展。

2)现金支出监管不严

企业如果对现金支出监管不严,最终可能导致资不抵债,不得不破产。

例如,每年春晚招标都商家云集,一个个新标王的出现让众人惊叹媒体广告的力量。动辄几亿元的广告费对企业的发展来说并非是一件好事。

3)盲目投资

盲目投资,或在资金不充足融资不到位的情况下盲目扩张,最终导致无力支撑的例子有很多,企业务必要制定周密的发展战略,切忌急功近利。

2. 现金流向危机的解决办法

1)依法做好会计工作

近年来假账现象层出不穷,会计工作做得好不好对企业有很大的影响。企业要任用具有从业资格的会计人员,依法做好会计凭证、财务报表等的填制工作,并依法接受有关部门的审计。企业管理者要时常查看财务报表、现金流量表等财务报表,了解企业的资金动向,从而更好地做出决策。

2)谨慎投资

企业投资要充分考量投资回报率和投资回收期,根据企业自身的情况选择要不要投资,切记对自己的实力要有清晰的认知,不要盲目自信。成长期的经营战略至关重要,要保持原来的发展方向还是开展多元化经营,不同的企业往往会做出不同的选择。有很多成功的案例,当然失败者也不在少数,这与很多不确定因素有关。所以,企业投资一定要谨慎,综合各种因素、指标,尽可能降低风险。

3)对现金流向进行定期监管

每一笔支出企业都需要对其进行监管。付出就要有回报,支出的资金就应该收获相应的利益,这才是企业运营的目的。

4)拓宽融资渠道

企业可以选择与其他企业合作,强强联合,也可以争取风险投资公司的投资,或者申请政府的支持。随着经济的发展,资金流通会更加便捷,融资途径也会越来越多,但是一定要遵守法律法规,杜绝非法借贷。

5)优化内部结构,增加利润区

资金是有限的,内部支出所占比重多,相应地外部支出势必就会减少。企业应该优化内部结构,给企业进行"健康瘦身",尽可能降低管理成本,从而增加主营业务的投入,将更多的资金投入运营中,那么企业就会发展得更好。

9.3.4 成熟期的危机管理:阶层与人才危机

1. 成熟期的阶层构建特点

度过了成长期后,企业就到了成熟期。在这段时期,企业的组织结构、规章制度、经营模式和盈利模式等经营活动相对稳定,在行业中的地位也相对稳定。成熟期的企业具有较大的规模，内部人员众多，而且具有相当复杂的组织结构、部门关系、岗位关系。臃肿的阶层和组织结构及管理中的各种书面文件会在企业发展中不知不觉形成。企业中的员工越来越多，企业内部沟通时间的花费也越来越多，但效果往往并不那么理想。沟通问题已然成为组织内部发展的障碍。在创业的初期，领导者对寥寥无几的员工都能够认识甚至深入了解员工的长处和爱好，彼此接触的相关事务和时间较多，信息也在这种频繁的交往中得到快速准确及时的传递。进入规范期后，交流有可能会被无穷无尽的开会所取代。下级发现并反馈问题时要一级级向上传递，才到达决策层，上层的决策也要经历相当长的时间才能被执行者执行。如此，不仅使效率低下，而且执行效果也会大打折扣。

可以说，没有沟通，企业管理者的领导就难以发挥积极作用；没有顺畅的沟通，企业就谈不上机敏的应变。

企业的各个部门应该形成有机的相互紧密配合的共同体。各个部门的职能应该进行明确划分，否则，部门职能重叠，会使职权、责任划分不明确，使一个项目活动很难顺利有保证、有效率地执行下去。而当企业某个项目出现问题时，又会出现部门间相互推脱的现象。

总体来说，处于成熟期的企业有以下的特点：

（1）发展速度缓慢，到成熟期后期甚至会出现滑坡趋势。因为在企业固有的资源下，经过不断的发展已经达到资源利用最大化。企业的经营活动相对稳定，除诸如并购等重大决策的影响外，企业各期间的净收益变化不是很明显，战略目标及竞争优势已显现出来，在行业中的地位也基本稳定。若不再进行企业扩张，凭借当前的资源，企业也只能保持在目前最高的利润点。但企业在进行多元化扩张时，往往容易忘记企业目标。

（2）组织结构为集权和分权相互结合。经验战略、重大的财务决策、认识决策，以及某些重大的突发事件由高层管理人员负责，而下层管理人员则行驶日常的经营权。

（3）进一步并严格执行企业规章制度。该时期的企业实行更为严密的企业管理，具有专业化、制度化和规范化的组织结构。专业化具有市场独占性、反应快速、竞争优势明显、利润最大化的特点；从根系原理、企业生命力和企业发展三个角度来说，制度化管理使其对企业经营管理具有重大作用和意义。规范化管理所寻求的达到"八零"境界——决策制定零失误、产品质量零次品、产品客户零遗憾、经营管理零库存、资源管理零浪费、组织结构零中间层、商务合作伙伴零抱怨、竞争对手零指责的效果标准。

（4）由于组织结构日益复杂化，使企业出现部门职能交叉、重叠现象。这不仅需要花费不必要的企业资源，还使其效率低下，严重阻碍企业的发展。

（5）在成熟阶段，企业产生现金的能力较强，但对现金的需求相对较弱，企业有支付现金薪酬的能力。

（6）拥有竞争力很强的产品群和企业核心竞争力。经过成长期的研究开发与成熟期的发展，那些技术成果已经转化为企业的产品优势。此时，企业产品的市场占有率很大但增长缓慢，已经达到了发展高峰。

（7）企业的股价与管理者的努力程度间的相关性越来越弱。因为到成熟期，企业的组织结构经营模式已经相当完善，管理者对企业所做出的贡献与"一穷二白"的企业初创期相比，效果便显得没有那么明显。

2．如何解决成熟期组织层级的危机

解决组织层级的危机可从以下几方面入手：

（1）形成双向有效沟通，争取做到信息传递畅通无阻。一方面，可以如沃尔玛公司的开会模式，每次大会公司都尽可能让更多的商店经理和员工参加，增强各层级间的信息沟通；另一方面，企业可以采取现代化的信息管理模式，以效率为中心的组织结构，采用强有力的控制手段。部门之间的相互协调及管理层间的指令传递需要一个正式的控制系统来保障，整个组织都是在这个系统里按照已有的规章制度来运行的。信息系统是计划和执行最强有力的控制工具，通过鉴别实际绩效与既定标准和目标的偏差来帮助计划执行。

（2）精简企业的组织层次与结构，采取更有效灵活、实用、权责分明的阶层构架。如调整企业内部的权力制衡关系，在企业内部设立监事会；调整董事会与 CEO 或总经理的决策权力分配；变革 CEO 的提名程序与任命的权限等。

（3）树立各阶层各部门相互团结、相互协作的积极观念。坚决杜绝部门间相互推脱的情况，应形成良好的相互沟通协作关系，互相配合、理解、信任，从而完成共同的目标。

（4）企业应该采用有效的激励制度，用各种有效的方法去调动员工的积极性和创造性，使员工努力去完成组织的任务，实现组织的目标。

3．成熟期企业人才流失

是什么原因迫使员工非辞职不可呢？其实企业进入成熟期，造成人才流失的原因很多，可以从企业和员工个人角度来分析：

（1）就领导职能而言，造成人才流失的其中一个原因是领导者能力不足，或者是受企业环节限制而无法真正施展才能。主要表现为控制能力、计划能力、协调能力、沟通能力、创新能力不足，也可能是领导者风格、个性原因导致，主要表现为任人唯亲、墨守成规、集权控制等。例如，任人唯亲，会使员工感到不公平，打击员工信心，影响工作积极性。

（2）就计划职能而言，造成人才流失的原因可能是目标设定不当、目标管理失效、工作与人员不匹配等。有能力有思想的员工，往往很看重企业的目标。他们能在完成企业的目标的过程中找到成就感和荣誉感。

（3）就协调、控制职能而言，造成人才流失的原因可能是权责不清、沟通不足、奖惩失当等。尤其值得一提的是人力资源开发与管理问题突出，主要表现为用人机制僵化、招聘人才不当、员工培训不足、激励制度缺乏力度、薪酬不合理、考核不力、人际关系失调等。

（4）就员工个人而言，造成人才流失的主要原因可能是个人目标不同、职业生涯阶段不同、主导需求差异、个性及价值观差异、晋升渠道限制等。

人才流失是一种不合理的流动，例如，对国家而言，掌握国家关键技术的人才，在影响国际竞争力和国家安全方面都具有战略意义，人才安全的问题等同于国家安全问题；

对企业而言，核心管理人才和技术人才的流失往往不仅仅是个人行为，其涟漪效应非常明显，更不用提他们的流失给企业的技术含量、管理质量、人才培育成本、生产率和对企业持续发展带来的恶性影响。由于危机的威胁性、不确定性和紧迫性，对于开展基于企业人才流失的危机预测预警管理的必要性毋庸置疑。企业在成熟期的发展中，个人在企业中的作用没有在企业萌芽期和成长期那么大，原因是此时企业发展大部分依靠规范化机制和企业的整体实力。如此，会引起员工惰性的增加，对工作缺乏激情与动力，同时对于企业创新也极为不利。企业需要采取措施，进行激励。但是，事实往往是，激励的成本越来越高，而员工的工作热情日益降低。许多企业最大的感触就是企业成长到成熟期后，员工的积极性明显下降，就算是元老级别的人物也少了刚创业时的干劲。企业想尽一切办法也是一副"无力回天"的情景。与此同时，企业的岗位基本都已满，员工的上升空间是少之又少，对外界人才的吸引力会变小，甚至引起人才的流失。

4. 如何应对人才危机

为解决人才流失的危机，企业应做到以下几点：

（1）创造一个良好的企业文化是极为重要的。一个企业要有自己的愿景、使命、核心价值观，才能为企业的行为提供导向作用。如此，才能使员工具有使命感和归属感，使员工对企业付出真情，工作时才具有责任感，才能认真地对待工作，并且完成工作时具有荣誉感和成就感。

（2）进行完整的人力资源规划和严格的人才筛选。在企业进行人才招募之前，企业应该做好人力资源需求预测。具体要找哪些岗位上的人才，以及这些人才需要具备什么样的素质，如何才能进行目标明确的招募。对于应聘人员，则要认真仔细地了解、核实其个人情况、录用资料、教育资料、工资资料、工作执行评价、工作经历、服务与离职资料、工作态度、工作或职务的历史资料等。

（3）完善各项规章管理制度，并严格遵照执行。企业应该一改以往的经营管理模式。对于内部的各项制度、人员晋升制度应该科学、规范地进行明文规定。不要以主观意向判定员工的绩效，而是以科学的绩效考核制度来衡量员工的工作成果，从而达到有劳有得的效果。另外，企业明文规定的制度，一旦有员工触犯了，一定要按照惩罚机制严厉执行。若是规定了的制度不严格执行，会在员工心目中形成规定是可有可无的印象。并且，对遵守制度的员工来说是极为不公平的，渐渐导致大部分员工纪律散漫，工作氛围糟糕，工作效率低下，带来的后果是可怕的。因此，完善各项规章管理制度，并严格执行制度既可以避免因"关系"而带来的不公平，又可有效地激励员工不断努力创新，留住有用人才。同时，可以使企业管理更加井然有序，有条不紊，规范的进行。

（4）为员工设定职业生涯规划。企业根据员工个人的兴趣、特点，将员工放在一个最能发挥其长处的位置，并按照员工意愿的方向，为员工设定一个长远的愿景。员工会为了目标努力奋斗，扬长避短，不断改正自己的不足，学习更符合目标所需具备的素质。现在许多人找工作，看重的不仅仅是工作薪酬，还有发展空间。有了职业生涯规划，能够更好地吸引人才和留住人才，保持积极向上的态度为企业谋利益。

（5）中高层管理员作为企业的支柱力量，企业应想方设法留住他们。高层管理者注重的是工作自主性、业务成就感、薪酬福利和个人成长性；而中层管理者则非常看重薪酬福利、上级领导认可和工作环境。企业应该有针对性地对症下药，善用目标激励，让管理者自助选择多元化报酬来留住中高层管理者。例如，谷歌的办公室，可以根据员工喜欢的方式进行设计，员工还可以带上小狗去上班。这些举措为员工创造了一个轻松舒适的工作环境。在有选择的条件下，领导者更愿意待在舒服的环境里上班。

9.3.5 衰退期的危机管理：创新危机

1. 衰退期企业的"内忧外患"

企业经过成熟期，各部分阶层结构和人力资源管理完善后，企业资金、人员、设备配置等基本已经达到利用最大化。一方面，企业须面对来自企业外部的问题。企业对外，要面对的是宏观环境中所处的政治、经济、文化等问题，以及企业所在行业的法律法规的变化，整个行业的发展方向和竞争者的动向。企业在行业中的地位，如逆水行舟，不进则退。在这个竞争激烈的市场中，企业每分每秒都要面临被淘汰的危险。此时企业便处于衰退期。想要维持企业稳定的发展，经营者必须考虑企业未来的发展方向。但是，无论企业未来发展如何，想要掌握核心竞争力，必须要有技术上的创新意识。只有不断地适应市场，推陈出新，企业才能立于不败之地。另一方面，对于企业的内部来说，从企业的萌芽期、成长期到成熟期，再到衰退期，已经经历了相对长的一段时间，此段时间企业在遇到问题的处理上，会秉承一贯作风，形成成熟的管理系统。这样一来，效率固然会高。但是一不小心，企业就会陷入惯性思维的模式中，不能最好地解决问题。这就要求企业只有要意识到自己的不足之处，打破传统思维，对内部管理模式不断进行创新，才能使企业内部更好的运转。

2. 技术创新危机的特点

1）不确定性

由于企业内外部关系的影响，一些专利侵权、贸易摩擦、专业技术人员流失等问题存在。另外，许多问题犹如双刃剑，有利弊两面，我们要扬长避短。但是某些情况下，由于人类的知识和认知的局限性，并不能控制其在消极方面的影响。例如，塑料袋的发明便利了人们的生活，但大量的塑料垃圾让人不得不担心环境问题；转基因食品，虽然它解决了产量的问题，但却有不少转基因食品会对人体造成伤害。

2）相对性

一项新技术的开发，可能发生的风险会存在差异，其原因是不同企业间存在技术组织条件不同。从技术本身来分析，某些技术对于不同企业的影响也会有所不同，这是因为对于那些掌握新技术的企业，新技术给企业带来的是机遇；相反地，没有掌握新技术的企业，就会因为缺乏竞争力而面临着被替代的危机。

3）破坏性

从企业的发展上讲，一种技术被研发出来，则意味着另一种技术将被替代，面临被淘汰的危险。这样一来，便破坏了原有技术的市场存在价值。另外，从社会上的角度出发，一种新技术，不一定会造福人类，不恰当的使用反而会破坏人类的生活。例如，手机的发明，在人们昼夜不分的使用手机的同时，它给人们带来的辐射是对人类的身体产生巨大破坏性的。

4）隐蔽性

企业在进行技术研发阶段都是秘密进行的，为的是形成技术壁垒，垄断该领域市场获得高额利润。例如，可口可乐的配方被列为美国国家机密，这个机密始终具有隐蔽性。

5）渐进性

企业技术的发展从整个时期来看，并不是一蹴而就的，而是从无到有，从简单到复杂的一个循序渐进的过程。从单个技术来看，也不是一下子就进入市场替代过去的技术的。一个新兴技术的逐渐代替原有的技术进行市场渗透的。一个旧技术不可能在一夜之间就全部换成新技术的。所以说技术创新具有渐进性。下图9-3是技术生命周期图，我们可以参照这个图对整个技术危机的产生过程进行理解。

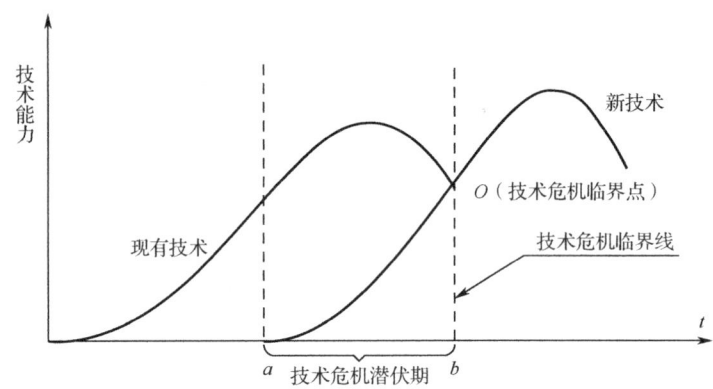

图 9-3　由技术生命周期分析技术危机产生过程图

3. 如何解决技术创新危机

1）增强企业的创新危机意识

企业管理者要为企业员工建立居安思危的思想，如随时推陈出新的创新意识，并不断强化员工的创新意识，随时为面对创新危机这场没有硝烟的"战争"做好准备。形成一种积极向上，不断奋斗，活力四射的企业文化。这个方法的核心在于企业领导者的重视程度，只有让员工看到领导对技术创新的重视，才能激励起员工的斗志。

2）关注政府出台的政策，行业发展动态，收集关于创新导向性的信息

在决定一个项目是否发展之前，应该权衡利弊，分析宏观上的政治、经济、文化导向以及整个行业的发展导向，以及竞争者、供应商、替代者、潜在竞争者以及顾客的需求关系等。从总体分析创新项目的可行性再决定是否开展继而安排接下来的活动。

3）创新资金款项使用应合理

既要避免企业投入的资金过多而影响其他产品的经营活动开展，引起企业的流动资金危机。也不能投入创新资金过少而导致创新项目的活动无法顺利进行。应该开源节流，拿捏有度。在资金方面，企业应该多方面拓宽融资渠道。例如，可以做好宣传工作，树立企业良好的合作形象和信用，吸引更多的投资者进行投资。也可以与政府和金融机构进行合作。在使用创新资金时，企业要建立起有力的监督制度，让每一笔资金师出有名，达到创新资金的有效合理使用，为创新项目的进行无后顾之忧。

4）壮大创新人才的队伍

创新人才有如企业的新鲜血液，可以为企业活力做出巨大贡献。企业应该从企业文化、薪酬福利、职业生涯规划等各个方面吸引创新型人才。再以工作与科研环境、学习深造与晋升机会的各种方法留住人才。提高创新人才的整体素质和工作积极性，才能为创新项目的开展打下坚实基础。

（资料来源：彭尔霞，王为，路军. 企业创新环境危机的原因分析与对策[J]. 科技与管理周刊，2008.）

4．企业体制创新

整个企业创新体系的重要组成部分是企业管理模式的创新。而企业体制创新，主要指的是经营模式的创新，重点研究企业产权制度和企业内部结构问题。体制创新既是企业发展的前提，又是连接企业和市场一体化的纽带。

随着科技的进步，新科技革命对企业的经营与管理造成了巨大的影响。企业管理模式应不断进行创新，否则，企业的发展就会受到限制。

对于宏观经济来看，各种组织之间的联系日益广泛而密切，全球经济一体化已成为时代潮流，如一部汽车的零部件会来自不同的国家。

从市场需求看，消费者对产品或服务的要求不但越来越高，消费者还要求产品或服务能够提供更多的精神和心理方面的满足，而且还越来越人性化、多样化和个性化。

从组织架构看，面对迅速变化的市场环境，企业越来越倾向采取更能贴近市场的组织模式，如扁平化、矩阵式、网络型等易于创新的组织结构。

从经营的战略资源看，以人为本不再停留在理念上，已经成为企业竞争力的关键部分，知识和人才已成为企业发展中的核心资源。一个企业只有拥有足够的知识和人才，才能为企业带来源源不断的新血液，使之具有活力，从而使企业源源不断的发展。

以上是科技进步和社会发展的动态发展结果。从萌芽期、成长期到成熟期，企业经历的时间并不短，企业刚开始建立的体制并不一定适合当下的经济社会状况，想要有所突破，必须要有体制创新意识。我们可以看出，企业体制创新呈现柔性化、人本化、国际化、知识化等趋势。

5．企业体制创新方法

（1）树立以人为本的观念。企业要对员工的积极性、创造性的激励极为重视，以员工自身发展为出发点，将员工视为资源进行培育、开发、激励。

（2）注重部门、人员的内部管理及层次之间的相互联系、合作和制约，从而形成一个有机的整体，旨在发展优化企业系统整体功能。

（3）放弃仅凭经验指导的决策，取而代之的是以多因素、多角度统筹兼顾，经过多次比较之后的最优决策，实行多元、动态的系统决策管理。

（4）树立战略管理观念，充分了解和协调宏观、中观、微观等企业内外环境。决策者要以企业的可持续发展为出发点，为企业制定管理措施及管理方法。

（5）融入权变观念。企业的管理制度并不一定适合所有的阶段和地域，企业应该协调好各方面的人物、时间、原因、地域等，进行灵活的适应性管理。

（6）建立创新环境危机预警监测系统。企业应针对各项创新环境影响因素，对评价标准和警戒值进行设定，对企业创新环境的总体进行监督和重点分析，采取相应策略并定期考核，及时发现潜在危机并采取预防措施，使企业损失降到最小。

9.4 创业风险的管理流程与管理方法

创业风险管理是指创业者对创业风险进行识别、衡量、分析及评价，并在此基础上有效地处置风险，以最低成本实现最大安全保障的科学管理方法和管理过程。创业风险虽然客观存在和不可避免，但有规律可循。这就要求创业者主动地认识风险，积极地管理风险，有效地控制风险，以保障创业企业的生存和健康成长。但和成熟企业往往有一个专门部门和高阶经理主管企业所面临的风险不同，创业企业由于规模较小，其风险管理的任务主要落在创业者身上。

9.4.1 创业风险的管理流程

在长期的生产实践中，人们已经形成了风险管理的基本原则和基本程序，企业通常依此来管理其所面临的风险。风险管理的流序一般包括风险识别、风险评估、风险管理方法的选择、管理效果的评价和风险监控等环节，如图9-4所示。

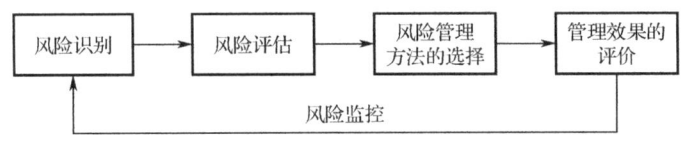

图9-4 风险管理的流程

1. 风险识别

风险识别是指在风险事件发生之前，风险管理人员在收集资料和调查研究的基础上，运用各种方法对尚未发生的潜在风险进行系统归类和全面识别。风险识别是风险管理的基础，其任务是查明各种不确定性因素和风险来源，辨析各种风险之间的关系，预估各种风险事件的可能后果，确定哪些因素对创业构成威胁，哪些因素可能带来机会，为风险管理做好准备。风险识别的主要内容包括识别存在风险的主要领域、识别引发风险的主要因素、识别风险性质、识别风险概率、识别风险后果。常用的风险识别方法有：

1）环境分析法

环境分析法是指通过对企业内外部环境的分析，明确机会和威胁，对比企业的优势和劣势，找出这些环境可能引发的风险和损失的一种分析方法。环境分析法重点是分析环境的不确定性及其变动趋势给企业经营带来的风险。

2）财务状况分析法

财务状况分析法根据企业的资产负债表、损益表、现金流量表等财务报表，对企业总体和局部的财务状况进行分析，以便从财务的角度发现企业所面临的潜在经营风险的一种分析方法。

3）流程图法

流程图法是将企业经营全过程，按其内在的逻辑关系制成流程图，针对流程中的关键环节和薄弱环节进行调查和分析，找出可能存在的潜在风险，分析该风险存在的原因和可能造成的损失程度的一种分析方法。

4）保险调查法

保险调查法是指委托保险公司或保险咨询机构，对潜在损失和由于风险事件的出现可能造成的消极影响、赔偿责任进行调查分析，提出预防风险损失出现的措施，并向企业建议可自保的项目和应向保险公司投保的项目的一种分析方法。

2．风险评估

风险评估是指在风险识别的基础上，对可能发生的某类风险的预计、度量和估计后果等工作，也可以对企业总体的风险水平进行度量和评估。在这一阶段，可按照相关风险发生的概率进行分类。通过对风险概率进行评估，对风险事件带来的损失规模与幅度进行分析，从而使风险分析科学化。把风险事件发生的概率、损失的程度与其他综合因素结合起来考虑，确定风险发生的可能性及其危害程度，通过比较管理风险所支付的费用，决定是否需要采取风险控制措施，以及控制措施采取到什么程度，从而为管理者进行风险决策、选择最佳风险管理方法提供可靠的依据。风险评估既可采取定性的评估方法，如历史资料法、理论概论分布法、主观概率法等，也可以采取定量的评估方法，如盈亏平衡分析法、敏感性分析法等。

3．风险管理方法的选择

在风险评估的基础上，为实现风险管理的目标，如何选择最佳的风险管理方法是风险管理的实质性内容。风险管理方法分为控制型和财务型两大类。控制型方法的目标是降低风险事件发生的频率和减少风险事件所带来的损失程度，重点在于改变引发风险事件发生的各种条件，同时创造防止损失扩大的各种条件；财务型方法是以提供专项资金的方式，消化发生损失的成本，以及对无法控制的风险进行财务安排。

4．管理效果的评价

在做出风险管理方法选择的决策后，风险管理者必须实施其所选择的方法。风险管理是一个持续的过程，对风险管理方法的实施效果进行评价无疑是必要的。但是，新的风险会暴露出来，或者预期的损失概率或损失幅度发生了显著的变化，就需要对原有决策进行重新评价。风险管理的效果评价是指对风险管理技术的适用性及其收益情况进行分析、检查、修正和评估。通过效果评价，以保证具体管理方法与风险管理目标一致，并使具体的方案具有可操作性和有效性。

5. 风险监控

风险监控是风险管理的一个不可或缺的管理过程，主要通过跟踪已识别的风险、监视残余风险和识别新的风险，保证创业活动按既定的计划不断推进。

9.4.2 创业风险的基本管理方法

创业风险的基本管理方法，是指通过不同的手段和措施，使因创业风险而发生的损失最小化，以达到最大安全保障的过程。创业风险的基本管理方法有很多，但最常见有风险回避、风险预防、损失抑制、风险转嫁和风险自留等几种方式。

1. 风险回避

风险回避是指放弃某一计划或方案，以中断风险来源，从而避免可能由此带来的损失后果。风险回避是一种从根本是消除特定风险的办法，但也是一种消极的处理方法。除只有"损失"一种结果的纯粹风险外，多数风险都和收益相连。没有风险就没有收益。因此，回避风险虽然简单易行，但它往往意味着收益机会的流失。风险回避通常在两种情况下采用：一是当某种特定风险所导致的损失频率或损失幅度相当高时；二是当用其他方法处理风险得不偿失时。

2. 风险预防

风险预防是指在风险事件发生前，为了降低风险发生的频率和控制风险发生带来的损失幅度，采取各种具体措施以消除或减少可能引发风险的各种因素。风险预防是风险管理的常规方式，其具体措施可分为"工程物理法"和"人类行为法"两种。工程物理法是损失预防措施侧重于风险预防物质因素的一种方法，如防火结构的设计、防盗装置的安装等；人类行为法是指损失预防措施侧重于人们行为教育的一种方法，如职业安全教育、消防教育等。

3. 损失抑制

损失抑制是指在风险发生时或风险发生后，为缩小损失幅度或损失强度而采取的各种措施。它也是处理风险的有效措施。损失抑制的一种特殊形态是割离，是指将风险单位割离成独立的小单位而达到缩小损失幅度的一种方法。损失抑制法通常在损失幅度高且风险又无法避免和转嫁的情况下采用，如损失发生后的各种自救措施和损失处理等。

4. 风险转嫁

风险转嫁是指为了避免承担风险损失,利用合法的交易方式和业务手段,有意识地将风险全部或部分地转移给他人的一种风险管理方式。转嫁风险的方式主要有两种:保险转嫁和非保险转嫁。保险转嫁是指向保险公司交纳保险费的同时将风险全部或部分地转嫁给了保险公司,当风险事件发生时,投保人按照保单的约定得到相应的经济补偿。非保险转嫁又细分为两种方式,一是转让转嫁,二是合同转嫁。转让转嫁一般适用于投机风险,如当股市行情下跌时卖出手中的股票;合同转嫁是指将具有风险的生产经营活动外包给他人,并在合同中规定由对方承担风险损失,如通过承包合同将某些高风险的研发活动外包给合作单位。

5. 风险自留

风险自留是指行为主体对风险的自我承担。风险自留有主动自留和被动自留两种。主动自留是指在风险所导致的损失概率和幅度较低、损失可以预测,以及最大损失不影响企业财务稳定的情况下,企业主动将风险自留下来,在这样的情况下采用风险自留的成本要比其他风险处理方式的成本低,而且方便有效;被动自留是指风险无法回避,无法排除,也无法将风险转嫁给第三方,只能采取自留的方式处理。

风险管理者通常会尽可能地回避并排除风险,把不能回避或排除的风险转嫁给第三方,不能转嫁的或损失幅度小的风险则可采取自留的方式。对于创业企业而言,究竟哪种风险管理方式更合理,需要根据对风险评估的结果和具体的环境进行选择。对于损失金额很小的风险适宜采取自留的方式;对于那些出现概率大,损失金额高的风险,如财产责任风险,则宜采取转嫁的方式;而对诸如项目选择风险、人力资源风险、财务风险、环境风险等,则宜采取预防和抑制的方法来处理。

9.5 创业风险的管理策略

创业是一个新企业于从无到有的诞生和成长过程,创业的过程中充满各种不确定性,这些不确定性一旦给创业者或新创企业带来损失,就会带来风险。创业企业是风险集中的组织,在创业过程中,创业者和新创企业主要面临着创业项目选择风险、人力资源风险、市场风险、财务风险和技术创新风险等,下面将对这些主要创业风险的管理策略逐一解读。

9.5.1 创业项目选择风险的管理策略

创业项目的选择是创业活动的第一步,选择一个好的创业项目,是防范创业风险的第一步和关键所在。也就是说,风险回避是创业项目选择风险管理的第一策略。尽管在创业项目的选择上,多数创业者都经过了一段相对较长时间的考虑,或者按照相应的标准进行了认真筛选,但由于各种主客观因素的影响,不少创业者仍错误地选择了创业项目,使创业一开始就出现了方向性的错误。在分析很多创业企业失败的案例后就会发现,由于创业项目选择的不当，失败的命运在创业之初就已经注定，让人扼腕叹息。那么，该如何规避创业项目选择的风险的风险呢？以下策略值得关注：

1. 掌握创业规律，强化商业认知

要选择好的创业项目，从源头上防范和规避创业风险，关键是要提高创业者发现、分析、选择创业项目的能力。很多人创业失败的原因，是因为对商业的本质和规律缺乏认知，不懂创业规律，不具有创业的相关知识和技能。这样的创业者，实际上是缺乏历练的创业者，是没有创业基础的创业者，也是盲目的创业者。在选择创业项目的时候，这样的创业者往往只有一腔的热情，没有理性的思考能力，也没有成熟的商业眼光，无法选择好的创业项目是必然的，选择到了好的创业项目反而是偶然的。因此，要规避创业项目的选择风险，首先要提高创业者自身的素质，做一个合格的创业者。

2. 充分调查研究，深刻理解创业项目

当创业者初步选定某一创业项目后，要对该项目进行全面细致的调查了解。每一个行业都有不同于其他行业的内在规律，俗话说"隔行如隔山"，一个行业独特的内在规律，行业外的人是很难了解的。人们把行业内的人叫作"内行"，把行业外的人叫作"外行"。选择一个项目进行创业活动，必须成为"内行"，成功的概率才能变大。这也就是人们所说的"不熟不做"。当然，要做到充分地调查研究和深刻地审视所选的创业项目并不容易，因为这不仅需要创业者花费大量的精力，而且还需要创业者抛弃对某些项目先入为主的看法，冷静客观地做出判断。

3. 知己知彼，实现与商机的相互匹配

商业机会是一种客观的存在，好的创业项目是创业者和商业机会良性互动的起点，而成功则是两者相互匹配的客观结果。创业者是一个充满个性的群体，创业者之间在性格、能力、经验、财富、知识结构、社会资源等方面有着巨大的差异，而商业机会也各不相同。有的机会大，有的机会小；有的机会长久，有的机会短暂；有的机会需要的投入大，有的机会需要的投入小；有的机会回报快，有的机会回报慢。但有一点很清楚，即创业者只有做到"知己知彼"，选择自身可以掌控和驾驭的商业机会，创业才有了迈向成功的基础。因此，创业选择项目，其实是选择自己，是让创业者自己的优势和资源与商机的特点和要求相互匹配，并形成良性互动，共同成长。

4. 遵守基本原则，谨慎进行项目选择

学者们根据众多的创业实践，总结了不少有关创业项目风险防范的基本原则和基本经验，值得创业者借鉴：

1）遵循优势利用原则，不盲目追求热门生意

要选择创业者自己熟悉并拥有资源优势的项目，充分利用当地的资源优势和创业者自身的优势来创业，做到"人无我有""人有我优"，不盲目地追求社会经济热点，看到别人做什么生意赚了钱，就盲目仿效跟风，以避免决策失误。

2)遵循市场导向原则,不盲目追求技术的先进性

要以满足市场需求为导向来评估某项新技术是否真正具有市场前景,不仅要考虑技术的先进性,更需要考虑技术的市场性,把重点放到需求量客观、发展前景广阔的创业项目上。

3)遵循趋利避害原则,不违背政策潮流

创业者要有宽广的视野,只有对国家政策和社会经济的发展趋势有所掌握,才能顺势而为,趋利辟害。创业者选择的创业项目要符合技术创新、区域经济发展、产业结构升级、制度变革、社会发展的大趋势,要符合国家和地区的产业政策,坚决回避政府产业投资明确限制的项目。

4)遵循找准切入口原则,不贪大求全

创业和一般的项目投资不一样,面临很强的资源约束,在创业初期决不能贪大求全,四处出击,总想"一口吃个大胖子",而要聚焦,要集中资源,找准一个市场切入口平稳进入市场。虽然这样看起来好像发展比较慢,但实际是稳打稳扎,既可以完全掌控和驾驭项目,不用为亏本担惊受怕,还能积累商业经验,等到进入市场站稳脚跟后,创业者再根据实际情况逐步地扩展自己的创业宏图。

5)遵循量力而行原则,不大量借贷投资

创业者往往白手起家,因而创业资金并不多。由于经济相对比较拮据,又希望手中有限的资本能够增值,在投资过程中只能赢,不能输。因此,在开始创业时,要根据自身的情况量力而行,不能借贷太多。因为大量借贷风险大,创业的心理压力很大,极不利于创业者经营能力的正常发挥。当创业项目所需的投资远远超出创业者自由资本金的时候,如果既不能找到适合的合伙人来分担投资,也不能获得天使投资,建议等待或放弃。

9.5.2 人力资源风险的管理策略

创业人力资源风险是指在创业初期和成长期,由于人力资源的原因而导致的经营风险,主要包括创业团队风险和关键员工流失风险。创业团队风险主要是指团队成员的素质、团队的组织协作能力、团队的稳定性、团队的环境适应能力等方面的风险;关键员工流失风险是指那些具有特殊才能、负责核心业务、控制关键资源的员工离开创业企业而导致的风险。下面我们分别对这两类风险的管理策略进行阐述。

1. 创业团队风险的管理策略

1)谨慎选择创业团队成员

就像选择人生伴侣一样,一旦选择了创业团队成员,就选择了事业的合作伙伴。选择了正确的合作伙伴,能够促使事业蒸蒸日上;选择了错误的合作伙伴,可能让事业毁于一旦。谨慎地选择创业团队成员,是创业团队风险管理的第一步。我们不能保证所有人都是高素质、高品德的人,而且哪怕是德才兼备的人,也并不一定在价值观、性格、能力等方面适合开发这个商业机会的需要。因此,创业团队的主要成员,尤其是团队的领导,应该以足够的理性来选择,而不能因为是兄弟姐妹、亲朋好友、同学同事、战友

老乡等就草率决定其为创业成员。

2）形成团队共同价值观和愿景

在谨慎选择团队成员的基础上,创业团队还需要形成团队的共同价值观和愿景。要让所有的团队成员对于"我们是谁""我们要做什么""我们为什么要创业""我们创业的使命是什么""我们的共同目标是什么"等这些关键命题达成一个清晰的共识,并用这些共识去指导整个团队和每一个成员的行为规则。只有有了共同的价值观和愿景,团队成员才会形成长远的凝聚力和战斗力,为完成团队的共同目标而不懈努力,而不是在个人利益上斤斤计较,或者缺乏持续的工作热情。

3）明确团队成员的权利和责任

除了共同的价值观和愿景,创业团队还必须明确团队成员之间的角色分工,明确每个成员在团队中的权力和责任,并建立良好的利益协调机制,以达成权责利的统一。创业团队的领导人要责无旁贷地对团队成员的角色分工、工作职责、持股比例、工资奖金等做出公平的决定。需要指出的是,这里所说的公平并不是指创业团队成员在责权利方面的分工和分配人人平等,而是有差异的公平,是根据各个成员的投入多少、能力强弱、责任轻重、贡献大小等来进行公平合理的分工和分配。这样既有利于团队的决策和管理,也有利于团队的长期稳定。

4）制定并遵守团队规范和团队纪律

创业团队必须是一个有战斗力的群体,要有良好的团队规范和严明的团队纪律,而不能松松垮垮,一团和气。不少创业团队在团队建设过程中,过于追求团队的亲和力和人情味,认为"团队之内皆兄弟",而导致了管理制度的不完善,或者有制度却形同虚设,以至于带来无穷的后患。GE 公司的前 CEO 杰克·韦尔奇说,"指出谁是团队里最差的成员并不残忍,真正残忍的是对成员存在的问题视而不见,文过饰非,一味充当好人。"对于这一点,每一个创业团队都要有清晰的认识。

5）建立团队的动态调整机制

因为企业的创建与发展是一个动态的过程,创业团队应该具有动态的发展观念。随着时间的推移,创业团队最初的许多安排会变得不合时宜、不再合理、不再适用,不能反映团队成员的实际贡献,创业团队的组成也往往会发生变化,有成员离开,有成员补充进来。具有发展观念的创业团队要建立一套相对完善的调整机制,进行团队内部调节,既有利于成员体面地离开,又有利于新成员的顺利加入。创业团队的动态调整机制包括公平的业绩衡量机制、合理的股份转让机制、良好的晋升机制、科学的股票期权机制等。

2. 关键员工流失风险的管理策略

1）识别关键岗位和关键员工

关键员工是指那些拥有专门技术、具有特殊经营才能、掌握核心业务、控制关键资源、其替代性较弱、会对企业的经营与发展会产生重大影响的员工。关键员工有可能是创业团队的核心成员,也有可能不是创业团队的核心成员。每一个企业都有关键员工的存在,而且一定和关键岗位相匹配。但在不同的企业,关键岗位和关键员工的数量的多少是不同的,需要根据企业自身的特点将这些关键岗位和关键员工识别出来，给予重点关注。

2）利用关键员工流失风险表识别风险

关键员工流失风险表如表 9-2 所示，创业者可以根据该表定期或不定期地认真了解关键员工的情况，并对情况进行分析，有效识别其中可能存在的风险，进而采取应对措施。

表 9-2 关键员工流失风险表

风险类别	风险分析内容	拟采取措施	备注
待遇	是否对待遇满意		
成就感	是否有工作成就感		
公平感	是否感到公司对他是公平的		
人际关系	在公司是否具有良好的人际关系		
自我发展	是否在工作中提高了自己的能力		
地位	是否认为在公司的地位与对公司的贡献成正比		
信心	是否对公司的发展充满信心		
	是否对在公司的发展充满信心		
沟通	是否与领导和同事之间的沟通顺畅		
关心	是否能够得到公司领导和同事的关心		
认同	是否认同公司的发展思路和发展战略		
	是否认同公司的管理制度和管理方式		
其他	是否会因为结婚、生子等家庭原因离职		
	是否会因为出国留学、继续深造等原因离职		

3）采取措施激励和留住关键员工

根据关键员工流失风险表的调查和评估，可以采取多种多样的措施来激励和留住关键员工。这些措施既有短期的，也有长期的；既有公司层面的，也有针对员工个人的。例如，提供有竞争力的薪酬待遇，提供良好的进修与培训机会，制定良好的职业上升通道制度，弘扬正确的企业价值观，制定并传递公司发展战略和发展愿景，改进公司的管理机制和管理制度，营造良好的企业文化，等等。

4）用契约约束关键员工流失

虽然创业企业在关键员工管理方面采取了多种多样的方法，但关键员工的流失现象依然存在。为了防止关键员工的流失给企业带来更大的损失，企业可采取防范措施，与关键员工在合同中明确阐明双方的权力、责任和义务，一旦出现问题可以诉诸法律。如双方事先签订"竞业避止"协议，要求员工在离开公司后的一段时间内不得从事与本企业有竞争管理的工作，并要为本企业保守商业秘密、技术秘密等，同时规定相应的补偿措施。

9.5.3 市场风险的管理策略

市场风险是指由于市场情况的不确定性导致创业失败或创业企业收益不确定的风险。从广义上说，市场风险也涵盖创业项目的选择风险。但我们这里是从狭义的角度来看的,主要包括市场营销风险和市场竞争风险,是指由于新创企业制定实施的营销策略与市场营销环境的发展变化不协调,从而导致目标市场难以开发,产品难以顺利销售,盈利目标无法实现,在竞争中无法取胜的风险。创业企业防范市场风险的主要策略如下。

1. 充分的市场调研和严谨的市场分析

充分的市场调研和严谨的市场分析是防范市场风险的基本策略。市场调研和市场分析包括市场营销环境分析、市场机会分析、行业结构分析、竞争对手分析、消费者需求分析和消费者行为分析等。在市场调研和市场分析的基础上,要对潜在市场风险进行全面客观的评价,以便在接下来营销规划的制定过程中,能够明确抓住的市场机会和要防范的市场风险,做到有的放矢。

2. 市场细分和选择适合的目标市场

新创企业一般都比较弱小,暂时打不开较大的市场,也经不起大的挫折。因此,创业营销尤其要强调精细和准确。这就要求创业者在市场调研和市场分析的基础上,精确地做好市场细分,并结合自身和竞争对手的规模实力、优劣势、竞争策略等,合理地选择目标市场,精确地进行市场定位。对目标市场的选择和定位是创业营销规划的关键,一旦选择错误,未来所有的营销努力都将付诸东流,也很可能就意味着创业的失败。一般来说,创业者多选择自己最熟悉的、有吸引力的那个细分市场作为创业初期的市场切入口,站稳脚跟后再采取措施逐步地、有计划地向其他市场扩展。

3. 制定可行的市场营销方案和营销策略

在明确目标市场选择和市场定位的基础上,创业企业必须科学地制定可行的市场营销方案和营销策略。也就是说,要解决进入新市场的产品、价格、分销、促销四大基本问题,即 4P 营销策略组合。创业者需要不断地思考要以什么样的产品、什么样的价格、什么样的分销渠道、什么样的促销方式来进入目标市场,从而引发目标客户的购买行为。4P 营销策略组合中的产品、价格、分销、促销四个营销要素相互依存,在开展营销活动时,不能孤立地考虑某一要素。因为任何一个因素的特殊优越性,并不能保证营销目标的实现。只有四个要素优化组合,才能创造最佳的市场效果。与此同时,创业企业所制定的营销方案一定要切合实际,注重细节及方案的可行性、可操作性和经济性,切不可好高骛远,脱离实际。

4. 建立市场监控和营销策略调整机制

市场环境具有动态性。随着时间的推移,市场环境会连续不断地发生或快或慢的变化,如果企业的市场监控和营销策略机制没有适应市场环境的变化,就会带来风险。建立市场监控和营销策略调整机制是指,在企业运营过程中,定期重复市场分析过程,保持对关键市场信号的敏感度,结合产品的试销推广和大规模投放,不断调整先前制定的市场监控和营销策略,以保证监控和营销策略与市场环境的适应性。市场监控和营销策略调整机制如图 9-5 所示。

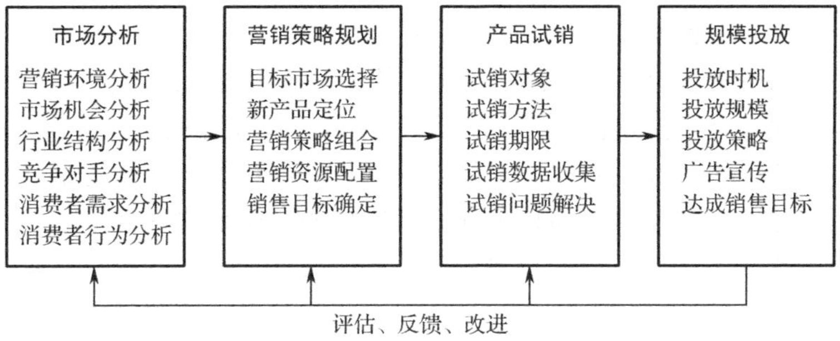

市场分析	营销策略规划	产品试销	规模投放
营销环境分析 市场机会分析 行业结构分析 竞争对手分析 消费者需求分析 消费者行为分析	目标市场选择 新产品定位 营销策略组合 营销资源配置 销售目标确定	试销对象 试销方法 试销期限 试销数据收集 试销问题解决	投放时机 投放规模 投放策略 广告宣传 达成销售目标

评估、反馈、改进

图9-5 市场监控和营销策略调整机制

5．加强营销合作，分担市场风险

在创业初期，由于消费者对新创企业所提供的产品或服务不够了解，缺乏品牌信任，而创业企业往往受制于资源条件的约束，无法做大规模的营销推广，哪怕新创企业的产品或服务有独特的卖点，也很难快速地唤起消费者的需求，迅速占领市场。因此，创业者要以开放、合作、共赢的心态，不断整合各种营销资源，加强与经销商、零售商、广告商等的合作，尤其是要借助目标市场区域内优势企业的渠道优势和营销能力，借船出海，在快速启动市场、降低市场风险的同时，也将相应的市场风险在合作伙伴之间进行合理转移和分担。

9.5.4 财务风险的管理策略

财务风险是指由于企业财务结构不合理、融资不当，使企业丧失偿债能力而导致投资收益下降或破产的风险。对创业企业而言，除了创业项目本身的投资风险，其财务风险主要表现为融资风险和现金流风险。其中，融资风险也叫筹资风险，是指由于筹资不足、筹资形式不当、筹资结构不合理、筹资时机选择不当等带来的风险；现金流风险是指由于现金流入短缺给企业带来的风险。因此，创业者应随时关注创业期间的筹资风险和现金流风险。

1．融资风险的管理策略

1）要高度重视融资工作，但决不可忽视经营工作

企业的创立、生存和发展，必须有一定数量的资金来支撑。对于创业者而言，解决融资问题，特别是创业启动资金的落实，是关系创业能否成功的关键因素之一，必须高度重视。但融资只不过是创业的众多关键工作之一，并不是创业的全部工作。那些为了寻找资金而投入大量精力，忽视甚至放弃了手头的经营工作的行为，是危险的，也是得不偿失的。经营工作是根本，是源头，如果忽视或放弃了经营工作，融资将是无本之木、无源之水，对融资对象不可能具有吸引力。因此，对于创业者而言，经营工作和融资工作必须两手抓，两手都要硬，不可偏废。

2）确定合理的融资规模，防止过大或过小融资

在制定融资战略时，应紧密结合创业企业的情况确定合理的融资规模，既不能太少，也不能太多，否则都会给创业企业的发展带来不确定性，甚至会使企业濒临破产的边缘。尤其是在创业初期，创业企业往往没有稳定的客户基础和收入，但创业企业又要追求成长，对资金的需求量又比较大，所以创业企业需要相对充足的资金保证，而且通常不能采用大量负债的融资方式。进行股权融资时，融资规模过小，可能导致创业失败或需要频繁的再融资；融资规模过大，则可能导致股权让渡过大，导致创业团队丧失对创业企业的控制权。因此，要根据创业企业的实际情况，确定合理的融资规模，既要保证创业资金的持续供给，又要保证控制权牢牢掌握在创业团队的手中。

3）把握合理的融资时机，防止过晚或过早融资

创业者要把握好合理融资时机，既不能过早，也不能过晚，过早融资和过晚融资都会通过增加成本、放弃控制权、丧失机会等形式给企业带来不确定性。创业企业的资金供给，不仅要数量充足，而且必须及时。因此，创业者应该未雨绸缪，及早考虑融资问题，而不要等到出现严重的资金短缺时才开始寻找资金。创业股权融资通常要花费八个月或更多的时间，过晚融资不仅会导致现金流的短缺，而且还会带来一系列的负面问题，如削弱创业团队与投资对象的谈判能力，贱卖股权，丧失快速成长的机会，破坏管理团队的可信度，导致员工队伍的不稳定等。但也要避免另外一种极端，即过早融资。过早获得股权融资，创业团队的股权不可避免地要被大幅度稀释，甚至可能导致企业控制权的丧失，还可能造成企业灵活性的下降，与投资人的协调成本大幅增加，偏离原来设定的创业战略方向，盲目乐观地扩大投资等。

4）选择最佳的融资对象，既要融资，也要融智

创业企业在发展的过程中，除了有创业资金方面的需求，还有一系列的创业管理服务需求，如战略规划、管理制度、人力资源、市场营销、品牌提升、公共关系等。因此，在面对以天使投资、创业投资机构、战略投资为核心的潜在投资人，除了要考虑潜在投资人能够提供的资本支持，还需要考察它对本企业能否提供更多的创业管理服务，既要"融资"，也要"融智"，要综合考虑这两方面的因素来选择最佳的融资对象。例如，对于在IT领域的创业企业而言，当它面对Intel Capital这样的创业投资机构时就会面临一个选择，在转让的股份数量一定的情况下，Intel Capital可能不是出价最高的投资机构。那么是该接受Intel Capital的投资，还是接受其他机构的投资。实际情况是，企业往往可能接受Intel Capital的投资，因为Intel Capital在IT领域有其他很多机构无可比拟的优势，创业企业如果能够站在Intel Capital这样的巨人的肩膀上，快速成长并创业成功的可能性会大大增加。

5）因时因地制宜，选择最有利的融资方式及其组合

尽管创业融资的核心往往是股权融资，银行贷款、民间借贷、政府创业支持基金、供应商的信贷支持等也都是创业融资的重要形式，但各种融资方式的适用条件不同，成本各异，难易有别。创业企业要因时制宜、因地制宜，选择最有利的融资方式，并将各种融资方式相互结合，形成最有利的融资组合。例如，在创业初期要多采用自有资金、部分民间借贷等来启动创业；之后向天使投资人寻求股权投资或向政府部门申请创业支

持基金；进入快速成长期后则可向创业投资机构寻求股权投资，并开始申请银行贷款。而供应商的信贷支持、付款时间优惠等，则任何时期均可采用。另外，各种融资方式之间也能够相互支持，有利于创业企业形成良好的融资组合。

6）创业投融资市场不完善，要谨防融资陷阱

创业投融资市场是一个信息高度不对称的市场，我国创业投融资市场在呈现蓬勃发展态势的同时，也存在鱼龙混杂的情况。一些不法分子和非法投资机构正是看准了许多创业者年轻、商业经验不足、渴求创业资金而疏于防范的心理，针对创业者进行融资欺诈。这些非法公司利用网络、小报、传单、手机短信等途径宣传，等到与创业者接触后，夸口自己公司实力强大、资金充裕，从而博取信任，然后假借投资、合作及考察项目的名义骗取考察费、公关费，或者以协助融资的名义收取包装费、保证金、佣金等进行融资诈骗，骗取钱款后销声匿迹。因此，创业者一定要端正心态，小心谨慎，充分核实潜在投资方的信息和信用水平，谨防融资陷阱。

2．现金流风险的管理策略

1）确立现金流在企业财务管理中的核心地位

现金流是维系企业正常生产运作所需的基本资金循环，是企业价值评估和财务风险判断的重要指标和依据。如果现金流出现了问题，容易导致企业资金链条的断裂，中断正常的生产经营活动。因此，要确立现金流在企业财务管理中的核心地位，构建利润和现金流双核心的财务管理体系，以避免将利润作为唯一核心指标所带来的种种经营风险。提高现金流的周转速度、实施现金流的预算管理、正确掌握现金流的风险预警方法及建立完善的现金流控制系统，是企业构建利润和现金流双核心的具体措施。

2）利用现金流量表分析现金流短缺的原因

现金流量表是现金流管理的核心工具，也是分析和防范现金流风险的有效手段。企业的现金流量包括经营活动产生的现金流、投资活动产生的现金流和融资活动产生的现金流等，如表 9-3 所示。通过对现金流量表的分析，可以清晰地知道企业现金流的短缺到底出在什么地方，是什么原因造成的。

表 9-3　现金流量表

项　目	行　次	金　额	备　注
一、经营活动产生的现金流量	1		
销售商品、提供劳务获得的现金	2		
收到的税费返还	3		
收到的其他与经营活动有关的现金	4		
现金流入小计	5		
购买商品、接受劳务支付的现金	6		
支付给职工及为职工支付的现金	7		
支付的各项税费	8		
支付的其他与经营活动有关的现金	9		

续表

项　目	行　次	金　额	备　注
现金流出小计	10		
经营活动产生的现金流量净额	11		
二、投资活动产生的现金流量	12		
收回投资获得的现金	13		
取得投资收益获得的现金	14		
处置固定资产、无形资产和其他长期资产所获得的现金净额	15		
获得的其他与投资活动有关的现金	16		
现金流入小计	17		
购建固定资产、无形资产和其他长期资产所支付的现金	18		
投资所支付的现金	19		
支付的其他与投资活动有关的现金	20		
现金流出小计	21		
投资活动产生的现金流量净额	22		
三、融资活动产生的现金流量	23		
吸收权益投资获得的现金	24		
借款获得的现金	25		
获得的其他与筹资活动有关的现金	26		
现金流入小计	27		
偿还债务所支付的现金	28		
分配股利、利润或偿付利息所支付的现金	29		
支付的其他与筹资活动有关的现金	30		
现金流出小计	31		
筹资活动产生的现金流量净额	32		
四、汇率变动对现金的影响	33		
五、现金及现金等价物净增加额	34		

3）强化经营活动的现金流量管理

在经营活动产生的现金流中，销售产品或服务获得的现金是最主要的现金流入来源。新创企业在产品市场开拓上遇到的困难，包括需求不稳定、销售低迷等都会直接影响现金流入的稳定性和充足程度。这就要求企业采取加强研究与开发、提升产品市场竞争力、增强盈利能力等措施。另外，应收账款居高不下、人员开支过大、外包服务过多、采购付款提前等，都可能导致经营现金流的不稳定和不平衡。这就要通过调整营销政策、加强应收账款管理、强化员工的长期激励、节约运营开支、向供应商争取更宽松的付款条件等方式来强化经营现金流的管理。

4）合理规划投资，防止盲目投资占用过多资金

新创企业在创业构想短期实现的激励下，容易有扩大投资的冲动。如曾经轰动一时

的三株、巨人等企业,因为过度关注规模扩张,忽视投资回收与投资支出的匹配,导致现金流断裂而走向失败。因此,创业者在经历了最初创业成功的喜悦后,一定要保持清醒的头脑,确定适合本企业的发展战略。战略目标既要远大,也要有可行性;既要有前瞻性,也要有现实性。不要因头脑发热而盲目扩大投资,最终不是被"饿死",就是被"胀死"。

5)科学规划融资,确保合理的财务结构

要根据创业企业经营活动的实际需要,合理规划债务融资和股权融资,确保整体财务结构的科学合理,以及融资结构和投资结构的相互匹配。要确定适度的负债额度,保持合理的负债比率,既要发挥财务杠杆的作用,又要防止出现财务风险;要合理安排债务的期限结构,既要确保企业的短期偿债能力,又要兼顾企业长期资金的运营健康。

9.5.5 技术风险的管理策略

技术风险是指由于技术的不确定性及技术与经济互动过程的不确定性所带来的风险。技术成功的不确定性、技术前景的不确定性、技术寿命的不确定性、技术保护的不确定等,都可能带来巨大的风险,需要加以防范。

1)强化论证以减少技术开发的盲目性

要根据企业技术能力的强弱和综合实力的高低来开发新技术。由于创业企业的资金实力较弱,研发能力不强,在技术研发上要以应用型开发和模仿性创新为主。同时,要以满足市场需求为导向,紧紧围绕消费者需求来选择合适的技术,并将新技术转化为消费者喜欢的新产品,减少技术开发和技术选择的盲目性。这就要高度重视技术创新的前期市场调研,从目标顾客认为重要性程度较高的产品特性入手进行研发,使研发瞄准和满足顾客的需求。

2)建立技术发展趋势的监测系统

创业企业要建立技术发展趋势的监测系统,加强情报信息的收集,实时追踪国内外相关技术的发展状况和发展前沿,并判断其未来的发展趋势。要客观评估自己企业在产业技术创新体系中的坐标,分析本企业面临的机会和威胁,并明确下一步可能采取的创新方向和创新策略;要监测竞争对手的研发投入、研发方向和研发进展,以及其产品的商业化进展程度,并关注市场对不同技术产品的种种反应。

3)高度重视本企业的专利技术保护

创业企业要树立专利、技术、生产工艺等无形资产的保护意识,适时向政府部门申请专利保护,防止技术外流和技术侵权,将技术创新的优势转化为市场竞争优势,以保障企业的自身利益。

4)建立技术创新联盟

增强企业自身能力建设可降低技术风险,而建立或加入技术创新联盟,则可以降低研发投入,分散技术投资风险,形成协同创新效应,这也是新创企业以开放的心态进行联合技术创新的有效途径。

 **本章小结**

- 危机管理是指企业通过危机监测、危机预警、危机决策和危机处理,达到避免、减少危机产生的危害,总结危机发生、发展的规律,对危机处理科学化、系统化的一种新型管理体系。
- 创业风险的特征包括客观性、不确定性、可测量性、相对性和双重性。
- 创业风险可以按创业内容、创业过程、创业决策主体、是否通过保险转嫁来进行分类。
- 新型创业企业不同成长阶段的危机管理内容也不一样。萌芽期为调查市场危机;成长期为现金流向危机;成熟期为阶层与人才危机;衰退期为创新危机。
- 创业风险管理的程序一般包括风险识别、风险评估、风险管理方法的选择、管理效果的评价和风险监控等环节。
- 创业企业是风险集中的组织,在创业过程中,创业者和新创企业主要面临着创业项目选择风险、人力资源风险、市场风险、财务风险和技术创新风险等。

 **案例研读**  施乐创业危机

扫描二维码并阅读案例,并思考并回答下列问题:
1. 结合本章内容,谈一谈施乐公司陷入危机中的原因是什么?
2. 假如你是施乐公司的领导者,你将采用何种方法帮助施乐走出困境?

 **本章思考与练习**

选择一个你们小组感兴趣的行业,假设一定大小的企业,围绕以下几个问题进行小组讨论:

(1)该企业具体面临的危机管理要素有哪些?
(2)该新创企业不同成长阶段特征有哪些?
(3)如何解决该企业萌芽期的市场危机、成长期现金流向危机、成熟期阶层和人才危机?
(4)该企业衰退期需要具体进行哪些体制和技术的创新?

参考文献

[1] 米兰．精彩案例：创业路上，她只有一只枕头[J]．致富时代，2012（1）．

[2] 程永源．创业理论与实践[M]．北京：中国科学技术出版社，2008．

[3] 李良智，查伟晨，钟运动．创业管理学[M]．北京：中国社会科学出版社，2007．

[4] 杨安，兰欣，刘玉．创业管理——成功创建新企业[M]．北京：清华大学出版社，2009．

[5] 郑炳章，朱燕空，赵磊．创业环境影响因素研究[J]．经济与管理，2008（9）．

[6] 刘平，李坚．创业学——理论与实践[M]．北京：清华大学出版社，2009．

[7] 关红蕾．我国创业教育发展现状和对美国创业教育的借鉴[J]．新课程，2013（1）．

[8] 胡海波．创业计划[M]．厦门：厦门大学出版社，2011．

[9] 刘平．创业管理[M]．北京：清华大学出版社，2011．

[10] 刘志阳．创业学[M]．上海：上海人民出版社，2008．

[11] 林嵩．创业机会识别研究——机遇过程观点[J]．中南民族大学学报，2007（9）．

[12] 李时椿，常建坤．创业学：理论、过程与实务[M]．北京：中国人民大学出版社，2011．

[13] 郎宏文，赫婷，高晶．创业管理[M]．北京：科技出版社，2011．

[14] 姜彦福，张玮．创业管理学[M]．北京：清华大学出版社，2005．

[15] 魏拴成，姜伟．创业思维·过程·实践[M]．北京：机械工业出版社，2013．

[16] 张秀娥．创业管理[M]．厦门：厦门大学出版社，2012．

[17] 左凌华，雷家啸．创业机会评价方法研究综述[J]．中外管理导报，2002（7）：54～55．

[18] 张文松，裘晓东，陈永乐．创业学[M]．北京：机械工业出版社，2011．

[19] 侯之，学军．马化腾的资本新途[J]．中国投资，2004（10）：114．

[20] 于凌波．马化腾创业速成新版硅谷故事[J]．当代经理人，2000．

[21] 马婷婷．中国众筹模式有待进一步发展文[J]．卓越理财，2013（8）．

[22] 石润梅，刘焕钦，王力敏．创业贷款成就新疆各族大学生创业梦[J]．卓越理财金融时报，2013．

[23] 荆新，王化成，刘俊彦．财务管理学[M]．北京：中国人民大学出版社，2012．

[24] 王国红，唐丽艳．创业与企业成长[M]．北京：清华大学出版社，2010．

[25] 龚荒，创业管理[M]．北京：北京大学出版社，2011．

[26] 姜彦福，创业管理学[M]．北京：清华大学出版社，2005．

[27] 张耀辉，张树义，朱锋．创业学导论：原理、训练与应用[M]．北京：机械工业出版社，2011．

[28] 郎宏文，郝婷，高晶．创业管理[M]．北京：科学出版社，2011．

[29] 赵立祥．创新型创业管理[M]．北京：科学出版社，2011．

[30] 梅强．创业管理[M]．北京：经济科学出版社，2011．

[31] 蒋云清．与明天竞争——马云商业智慧[M]．安徽：安徽人民出版社，2012．

[32] 董克用．人力资源管理概论（第三版）[M]．北京：中国人民大学出版社，2011．

[33] 荆新，王化成，刘俊彦．财务管理学[M]．北京：中国人民大学出版社，2012．

[34] [美] 迈克尔·波特．竞争战略[M]．小悦，译．北京：华夏出版社，2012．

[35] 唐德才．现代市场营销学教程[M]．北京：清华大学出版社，2009．

[36] [美] 亚德里安·斯莱沃斯基．发现利润区[M]．凌晓东，译．北京：中信出版社，2011．

[37] 王晓红．大学生创业准备的指导策略[J]．湖北社会科学，2011（3）．

[38] 张卫民．对我国大学生创业"瓶颈"的几点思考[J]．成才之路，2010（19）．

[39] 吉文林．开始你的农业创业[M]．北京：中国农业出版社，2010．

[40] 刘志，刘银来．现代农业创业基础[M]．武汉：湖北科学技术出版社，2012．

[41] 蒋琳．现代服务业税收的国际比较与借鉴研究[M]．北京：科学出版社，2012．

[42] 于富荣，陈海涛．草根创业——休闲娱乐业创业路线图[M]．北京：中国经济出版社，2010．

[43] 卢福财．创业通论[M]．北京：高等教育出版社，2012．

[44] 张玉利．创业管理[M]．北京：机械工业出版社，2012．

[45] 倪锋．创新创业概论[M]．北京：高等教育出版社，2012．

[46] 吴运迪．大学生创业指导[M]．北京：清华大学出版社，2012．

[47] 尹琪．大学生创业原理与实务[M]．北京：高等教育出版社，2011．

[48] 张晶敏．现代服务企业的服务创新[M]．辽宁：东北财经大学出版社，2012．

华信SPOC官方公众号

欢迎广大院校师生 **免费** 注册应用

www.hxspoc.cn

华信SPOC在线学习平台
专注教学

- 数百门精品课
- 数万种教学资源
- 教学课件 师生实时同步
- 多种在线工具 轻松翻转课堂
- 电脑端和手机端（微信）使用
- 测试、讨论、投票、弹幕…… 互动手段多样
- 一键引用，快捷开课 自主上传，个性建课
- 教学数据全记录 专业分析，便捷导出

登录 www.hxspoc.cn 检索 华信SPOC 使用教程 获取更多

华信SPOC宣传片

教学服务QQ群：1042940196
教学服务电话：010-88254578/010-88254481
教学服务邮箱：hxspoc@phei.com.cn

电子工业出版社　华信教育研究所